本书为国家社会科学基金项目
（项目号：15CZZ014）的最终成果

中国政治学人
Scholars of Chinese Politics

形塑积极政治信任

当代中国人大代表的角色需求与身份建构

Fostering Positive Political Trust:

Role Expectations and Identity Awareness of People's Congress Deputies in Contemporary China

隋斌斌 著

北京出版集团
北 京 出 版 社

图书在版编目（CIP）数据

形塑积极政治信任：当代中国人大代表的角色需求与身份建构 / 隋斌斌著. — 北京：北京出版社，2023.9

ISBN 978-7-200-18067-1

Ⅰ. ①形… Ⅱ. ①隋… Ⅲ. ①人大代表 — 身份 — 研究 — 中国 Ⅳ. ① D622

中国国家版本馆 CIP 数据核字（2023）第 126370 号

总 策 划：高立志　　　　责任编辑：侯天保
责任印制：燕雨萌　　　　责任营销：猫　娘
装帧设计：奇文雲海 [www.qwyh.com]

形塑积极政治信任
当代中国人大代表的角色需求与身份建构
XINGSU JIJI ZHENGZHI XINREN
隋斌斌　著

出　版　北京出版集团
　　　　北 京 出 版 社
地　址　北京北三环中路 6 号
邮　编　100120
网　址　www.bph.com.cn
发　行　北京伦洋图书出版有限公司
印　刷　北京华联印刷有限公司
经　销　新华书店
开　本　710 毫米 ×1000 毫米　1/16
印　张　20.25
字　数　271 千字
版　次　2023 年 9 月第 1 版
印　次　2023 年 9 月第 1 次印刷
书　号　ISBN 978-7-200-18067-1
定　价　80.00 元

如有印装质量问题，由本社负责调换
质量监督电话　010-58572393

推荐序

俞可平

亚里士多德说，人天生就是政治动物。他的实际意思是说，人是天性合群的动物，必须过群体生活，唯如此才能组成社会和国家。人类之所以能合群，是因为能够相互信任。信任是构成所有人类共同体的基本要素，人类若没有足够的相互信任，那么人与人之间就失去了相互联系的基本纽带，社会就不能正常运行。信任可以消除相互猜疑，增加社会的安全感；信任可以防止对立和冲突，增强社会的团结合作；信任可以使大家自觉遵守共同的规则，有利于改善社会的秩序；信任可以大大降低交易成本和行政成本，促进经济和政治的发展。信任的最高境界是诚信，即“内诚于心，外信于人”。

诚信不仅是人类的一种美德，更是人类的一种价值。正因为信任对于社会的集体生活具有根本性的意义，所以自古以来没有一个民族，没有一个国家，没有一种宗教，没有一种文化不把诚信当作核心价值和基本规范。用我们古人的话来说就是，“民无信不立”“国无信不立”。在这一点上，不仅古今相通，而且中外也相通。“子贡问政。子曰：‘足食，足兵，民信之矣。’子贡曰：‘必不得已而去，于斯三者何先?’曰：‘去兵。’子贡曰：‘必不得已而去，于斯二者何先?’曰：‘去食。

自古皆有死，民无信不立。'”（《论语·颜渊》）尽管对《论语》的这段话可以有不同的理解，但最流行的一种解释是：在为政三要素中，孔子把诚信放在了“足食”和“足兵”之前，可见儒家对诚信的极端重视。无论对于个体还是对于群体，诚信都直接关系到其社会公信力。

任何公共行为者，都必须拥有足够的社会公信力，否则它就要付出高昂的代价，甚至寸步难行。经济、社会和学术领域公信力的流失，都将严重损害社会的整体公信力。然而，对社会整体公信力最严重的损害，是政治公信力的流失。人们常说的“塔西坨陷阱”，其实就是政治信任的危机：无论统治者说什么，民众都不再信任。政治信任缺失的直接后果，就是极大地增加执政成本。政治学中有两个基本概念，一是权力，一是权威。从政治学的角度看，权力是迫使对方服从的制度性强制力量；权威则是一种使对象因信服而顺从的影响力。当权力转变成权威时，其作用和效果就会倍增；反之，当权力不具备权威时，其执政的成本会成倍增加。权威可以明显地降低权力行使的成本，因此当人们一旦握有权力时，总希望使手中的权力具有最大的权威。掌权者的政治公信力，便是权力转变成权威的催化剂。

在国家治理和社会治理方面，我们正面临的一个突出挑战，就是政治公信力的严重流失。一些党政部门的政策朝令夕改，甚至出尔反尔；一些公共政策在各部门之间互不协调，甚至相互打架。有的上级不信任下级，事无大小都要求下级对其进行报告和请示；有的下级不信任上级，采取“上有政策，下有对策”的阳奉阴违做法。一些官员不仅理想信念丧失，而且毫无诚信可言；一些官员成天要求别人说真话讲诚信，自己却好话说尽坏事做绝；一些官员不信制度和法律，只信亲信和鬼神，大搞“小圈子”政治。所有这些现象都表明，政治信任问题在中国远不是一个单纯的理论问题，而是一个重大的现实问题。

隋斌斌博士的《形塑积极政治信任：当代中国人大代表的角色需求与身份建构》，就是一本直面重大现实政治问题的专业著作。我曾经在多个场合反复强调，“讲政治”是中国历史传统和社会现实的重要特色，但对于一名政治学者来说，不仅要讲政治，更要讲政治科学。隋博士的这一著作，就是把“讲政治”和“讲政治科学”有机结合的一项创新性研究成果。该书的两个主要研究对象，一是人大制度及人大代表，二是政治信任，都是重要的现实政治问题。人民代表大会制度是中国的基本政治制度，对人大制度及人大代表的政治信任，是当代中国政治信任不可或缺的组成部分。作者从政治科学的角度，对人大代表及其政治信任问题作了相当系统的专业分析，得出了许多独到的结论。无论对于更加深入理解当代中国的信任问题，还是对于更加全面地理解人大代表的角色与身份，这一研究都有着与众不同的参考价值。

作者关于当代中国的政治信任得出了两个基本的判断，“一是弥散性政治信任度高，但特定政治信任度低；二是中央到地方层层递减的政治信任‘差序格局’”，并指出这两个特征客观上体现了“政治文化从臣民型向公民型转型过渡期间，中国社会对政府及其背后的政治制度体系、政治过程的态度认知对上述两种文化的同时映射”。作者还指出，政治信任与政治合法性之间并不是简单的线性关系，对国家的政治发展而言，政治信任度高未必是好事，而政治不信任也未必是坏事。转型期的中国，需要构建的是一种“积极政治信任”，它需要政府、官员、民众、社会团体等行为体之间多层次多向度的积极互信。“这种积极互信并不是绝对信任，而是基于开放的不信任表达和交流所形成的政治行动体之间的理性互信”，构建这样一种“积极政治信任”应当是中国政治发展的重要目标。这些论断，不仅体现了作者具有相当深厚的政治学专业素养，更体现了作者怀有推动中国政治进步的崇高责任感。

隋博士的这一著作，虽然主要论述人大代表的政治信任问题，但在我看来它对于理解转型中的中国政治，也有着独特的参考价值。故愿作序推荐。

2023 年 8 月 9 日于九直园

目　录
Contents

绪　论 / 1

一、研究背景 / 1

二、核心概念 / 6

三、主要观点 / 13

第一章

转型期中国政治信任建构目标分析 / 18

第一节　转型期中国政治信任的两个基本现实 / 19

一、高弥散性政治信任与特定政治信任损耗并存 / 19

二、自上而下差序政治信任格局与潜在不信任上移并存 / 25

第二节　转型期中国政治信任：对政治治理的影响与复杂生成环境 / 28

一、转型期中国政治信任格局对政治治理的影响 / 28

二、政治信任生成环境复杂化与影响多元化 / 31

第三节　转型期中国政治信任建构目标：形塑积极政治信任 / 37

一、转型期中国政治信任形塑的主要目标 / 37

二、积极政治信任的内涵和主要特点 / 40

三、积极政治信任之于政治治理：五个基本要求 / 45

四、积极政治信任对转型期中国政治治理提出新的要求 / 49

第二章

人大代表与积极政治信任：历史与现实 / 53

第一节 中国政治信任体系中的人大代表 / 54

一、中国近现代政治信任体系中的代表 / 54

二、革命时期中国共产党形塑政治信任过程中对代表政治的倚重 / 55

三、1949 年新中国成立后政治信任体系中的人大代表 / 58

第二节 人大代表之于积极政治信任：支持要素 / 61

一、人大代表是积极政治信任的重要制度性来源 / 61

二、人大代表是形塑积极政治信任的制度性行动载体 / 62

第三节 两种代表逻辑与人大代表积极角色发挥困境 / 66

一、人大代表行动面临的两种代表逻辑 / 67

二、两种代表逻辑达成均衡的现实困境 / 70

三、两种代表逻辑下的人大代表面临的潜在困境 / 72

四、人大代表突破代表逻辑困境的两个路径选择 / 74

第三章

人大代表身份建构与积极政治信任目标 / 79

第一节 人大代表之于积极政治信任：身份要求 / 79

一、以人大代表为连接者的积极政治信任：目标形态 / 79

二、积极政治信任目标下人大代表的身份功能要求 / 80

第二节 功能维度下人大代表身份体系 / 83

一、人大代表的主身份：人民代表 / 83

二、代议政治的代表逻辑赋予人大代表多元子身份 / 85

三、党的先锋队代表逻辑下人大代表的身份特质：有用与有限 / 92

第三节 人大代表身份建构与积极政治信任目标：趋势与张力 / 96

一、强化双向回应性——积极政治信任视域下人大代表身份功能建构的基本趋势 / 96
二、有限和有用共同作用下的代表性强化——人大代表身份建构张力 / 98
三、积极政治信任目标下人大代表身份体系建构的基本预设 / 100

第四章
作为政治沟通者的人大代表与积极政治信任 / 102

第一节 作为政治沟通者的人大代表：两个维度下的多元身份 / 103
一、政府维度下人大代表政治沟通者的身份 / 104
二、社会维度下人大代表政治沟通者的身份 / 106
三、政府和社会双维度下权变的政治沟通者 / 109
第二节 人大代表政治沟通者的身份实践与积极政治信任 / 111
一、作为政治沟通者的人大代表与积极政治信任：正式的制度引导 / 112
二、作为政治沟通者的人大代表与积极政治信任：政府创新层面的制度实践 / 114
三、作为政治沟通者的人大代表与积极政治信任：社会的行动 / 131
四、作为政治沟通者的人大代表与积极政治信任：代表自身的成长与实践 / 134
第三节 人大代表政治沟通者的身份与积极政治信任建构 / 138
一、进谏者：实践中人大代表的重要政治沟通者身份 / 139
二、作为进谏者的人大代表与积极政治信任 / 140
三、作为政治沟通者的人大代表与积极政治信任：综合视角的分析 / 144

第五章

作为政府监督者的人大代表与积极政治信任 / 149

第一节　作为政府监督者的人大代表：正式的制度身份 / 150

一、作为政府监督者的人大代表：理论和正式制度层面的共同促动 / 150

二、作为政府监督者的人大代表：监督的有效性和有限性 / 154

第二节　发展中的政府监督者：实践形态 / 159

一、党内监督有价值的参与者和协同者 / 160

二、政府间监督的传导者和倡议者 / 163

三、社会监督政府的重要倡导者和执行者 / 165

四、作为政府监督者的人大代表：与政治沟通者身份的高度重合 / 170

第三节　人大代表政府监督者的身份与积极政治信任建构 / 173

一、党内监督治理行动中有价值的参与者与积极政治信任 / 173

二、政府间监督的传导者和倡议者与积极政治信任 / 175

三、社会监督的重要倡导者和执行者与积极政治信任 / 177

四、作为政府监督者的人大代表与积极政治信任：综合视角的分析 / 182

第六章

作为关键立法参与者的人大代表与积极政治信任 / 186

第一节　关键立法参与者：人大代表的重要制度身份 / 187

一、作为关键立法参与者的人大代表：正式的制度身份 / 187

二、作为关键立法参与者的人大代表：身份的外延性 / 189

三、作为关键立法参与者的人大代表：身份的有限性 / 191

第二节　作为关键立法参与者的人大代表：身份实践的两个向度 / 196

一、作为关键立法参与者的人大代表：中国法治进程的重要参与者 / 196
二、作为关键立法参与者的人大代表：立法民主体现者 / 200
三、作为关键立法参与者的人大代表：立法精英抑或政治民主体现者 / 207
第三节 人大代表关键立法参与者的身份与积极政治信任建构 / 209
一、作为关键立法参与者的人大代表与积极政治信任：正向契合 / 210
二、作为关键立法参与者的人大代表与积极政治信任：现实挑战 / 212
三、作为关键立法参与者的人大代表与积极政治信任：综合视角的分析 / 218

第七章

作为利益协调者的人大代表与积极政治信任 / 220

第一节 人大代表：改革开放催生出的利益协调者 / 221
一、人大代表的一种隐性身份：利益协调者 / 221
二、作为利益协调者的人大代表：党的群众路线的重要环节 / 224
三、作为利益协调者的人大代表：理性选择下的利益沟通者与调和者 / 228
第二节 作为利益协调者的人大代表：正向协调或负向协调 / 231
一、和谐社会目标下的正向利益协调者 / 231
二、狭隘利益抑或低效参与主导下的负向利益协调者 / 237
三、成为正向利益协调者：谁在主导？/ 240
第三节 人大代表利益协调者的身份与积极政治信任建构 / 243
一、正向利益协调者的人大代表与积极政治信任：契合与挑战 / 243

二、负向利益协调者的人大代表与积极政治信任：相逆下的问题预警 / 248

三、作为利益协调者的人大代表与积极政治信任：综合视角下的反思与启示 / 250

第八章

总结和展望：多元有限身份下的人大代表与积极政治信任 / 254

第一节　人大代表与积极政治信任：契合点的进一步探析 / 255

一、政治信任建构的过程与结果并重 / 255

二、建构一个互惠型的政治市场 / 258

三、形塑和建构制度化不信任机制 / 263

第二节　积极政治信任视域下人大代表：身份需求的进一步解析 / 266

一、人大代表子身份在有限性的同时具备建设性 / 266

二、人大代表子身份分层次、协同发挥作用 / 274

第三节　积极政治信任视域下人大代表身份建构：需要厘清四个关键问题 / 276

一、人大代表如何在执政党/政府决定和社会支持之间取得动态均衡？/ 276

二、如何看待积极政治信任视域下人大代表履职行为中的价值排序和价值实现方式？/ 279

三、人大代表与民众之间建立何种关系？/ 283

四、人大代表、政府与民众之间建立何种关系？/ 287

第四节　积极政治信任视域下人大代表身份建构要点 / 290

一、把握好人大代表身份建构的基本方向和路径 / 290

二、支持和形成有层次、成体系化的人大代表身份体系 / 291

三、重视和完善人大代表身份实践的程序和技术细节 / 294

四、持续和引导具有正反馈效应的人大代表身份实践创新 / 295

参考文献 / 298

一、专著 / 298

二、期刊论文 / 302

图表目录

Table of Figures

图 0－1　以人大代表为连接的“积极政治信任”关系图 / 14

图 0－2　党的先锋队代表逻辑下人大代表身份运行逻辑 / 15

图 2－1　党领导下的国家政权组织体系 / 68

图 2－2　执政党通过人大将自身意志上升为国家意志 / 69

图 3－1　代议机关代表身份关系图 / 90

图 3－2　代议政治代表逻辑下人大代表身份体系 / 92

图 4－1　政府维度下人大代表政治沟通者身份体系 / 106

图 4－2　两个维度下人大代表政治沟通者身份分析 / 111

图 4－3　2016 年基层人大代表换届选举期间，海口市龙华区人大代表候选人与选民见面，回答选民提问 / 115

图 4－4　2019 年两会期间，上海市宝山区“一府两院”部门主要领导现场接待人大代表 / 117

图 4－5　温岭市石塘镇 2018 年人大代表公共预算民主恳谈会 / 118

图 4－6　宁波市北仑区人大代表民生夜询会 / 119

图 4－7　深圳市南山区南山街道月亮湾片区人大代表社区联络站 / 121

图 4－8　宁波市海曙区白云街道人大代表联络站来访答复登记表 / 122

图 4－9　在社区和一个公园的交界处，敖建南（佩戴话筒者）为人大代表介绍围栏入口的便民化改进情况 / 125

图 4－10　深圳月亮湾片区人大代表社区联络站网页上的《代表连线》栏目的信息公示 / 127

图 4－11　2019 年全国两会期间，央视和央视网播出的两会代表在线回答民众提问的《两会有啥事　我们帮你问》节目 / 128
图 4－12　人大代表黄细花微信公众号的页面 / 136
图 4－13　人大代表进谏者身份实践中的沟通对象 / 141
图 5－1　2017 年上海市人代会，政府部门领导现场回应代表咨询 / 164
图 6－1　当代中国立法体系示意图 / 197
图 6－2　北京市区人大代表在街道与物业公司、酒店餐饮企业代表座谈交流 / 202
图 6－3　深圳市南山区月亮湾片区人大代表社区联络站同时也是深圳市人大常委会立法联系点 / 204

表 1－1　2005—2019 年中国信用小康指数 89.6：向信用监管迈进 / 20
表 2－1　两种代表逻辑异同比较 / 71
表 3－1　选举民主和协商民主下的代表身份趋向比较 / 98
表 5－1　人大代表主要政府监督权 / 152
表 5－2　温岭市 2015 年国土资源局预算民主恳谈代表意见 / 171
表 8－1　三个维度下人大代表身份侧重分析 / 275
表 8－2　人大代表子身份分类比较表 / 276

绪　论

一、研究背景

人民代表大会制度是实现我国全过程人民民主的重要制度载体。在人大制度体系中，人大代表是人民行使国家权力的重要桥梁，是全过程人民民主制度程序的重要实践者。党的二十大指出，加强人大代表工作能力建设，密切人大代表同人民群众的联系。党的十九大指出，人民代表大会制度是坚持党的领导、人民当家作主、依法治国有机统一的根本政治制度安排，必须长期坚持、不断完善。作为根本政治制度，人民代表大会制度要能够真正将党的领导与人民当家作主和依法治国进行有机的结合，将三者实现真正融合，关键是要能够将人民代表大会制度的重要体现者和执行者——人大代表的作用切实发挥出来。对于处于转型期的中国而言，人大代表作用的发挥，核心目标是能够提升人民群众对党和政府行为的正向认知。就是说，通过人大代表作用的发挥，能够引导人民群众建立对党和政府理性的正向认知和期待。也可以认为，人大代表身份的正确建构和行使是转型期中国政治信任形塑和建构的关键环节。

从政治发展的视角，政治信任是实现和确保政治系统合法性和政治稳定的保障，同时也是政治变革的动力和重要目标。对于全面改革转型中的中国来讲，政治、经济、社会和文化的快速变革使得政府和民众二者对彼此的行为认知具有更加鲜明的动态化和不确定性的特征。在转型所带来的过渡期，新旧两种政治文化、政治心理交织重叠，共同存在和作用于政治过程。在这个过程中，培育和建构何种模式的政治信任形态能够从根本上适应转型带来的诸多问题和挑战，进而促进不同层面的民众对政府及政府所依托的政治价值、制度体系和行为模式形成动态体认和理性认同，这是非常关键的问题。而另一层面，转型期的不确定性还意味着，政府对民众的期望、价值理念的体认也是政治信任的一部分，对于政治发展也是非常重要的。政府和民众之间持续动态性的互相体认构成了转型期中国政治信任的基本形态。

而在转型过渡所带来的利益和价值多元复合多变的现实形态下，当前中国政治信任有着非常典型的多重化、多元素交织所形成的矛盾化、复杂化的特点。这体现为两点：一是弥散性政治信任度高，但特定政治信任度低；二是中央到地方层层递减的政治信任“差序格局”。这两点是相互映射的，客观体现出在政治文化从臣民型向公民型转型过渡期间，中国社会对政府及其背后的政治制度体系、政治过程的态度认知对上述两种文化的同时映射。在重视系统和整体性文化思维下，民众认知政府和政治不可避免地将传统“父母官”“爱民”等人本思想作为判断中央政府和宏观政治的标准。但在另一层面，转型过程中，个人权利意识的勃发、社会利益多元化、权威主体多元化的现实则意味着民众对具体的政府、政党行为、政策、制度设计具备了更加明确和直接的要求。在两种文化和趋势的撞击过程中，一种持续的、动态的、理性的制度化政治信任形态的建构格外关键。而其建构的核心，就在于能够在臣民文化和公民文化之间达成一种均衡，要能够促使政府与民众之间建构一种活跃的信息沟通机制，形成二者认知的动态均衡。要达成这一点，关键在于建制化的中间性沟通载体或平台的存在。而在中国既有的政治结构中，人大代表是国家权力机关的重要组成部分与核心行动体，也是官民政治沟通的重要桥梁和纽带，是建构政治信任的重要制度资源，对转型期良性政治信任的培育起到了至关重要的作用。因此，非常有必要尝试探讨：如何通过人大代表的身份建构来实现良性政治信任机制的达成。

但长期以来，对于人大代表在中国政治发展中作用的探讨，集中体现于人大代表选举、履职方式和体制机制层面。将政治信任问题和人大代表身份建构问题结合起来进行研究，尚难找到直接对应的研究实例和报告。学界对此问题一般集中于间接探讨，其主要维度有三个：

维度一：人大代表能否成为政治信任所必需的政治沟通和价值传递的中间渠道。此维度集中研究人大代表作为党和国家联系群众的桥梁纽带作用的发挥。这种维度的研究集中于两个层面。一是从程序和机制建设层面对人大代表在人大会中、会后诸多政治沟通环节进行研究。此类研究主要集中于部分研究人大工作机制的学者和人大自身的研究人员，研究焦点集中于人大代表政治表达和沟通层面具体的制度和机制的设计与改进。此层面研究的一种潜在指向在于：以人大代表身份改革作为政治体制改革的现实切入点，以点带面，促动政治沟通和政治信任体系的建构和持续完善。比如浦兴祖、于建嵘等学者提出“人大代表专职化”。另一层面的研究集中于在政府和社会沟通、社会不同主体沟通过程中，人大代表作为中间介质的身份角色研究。此层面研究在“社会主义协商民主”大背景下得到拓展。一种比较积极的观点认为，人大代表在基层协商民主和立法协商实践中发挥重要作用（杨波、黄卫平，2007；陈家刚，2017）。尤其围绕以人大为平台的公共预算协商民主实践、人大代表工作站的民主实践等进行人大代表政治参与和政治沟通的探讨，将基层人大代表政治身份和角色的功能性探讨提上了新的层面。整体来看，在政治沟通领域，一种基本共识在于：在中国现行的政治框架和政治环境下，完善基层人民代表大会制度，特别是实现基层人大代表身份的科学建构是强化基层官民政治沟通，促进民众积极认知政府行动的重要体制改革切入点。

维度二：人大代表能否在多重角色的均衡中成为国家意志和选民期待之间的均衡者。此维度的研究关注从身份和角色均衡的角度思考人大代表是否能够通过多重身份角色调适而创设出某种有利于政府和选民之间意志调和的中庸身份状态。比如欧博文认为“多种多样的和相互矛盾的期望会在人大代表身上产生角色冲突，却可以重新创造和界定代表角色以缓和角色张力”，作为好的代理人或进谏人，人大代表可以在国家意志和选民期望之间创设某种折中或均衡。这其实是在探讨人大代表是否能够从多种身份角色互动中均衡形成一种有利于国家/政府意志和选民期待相折中的身份。

维度三：人大代表是否能够成为社会权力表达的中介，成为政治信任所依托的政治稳定机制形成的关键环节。这个维度下，学者们大多从代表和选民的“责任—代理”或“责任—委托”的架构来思考人大代表社会层面的存在意义，并由此探索政府和公民互动沟通、增强彼此间信任的稳定性。比如，美国学者墨宁（Melanie F. Manion）在观察中提出地方人大代表“代表意识”和“代表效能”的提升在某种程度上依托于地方政府维稳的需求。中国学者蔡定剑则认为人大代表应担负解决社会矛盾的职责和扮演此类功能化角色，成为社会权益表达的一种出口，要让人大代表有能力、有动力帮选民解决问题，以此来促动社会的安定和稳定。

因此，尽管理论和实践层面对人大代表身份及其背后潜在的政治信任问题进行探讨并不是一个全新的命题，但迄今为止，国内外学界还没有对人大代表身份建构和政治信任进行结合研究。这使得，长期以来，在我国的政治发展和治理研究中，人大代表研究与政治信任研究总是被不自觉地自然分割在两个领域内。两个领域的研究尽管有众多的、优秀的研究成果，但是这些研究成果缺乏相互之间知识意义上的呼应和逻辑上的相互印证，使得中国政治发展研究，在知识汇集与学理提炼方面，缺乏应有的价值和理论深度。

因此，在政治信任问题，尤其是政府公信力问题已然成为影响我国政治经济社会良性发展的关键议题时，尝试以最显性的人民代表——人大代表身份建构为切入点对转型期中国政治信任建构进行探讨，深入推进人大代表——政治信任之间的协同研究具有非常重要的现实意义和理论意义。

从理论层面，以政治信任的视域理解和分析人大代表的身份建构能够把人大代表身份建构与政治信任建构结合起来，使两个领域的改革和理论发现，各自为对方构成了外部的要求与动力，形成相互配合、相互促进的系统研究格局。这有利于我们从新的理论层面探讨人大改革和相关制度供给，同时为转型期良性政治信任的建构提供理论支持。

从实践层面，将人大代表身份建构置于转型期中国良性政治信任建构的背景下进行考量，可以发现造成人大代表身份多重性和有限性的历史轨迹和囊括其中的政治、经济、社会、文化等多方面因素的综合作用，涉及中国整体政治、社会和文化变迁方方面面。也能够发现，转型期一种良性的政治信任结构和形态的建构并不能仅仅基于整体、弥散性政治信任，还必须基于特定政治信任的稳定存续，要能够依托人大代表这样的具体的民意代表为民众和政府二者建构一种稳固的、相互性、动态性的政治体认。尤其是要能够通过基层人大代表的行动，提升政府在民众关注问题中的“在场”性，让党政领导人和其主导的政府机构能够在价值表达和行动上具备和不同层面民众的“共情”能力。

由此，本书着力从理论和实践两个层面对政治信任建构目标下人大代表身份建构进行研究。从具体研究侧重点看，本书更加偏重于实证研究，或者说侧重于以理论假设为基础，对转型期政治信任建构目标下人大代表身份建构进行系统的实证研究。

二、核心概念

（一）政治信任

政治信任是一个广博的概念。其定义涉及政治学、社会学、心理学、经济学等多个学科。从心理学的角度，政治信任更多被视为民众对政治系统尤其是政府行为的正向认知或认同；从社会学的角度，政治信任更倾向于被认为是一种在政治互动交往过程中形成的动态稳固的合作关系；而从经济学的层面，政治信任则被认为是一种基于社会资本和理性计算而形成的人们对政治系统的心理预期。综合来看，政治信任是一种典型的人对系统的信任。但和一般人对系统的信任不同，政治信任建立的基础在于人对政治系统和政治过程所倡导和体现原则的正确性有信赖，但这种信赖的建立不能简单依靠情感认知和感性判断，更主要是通过持续的政治互动、沟通形成。可以说，持续的政治互动建构了个人对政治体系和政治过程的态度或认知。这些外在的政治互动发生于日常政治生活各个环节，信息成本较低，但影响无处不在。可以说，政治信任是一种特殊的政治和社会现实，是公民根据信息成本较低的外在符号潜在地推断政治代理人与政治决策的内在可靠性，放弃了对于政府行为深层次信息的追问与达成共识的可能，从而对政府必不可少的自由裁量权保持必要的沉默。①

但无论从何种角度出发，政治信任最终都可以被理解为：民众愿意相信政治制度、政治价值、政府政策和政府人员行为能够符合并满足自身的需求，能够感受到政治体系和具体的政府行为能够满足自身期待和要求。一个社会具备一定的政治信任，这意味着，人们在一定程度上会

① 伍德志：《政治合法性的信任解释》，载《北大法律评论》，2015 年第 2 辑，第 223 页。

相信政府的行为能够为民众创造福祉，可以放心把一些权利赋予执政者。足够的政治信任能够确保政府在推行政策时能够得到大多数民众的理解和支持。

但是政治信任度与政治合法性之间并不是简单的线性关系。政治信任度高并不绝对意味着政治合法性居于高稳定的状态。一个封闭的政治系统下，高度的政治管控和压制在很大程度上可以营造一个高度信任的政治信任格局，但是现实中，这种形态的政治信任往往是不稳固的。尤其当一个国家的民主化程度和法治水平较低、对政府权力的监督机制还不够完善的情况下，高度的政治信任可能会纵容政府官员滥用权力、贪污腐败。① 因此，一定意义上，政治信任与不信任和政治发展之间也不构成必然的积极和消极对应关系。政治信任度高未必一定是好事。政治不信任的存在对政治发展而言也不必然是消极的。一定程度的政治不信任是政治过程纠错机制的重要集成部分，对于政治信任的长远形成是具有积极影响的。尤其在转型政治中，政治不信任的存在是确保政治系统能够不断自我纠错、自我递进的重要保障，与政治信任的最终建立具有密不可分的联系。因此，政治信任和政治不信任在任何政体和政治过程中，都是一对孪生体，如何建构一种空间和机制，吸纳政治不信任，并将其转化为建构政治信任的动力是政治发展的重要命题。

从不同角度出发，政治信任可以分为不同类型。按照信任来源和对象，有学者将政治信任分为弥散性信任和特定性信任两大类。弥散性信任更倾向于被认为是对政治制度、政治价值等宏观层面的信任。而对政府机构、政府官员等政治体系中具体机构或人员的信任则被视为特定性信任。亦有学者在此两分法的基础上，将政治信任进行分层，比如戴维·伊斯顿将美国政治信任分为“对民族共同体的信任”“对民主和作为一种政体的美国宪法的信任”“对政治机构的信任”“对选举程序的信

① 陈尧：《社会转型期政治信任结构的变化》，载《中国浦东干部学院学报》，2009 年第 4 期，第 67 页。

任”“对特定时期的政治领导人的信任”五个层次。

按照政治发展的历史维度或阶段性维度，有学者将政治信任分为传统、过渡和现代三种形态。在此维度，一个比较鲜明的分析架构是人格信任和制度信任分析架构。在此架构下，人格信任是指民众对政治的信任，主要在于他们对公权力执掌者的感性看法。此种信任的形成主要依托于一种人治的格局，或者说，民众对于政治的看法和认知主要来自执政者自身，而非一种系统的国家和社会的互动。而制度信任则是指民众对于政治的信任主要来自法律、规则等制度化政治规范所塑造的一种宏观政治认知。政府运行的确定性与可信性主要依靠制度的规范和约束。[①]人格信任被视为传统政治信任的核心元素，制度信任则被视为现代政治信任的核心元素，而人格信任和制度信任的混合则被视为过渡形态政治信任的核心元素。

而综合来看，政治信任背后的逻辑在于，政府过程的运行必须建立在一定程度的信任之上，必须使得民众相信他们对政府的授权是可靠的，有助于自身和群体福祉的，不会对自身和群体利益构成伤害。一种良性的政治信任关系是基于理性判断和质疑基础上的人格信任和制度信任、弥散性信任和特定性信任的动态均衡结合。这个过程中，基于政治参与的沟通互动是非常关键的，而最终需要型构的则是政府和民众两者间的理性认知力。

（二）人大代表

人大代表是人民代表大会代表，是国家权力机关——人民代表大会的组成人员。人大代表的概念包括两个层面的逻辑：一个是政治代表的逻辑；一个是制度的逻辑。

从政治代表的逻辑层面，人大代表是人民代表的一种，其核心职能

---

① 上官酒瑞：《制度是信任的基石》，载《领导科学》，2011年第22期，第18页。

是代表人民行使国家权力。县乡两级人大代表通过直接选举方式选举，县以上人大代表通过间接选举的方式，成为人民代表大会代表。按照《中华人民共和国全国人民代表大会和地方各级人民代表大会代表法》的规定，人大代表选举产生的程序必须严格、民主、符合法律要求，人大代表就是代表人民按照民主集中制的原则统一行使国家权力的行为体。因为不同层级的人大代表按照法定规范和原则选举产生同级行政、立法、司法机构。在这一原则下，人民代表大会成为中国的权力机关。而全国人民代表大会则相应成为国家最高权力机关。在具体的代表工作中，通过人大代表集体讨论、审议、质询、询问、调研等履职行动，使不同、多样、松散的人民意志上升为集体意志和国家意志。也就是说，人民通过自己选举产生的代表自身利益的人大代表组成国家权力机关和立法机关，通过人大代表的集体行动，人民实现了政治参与和对国家的管理。从根本上讲，人大代表是人民主权原则在中国实现的重要行为主体。

从制度逻辑层面，人大代表是人民代表大会制度的核心行动者。谈及人大制度，很多人往往会想到人大代表在开会，“握手、拍手、举手”，或者会想到“人大（常委会）”这块牌子、这个机构。① 人大代表是人民代表大会的组成人员。只有通过人大代表的多数同意，人民代表大会的决定才能够实现对人民意志的代表，才能够具有合法性。因此，人民代表大会制度的有效性是由人大代表行动有效性所直接决定的。也可以说，人大代表制度、工作机制是人民代表大会的重要组成部分。

而从政治信任建构的层面看，人大代表不仅仅是党和政府与民众之间沟通的一个中间性制度载体，更重要的是他们是基于自下而上的权力授受关系产生的。人大代表代表选民与政府进行沟通，参与政府决策，是具有深厚责任性的特征的。也就是说，人大代表具有应然的连接政府

① 浦兴祖：《人民代表大会制度的“内在逻辑”与“外在方位”——为纪念人大制度建立50周年而作》，载《人大研究》，2004 年第 10 期，第 17—21 页。

与民众的制度性身份。这意味着，人大代表的行动能够同时影响到政府和民众双方对彼此的认知。于此，人大代表对转型期中国政治信任的建构具有天然的价值性和制度化意义。另一层面，人大代表代表选民向政府表达诉求，提出建议，对政府进行监督，这事实上使得他们在规范层面成为政府不信任机制的一部分。这种不信任机制的存在能够在一个有效范畴内对政府和政治过程形成纠错机制，从长远看，是转型期良性政治信任的关键所在。

（三）身份

身份，从汉语层面，解释为人的地位，也有“地位高”的含义。而在英文中的身份（Identity）则含有“认同”之义，内有某人或某些人从属于某一群体的含义。按照身份政治的理论，归属或认同于某一群体，就应当对此群体有相应的身份认同。而无论是汉语还是英语中的身份，一个共通之处在于，强调身份是人所属的人群类别或属性。

本书研究的身份，是指政治过程中的人大代表身份。也就是说，研究的是，政治过程中人大代表所归属的群体。从属性上来讲，政治过程中的人大代表身份主要是一种政治身份。从政治输入到输出，人大代表在政治过程中扮演了重要角色。而从功能上讲，政治过程中的人大代表，在立法、政治沟通、政府监督、利益协调等层面有着不同程度的作用发挥。

在一般的身份政治研究层面，一般的身份划分会集中于种族、阶层等层面。在人大代表的身份政治研究上，本书则跨越了种族、阶层等身份属性划分，主要集中于功能性、角色性身份发挥来对人大代表的身份进行研究。

本书集中从功能层面研究人大代表作为代表者的核心身份和主身份下的多元子身份，尝试从政治沟通者、政府监督者、立法参与者和利益协调者四个身份层面探讨人大代表的身份定位，探索在未来的改革过程中，人大代表身份建构的侧重点和突破点。

（四）转型

广义上，转型是指一个社会或国家由一个发展阶段迈向另一个发展阶段。在这个过程中国家经济、政治、社会和文化发展随之也发生变化。本书所指的转型特指发展中国家在政治现代化过程中向政治现代性转型的过渡期。这里的转型和经济自由化、政治民主化、社会多元化等现象密切相连。从世界和历史的眼光看，转型期是国家发展的挑战期，也是国家成长的黄金期，是一个大规模制度变迁的过程。在发展政治学的视野中，一国人均 GDP 从 1000 美元到 3000 美元的攀升时期是一个特定的转型发展阶段。这一时期，国家经济、社会、政治各个层面开始转型。经济层面，市场经济成为经济发展的主要框架。工业化成为经济发展的主要动力，城市化快速发展。社会层面，社会需求结构升级，伴随着经济增长，社会从生活必需品消费时代转向耐用消费品时代，对教育、医疗、养老、社会福利等的需求日益提升。另外，社会群体产生分化，出现新的社会阶层和利益群体。这导致民众在思想层面的独立性和差异性日益明显。思想意识多元化趋势加强，对公平正义的需求加强。这导致在政治层面，由于社会利益多元化与民众政治参与意识提升并存，政府决策形成共识的难度加大，决策的公正性和科学性的实现面临更加复杂的挑战。

因此，在转型过程中，政治发展目标和前进轨迹、政治过程的运行机制发生全面而深刻的转变。一个首要的变化在于，政治过程从权力政治向权利政治和利益政治变迁。政治合法性基础从单一经济增长到实现社会公平正义的综合目标理性变迁。这一阶段的国家政治更加能够体现恩格斯所说的："政治统治到处都是以执行某种社会职能为基础，而且政治统治只有在它执行了它的这种社会职能时才能持续下去。"[①] 其次，转型带来的原子化社会趋势下，民众权利意识和政治参与意识的提升带来民主政治呼声和民主参与力度的加大。最后，制度改革成为均衡各方利益的重要路径。如果只顾及单向度的经济发展而不改革政治治理与社会治理框架和方式方法，就有可能诱发突发性社会变动和震荡。

而中国所处的转型期，除了具有以上特点外，还具有鲜明的自身特色。首先，在个人原子化的同时也不断在变动的环境中进行着再组织化，这使得人们在从"革命化""政治化"向"权利化""利益化"时代转变的过程中面临着更为复杂的"再政治化"的过程。由此，社会利益更加多元化、复杂化，社会对利益共识达成和塑造的方式、过程有着更高、更为具体的要求。其次，对政府角色转变更为复杂的挑战。转型时期，强大的政府非但不能实现有效的治理，有时还会发现自己成为所有矛盾的焦点。因为它必须仲裁所有的矛盾，并为其后果负责。[②] 这要求政府能够及时从"全能型政府"角色抽离，充分强化自身利益协调、利益均衡和公共服务能力，进而引导社会民众理性参与和自我治理。也可以说，对于中国政府而言，转型期尤其需要重视利益沟通和利益协调平台的建构。最后，转型过程中，对政府和社会之间关系提出更高要求。这主要表现为，由于转型期，政府行政需要尊重利益政治的现实图景，但又必须能够建构一种超越利益政治的公共政治图景。这就对政府和社会之间的关系提出了更为复杂的挑战。相对于计划经济时代政府主导和管控社会，转型期政府需要尊重社会，向社会放权，但与此同时，更需要打通政府和社会联系的通道，打造政治沟通的公共领域，提升政治行动者和参与者的公共眼界和公共能力。

---

① 《马克思恩格斯选集》（第 3 卷），中共中央马克思恩格斯列宁斯大林著作编译局译，人民出版社 1995 年版，第 122 页。

② 高超群：《利益时代的政治》，载《文化纵横》，2014 年第 2 期，第 26 页。

三、主要观点

（一）转型期中国应当建构一种积极政治信任

转型期中国在政治信任领域应当将积极政治信任作为建构目标。转型期中国处于从物质时代向后物质时代、从臣民文化向公民文化的过渡转折时期。在这样一个阶段，政治信任不仅涉及民众对主要政治行动体——政府的信任，也涉及政治行为体之间的互信。这不仅源于信任终究是行为体之间相互的行为，更源于转型过程中，社会急剧变化所导致的不确定令政治行动体产生失控感和不安全感。尤其在一个从臣民文化向公民文化转型的过程中，传统“家长制”权威式政府在面对逐步具备质疑和反思情结的民众与社会时，不可避免产生危机感。换句话说，转型期间，面对民众权利意识、权力批判意识以及由此导致的政治参与热情的提升，政府要能够通过自身反思和机制调适建构起对民众的信任，形成和民众互动的“安全感”。转型期的政治信任，不仅是民众信任政府的问题，也存在政府是否信任民众以及其他政治行为体之间互信的问题。

在这样的一个前提之下，转型期中国政治信任应当建构一种积极政治信任。从形态层面，积极政治信任是政治行动体在自主基础上通过积极和开放性的互动形成的一种网状立体的信任形态，是不同政治行动体之间在承认彼此差异基础上以互动、协商为基础形成的一种“积极的逐步上升的信任状态”。在积极政治信任形成过程中，政府、官员、民众、社会团体等行动体能够逐步正视彼此的差异化需求，通过积极的沟通促进理解和体认。总体上讲，积极政治信任涉及政府、民众、社会组织等各种行为体之间多层次、多向度积极互信。这种积极互信并不是绝对信任，而是基于开放的不信任表达和交流所形成的政治行动体之间的理性互信。也可以说，积极政治信任是建立在不同行动主体的自主性和权利被充分尊重和关注的基础上的，是政治行动体通过自主互动来实现的，而并非通过单向度自上而下管制、观念灌输或自下而上诉求反映或抗争而形成。积极政治信任的形成是政治过程公开化和透明化趋向下，政治行动体上下垂直互动和水平互动相结合的结果。本质上，积极政治信任对应的是一种开放、平等、积极对话的政治参与和政治互动形态。这要求人们承认政治行动体之间的平等性和开放协商的必要性、重要性。

而具体到本书研究的主旨内容：积极政治信任视域下人大代表的身份建构，旨在探讨积极政治信任目标下，以人大代表这一政治群体为中心，多向度、相互性的立体化、网状信任关系构建对积极政治信任的正向形塑作用。即通过人大代表的身份建构和相应的作用发挥，在选民、民众和人大代表之间、人大代表和执政党/政府之间形成积极互动和建设性的信任关系，最终藉由人大代表的作用在选民、民众和政府之间形成以积极沟通、共同参与为基础的积极信任关系。

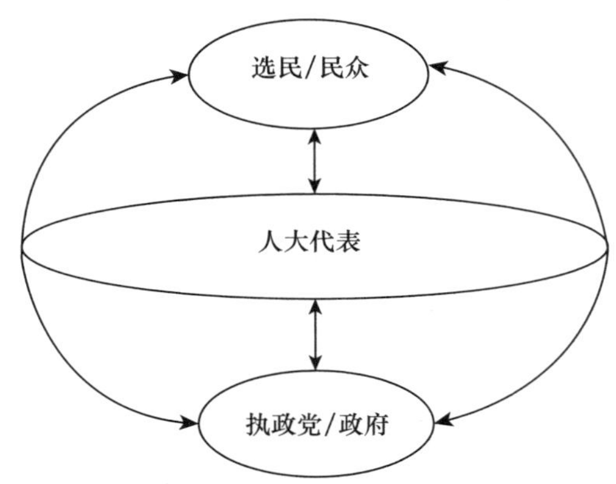

图 0－1　以人大代表为连接的“积极政治信任”关系图

（二）在功能层面上人大代表身份是多元并有限的

人大代表的核心和本质为人民代表的身份。而在此层面，其人民代表的身份在代表逻辑层面受到代议政治代表逻辑和党的代表逻辑两种代表逻辑的交织影响。一方面，在人大制度本身所具有的内在制度张力的层面，人大代表在政治和社会发展过程中不可逆地需要具备代议机关代表的身份特征和要求。这要求，从身份的功能层面，人大代表作为代表者的核心身份之下，应包含作为代议机关代表所要求的政治沟通者、政府监督者、关键立法参与者、利益协调者四个子身份或次级身份。

而在另一层面，源于中国特色社会主义民主制度的特有结构和实践路径，人大代表代表者的政治身份必然要从属于党的先锋队代表逻辑，他们事实上成为执政党国家治理体系的重要组成部分和群众路线的关键工作环节，是执政党推进自我革命和引导社会革命间的体制嵌入点。这决定了人大代表的代表者身份必然是党实现自身对人民利益代表的一个重要的中间性环节。

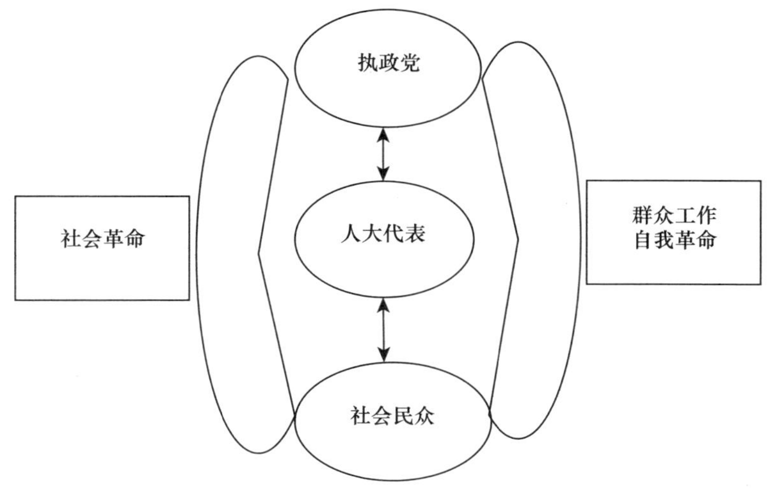

图 0－2　党的先锋队代表逻辑下人大代表身份运行逻辑

源于代议机关代表和党的代表两种代表逻辑的交织影响，人大代表四种功能性子身份在现实政治实践中有着不同的实践深度和影响力。但可以预设的是，在两种代表逻辑的交织影响下，人大代表无论是作为政治沟通者、政府监督者、关键立法参与者，还是利益协调者，都必须遵从党的领导这条主线，并同时符合社会对他们作为代议机关代表的身份期待。

在自上而下和自下而上两种期待中，人大代表不同的功能性身份在现实中都有着展现，但不可避免地，每一种功能性身份都必须受制于两种代表逻辑交织影响形成的不同身份行动框架。这导致在现实的身份实践中，人大代表每一种功能性身份都是存在的，但却往往不能够充分行使其身份功能。换言之，在功能层面上人大代表身份实践是多元却有限的。

（三）积极政治信任视域下人大代表身份建构应该是有侧重点、成体系的

积极政治信任视域下，人大代表身份建构应当是具有层次化和体系化特征的。体系化意味着转型期中国积极政治信任建构中，人大代表身份形塑是分层次的，并且在分层基础上，人大代表不同功能性身份之间是具有联系的，要建立相应的互动和影响机制。由此，本书认为，以积极政治信任为目标，人大代表身份形塑在功能性层面要本着系统性、科学性的原则，使人大代表作为代表者的核心身份在不同功能的子身份的共同作用支持下发挥整体性最大功效，实现对积极政治信任建构和国家转型发展的共同支持。比如作为基础身份的政治沟通者和作为关键性身份的政府监督者，这两种身份的建构对于积极政治信任的形塑具有现实重要性。并且这两个层面的身份实践之间具备关联性和互相支持印证的意义，具有同步强化的必要性。在层次化的基础上，人大代表身份建构应当是体系化的。这意味着在人民代表的主身份之下，人大代表子身份

之间不仅具有正向的联系，还能够互相激发，形成对主身份支持的合力。这涵盖三个层面要素，并且需要重视不同层次身份之间渐进递次发展，在不同子身份之间建立相互联系和影响机制，最终促成不同子身份的身份功能合力支持人民代表主身份的格局。

第一章

转型期中国政治信任建构目标分析

政治信任是政治系统合法性的重要来源，也是政治稳定和政治发展的重要保证。改革开放40多年的发展，伴随着国内市场经济的崛起以及人口、信息和资本流动及交换的快速进行，国人的生活得到了诸多改善。但与此同时，这种发展也伴随着人们对公共权力的观点和基本看法的变化。政治信任由此成为人们关注的话题。

对于政治信任，人们容易陷入“结果论”的误区。很多时候，人们会认为：政治信任度越高越好。政治信任度越高，意味着政府执政效能越高，民众对政府、政治体制和政治过程的认可度就越高。事实上，人们忽略了一个事实：政治信任与政治发展的关系并不一定是线性关系。一个层面上，政治信任是政治发展过程的标的物之一，它既是政治发展的结果，也是政治发展的支撑要素。没有一定的政治信任，政治发展无从谈起。但在另一层面，在复杂多样化的政治现实面前，高度的政治信任并不一定意味着政治、社会的良序化、有效化发展。因此，高信任度并不足以成为政治信任建构的唯一目标。人们应当积极探究在一定的历史时期，符合国家政治健康发展的政治信任形态。在此基础上，积极政治信任，一种从表现形式到最终结果都有利于建构一种有序化、制度化、民主化的政治发展过程的政治信任形态应当是政治发展的重要目标。尤其对于转型期中国而言，这种积极政治信任的建构是转型期中国政治发展的重要目标与政治信任建构的核心目标。

第一节　转型期中国政治信任的两个基本现实

伴随着经济现代化和社会结构的变迁，中国政治信任形态已经逐步从人格信任向制度信任转变。转型过程中，中国的政治信任同时具有人格信任和制度信任的特点，处于从传统政治信任向现代政治信任过渡的阶段。与传统政治信任依赖于对执政者感性认知的单一向度相比，当代中国民众在更大程度上具备了从制度层面认知政治过程的理念和能力。在从人格信任到制度信任的转变过程中，当代中国政治信任成为中国政治治理中的一种紧迫性和复合性问题。综合来看，转型期中国政治信任集中存在两个基本现实：高弥散性政治信任与特定政治信任损耗并存、自上而下差序政治信任格局与潜在不信任上移并存。

一、高弥散性政治信任与特定政治信任损耗并存

对于当代中国政治信任的基本情况，一个基本现实是当代中国政治信任度较高。2020 年 7 月，哈佛大学肯尼迪政府学院阿什民主治理与创新中心康义德（Edward Cunningham）、托尼·赛奇（Tony Saich）和杰西·图瑞尔（Jesse Turiel）联合发表的《理解中国共产党韧性：中国民意长期调查》这一报告指出：根据自 2003—2016 年在中国进行的 8 次调查，他们发现，2003 年以来，中国民众对各级政府的满意度有着近乎全方位的提升，尤其中央政府的满意度从 2003 年的 86.1% 上升到 2016 年的 93.3%。世界著名公关公司爱德曼公司 2020 年 1 月发布的报告显示：90% 的中国受访者表示信任政府，比例最高，位列第一。而这个比例在经历了疫情考验后的 2020 年 5 月上升至 95%。针对中国同样的调查，在

2019 年、2018 年、2017 年分别显示 86%、84%、76% 的中国受访者表示信任政府，同样位列第一。而在其他年度的调查中，这样的结果亦不罕见。譬如 2011 年的报告中，中国政府以 88% 的信任度排名世界第一。中国学者马得勇也通过对亚洲八国和地区政治信任的实证分析得出，中国大陆的政治信任度在所有被测量国家中是最高的。《小康》杂志自 2005 年连续进行的“信用小康”调查也说明，中国政府公信力处于持续的上升中，从 40% 一直攀升到 93.8% 的高位。

表 1－1　2005—2019 年中国信用小康指数 89.6：向信用监管迈进①

一级测评指标	政府公信力	人际信用	企业信用	中国信用小康指数
权重（%）	40	30	30	100
2005 年度	60.5	66.3	53.7	60.2
2006 年度	60.5	66.1	53.4	60.1
2007 年度	60.6	66	53.1	60
2008 年度	61.5	66.2	53	60.4
2009 年度	62.2	67	53.6	61.1
2010 年度	63	67.7	54.1	61.7
2011 年度	65	67.8	54.5	62.7
2012 年度	67.8	68	56	64.3
2013 年度	70.1	70.2	58.5	66.7
2014 年度	74.1	67.8	68.2	70.5
2015 年度	77.8	66.8	68.4	71.7
2016 年度	81.1	68.7	70	74.1
2017 年度	83.7	73.1	74.6	77.8
2018 年度	89.2	78.3	79.7	83.1
2019 年度	93.8	86.0	87.6	89.6
2019 年度变化	4.6	7.7	7.9	6.5

① 刘彦华：《2019 中国信用小康指数 89.6：向信用监管迈进》，载《小康》，2019 年第 22 期。

对于这种高政治信任，有以下四种不同的解释：

第一种解释认为，高政治信任与中国传统政治文化有关。这主要包括三个维度的观点。第一个维度的观点认为，高政治信任来自传统的权威主义的政治价值观。此观点认为在中国传统儒家文化影响下，政府和政治领袖是至关重要的权威。人们对政府的信任不仅是基于政府的表现，也基于人们对权威的崇拜和依赖。[①] 而对权威的敏感和崇拜自然导致人们对政府和政治领袖的信任。第二个维度的观点认为，中国老百姓和政府之间有一种在西方理性选择之外的关系——政府对百姓有一种并不基于民主选举的责任性[②]。这使得民众即使不直接选举产生政府，但基于传统德政政治文化所形成的民众和政府一种隐性契约，政府必须要主动回应民众并为民众承当责任，而民众则将政府视为道德上具有爱民义务的价值体。第三个维度的观点则认为权威主义影响下，中国民众对政府的期待通常较低，因此，当政府对其诉求有所表示和回应后，民众从心理层面会对政府产生较高的支持和信任。这三个维度的思考在一定层面上都为中国高弥散性政治信任提供了文化层面的解释，但也都直接或间接暗示这种高弥散性政治信任并不是稳定的政治信任，甚至会为政治发展带来潜在的负面影响。第一个维度观点的另一面在于：尽管权威主义政治价值观带来高政治信任，但动态地看，权威主义价值观的影响会随着政治现代化、民主化发展减弱。由此，在从权威主义向现代政治转换的过程中，高政治信任的状态会受到挑战。第二个维度观点的另一面在于：民众对于政府尤其是政府领导寄予很高的道德和行动要求，这往往导致对政府领导的不满演化成对政府乃至政府执政体系的不满。第三个维度观点的另一面意味着：由于高信任来自政府对民众诉求的直接回应，这

① 马得勇：《政治信任及其起源——对亚洲8个国家和地区的比较研究》，载《经济社会体制比较》，2007年第5期，第85页。

② 童燕齐：《中国政府与百姓——中国政治向传统回归》，载《绿叶》，2009年第2期，第13页。

导致整个信任架构中缺乏严格有效的法治保障和相应的缓冲机制，从而这种类型的高信任并不意味着政治稳定和有效治理，反而在一定程度上造成了民众对政府的依赖和“直接索取”并间接带来了政治上的失序与不稳定。

第二种解释认为，高政治信任与中国民众国家认同感和公共认同感相关。在国家认同的角度，一个典型的写照在于，理论界对于中国共产党作为使命型政党分析的一个重要出发点，即中国共产党历史性担负了近代以来民族复兴、国家富强、人民幸福的任务。意识形态领域对中国共产党作为民族复兴担当者的宣传和塑造是引导民众形成对执政党和政府产生积极认同感和依恋感的重要因素。国家认同、民族自豪感的兴起为多元化社会的整合提供了观念基础。而在公共认同层面，比较具有代表性的观点来自华裔学者唐文方，他认为“社会主义团队的政治环境”所形成的“社会主义团队精神”的社团信任与高弥散性政治信任有着密切联系。[①] 这种社团信任在中国实际政治过程中产生了类似于西方国家公民信任的作用。而社团信任是通过中国共产党对社会的有效组织和统合进行的。通过党的领导，社会形成了互助、合作的氛围和组织机制。对国家和社会主义团队所强调的国家主义、集体主义、团队主义、公平公正等观念的认同在一定程度上能够保障转型期的中国民众对政府政策有着基本的接受，也能够使他们对政府引导下的公共生活有着基本的不抵触。但在此解释框架中，国家认同和社会主义团队性质的公共认同对政治信任的作用同样是一体两面的。二者与离散化的多元利益表达并不相悖，尤其国家认同和民族主义的被强化，这一点如果引导不好会潜在强化政治参与和政治表达的激进性，这对于良性政治信任的达成显然也是不利的。

第三种解释认为，中国民众对政府的高信任来自执政党基于平民威

---

① 唐文方、杨端程：《民意调查与中国政权韧性的五大“意外”发现》，载《中国政治学》，2019 年第 1 辑，第 103 页。

权主义的良好治理绩效。这主要体现于西方学者基于对“中国崩溃论”的反思而进行的中共执政韧性研究。这类研究在一定层面上认可前三种观点在解释中国高政治信任上的合理性，但更致力于分析中国政治如何既顺应和利用传统威权文化、高国家认同和高社会主义团队认同对政治信任的积极影响，又同时避免其可能引起的潜在政治信任畸形发展和政治治理危机。因此这一系列研究总体上集中从治理绩效层面探索中国这种具有韧性的高政治信任状态。和之前解释最大的不同在于，此层面的研究不仅仅关注中国政府在经济发展、社会福利保障领域取得的硬性治理绩效，也同时将视野扩充到政府在官民关系改善、政治回应强化等“软”性绩效上。哈佛大学肯尼迪政府学院康义德、托尼·赛奇和杰西·图瑞尔的报告分析认为，中国共产党执政之所以得到广大民众的支持，主要原因在于，中共在消除贫困、提升弱势群体社会基本福利、反腐败和环保治理等方面做出的积极并富有成效的努力。而华裔学者唐文方则把中共软硬兼施、刚性和弹性治理综合运用的治理方式归结到中国共产党平民威权主义政治文化上。他认为在坚持走群众路线的原则下，中国特有的动员式、运动式治理变相鼓励了民众采用大规模聚集的方式进行政治参与。在问题解决过程中，中央政府往往会绕过地方政府直接回应民众，并处理有关地方政府官员，以此来疏解民众的不满和异议。除此之外，在地方治理层面，地方和基层政府也在不同层面强化对民众的对话和回应。尤其是网络技术兴起后，官方对民众通过微博、微信等自媒体的发声非常关注，对引起公众讨论的话题，官方非常重视回应。这些都使得民众认为政府尤其是中央政府，对民意具有相当高的关注度。因此，在治理绩效的视角下，中国共产党顺应时代和世界的变化，坚持用平民威权主义的方式进行综合治理，在发展经济和提升国力的同时也关注和回应了民众需求，这些对提升民众满意度是有效的。但问题同样是一体两面的，这种建立在对民众声音高度敏感和回应的平民威权体系也存在先天的脆弱性。在这种体系下，民意和政府尤其是中央政府直线连接，会间接导致法治和社会矛盾解决的制度化体系难以切实建立并发挥效能。而这种中间缓冲的中间性制度化区域的相对式微在很大程度上加大了政府压力，易在经济发展遭遇挫折时引发政治不稳定。

因此，在对高政治信任的认可和分析之下，学界对当代中国政治信任的一个共识在于：这种高政治信任具有较强的指向性，更多指向于对政权、政治体制和政治过程整体的信任。也就是说，这种高政治信任更多属于弥散性政治信任。而相对于弥散性政治信任，民众对政府具体政策、政府机构、政府官员的特定政治信任则处于相对式微的状态。此种情境下，学界另一种共识在于：改革开放以来，中国政治信任尽管处于高信任状态，但整体形势并不乐观。尤其是从2008年世界金融危机以来，社会陷入一种普遍的焦虑之中。社会阶层分化，“仇官仇富”情绪弥漫，民众诉求缺乏制度化表达途径，群体性事件频发。这些都说明当代中国特定政治信任磨损较为严重。甚至这种特定政治信任的损耗已经在一定程度上危及弥散性政治信任。一定程度上，执政党面临的问题、挑战和危机的症结就在于执政党正在失去人民的信心和信任。① 比如2020年新冠肺炎疫情伊始，对中央政府不同时期隔离和限制出行措施，民众表现出高度信任和配合，而对于具体的行政部门，譬如国家疾控中心、地方政府、地方卫健委等单位和部门则表现出程度不一的质疑和批评。

这种高弥散政治信任下的特定政治信任损耗集中体现在中国式抗争政治的发生逻辑上。对具体或特定政府部门、领导干部的不信任成为引发一些群体性事件的导火索。比如2004年万州的群体性事件，起因只是一个妇女与一个搬运工之间发生冲突，但这个妇女的丈夫却自称是政府公务员，并殴打搬运工。这样的言辞和行为引起民众极大不满，并进而引发大规模人群聚集和围堵政府行为。而伴随着信息技术的迅猛发展，近些年，群体性事件已经开始逐步从线下走向线上，形成“线下群体事

① 郑永年：《中共可以重拾人民的信心和信任吗?》，载《联合早报》，2013年1月1日。

件”和“线上网络性群体事件”共存的局面。这说明信息开放环境下，民众对政府的不信任有着具象化的体现和反映，易形成群体性认知，对社会稳定构成消极影响。

这些都意味着，转型期中国，在具体的政策执行和利益分配、沟通过程中，特定和具体的政治信任供给并不充分。并且可以预见的是，在日益强化的改革转型过程中，社会利益冲突加剧，民众对政府部门以及政府官员将会提出更高、更具体的要求。这同时意味着，特定性政治信任的建构将会面临越来越多的风险和挑战。现有的高弥散性政治信任格局从根本上需要特定政治信任作为支撑。如果不能够很好地处理和应对特定政治信任所面临的问题，弥散性政治信任将会受到极大影响。

二、自上而下差序政治信任格局与潜在不信任上移并存

政治信任结构的差序格局是当代中国政治信任另一个非常鲜明的特质。这种差序格局是经多位学者研究证实的，其核心观点认为中国政治信任呈现从中央到地方到基层逐级递减的结构和形态。这种政治信任形态在民间被形象描述为：“中央是恩人，省里是亲人，县里是好人，乡里是恶人，村里是仇人。”[①] 也就是说，越往基层走，民众对相应层面政府、官员或治理者的信任度越低。史天健、欧博文、李连江、于建嵘、肖唐镖等诸多学者通过不同层面的调研都观察到此种现象。这种差序格局在很大程度上也呼应了整体弥散性政治信任较高的现状。中央政府往往被视为整体政治治理体系、体制的代理人，民众对中央政府的信任度高，对政治体制和整体治理能力的弥散性信任也会持续保持一种较高的状态。

一般认为，四种原因导致了这种差序格局的形成：

一是这种特定的差序格局来自中国特殊的政治权力结构。权力授受

① 张厚安、蒙桂兰：《完善村民委员会的民主选举制度　推进农村政治稳定与发展——湖北省广水市村民委员会换届选举调查》，载《社会主义研究》，1993 年第 4 期，第 42 页。

层面，虽然地方各级政府是由同级人大授权产生的，但在实际权力运行方面，地方各级政府事实上是其上级政府的代理人。对上负责而非对下负责很大程度上成为各级政府官员的典型行动逻辑。因此，越往基层走，各级官员在理性利益判断层面越缺乏对民众负责、寻求其信任的动力。而作为党的执政中枢，若无民众的政治信任，中央政府的合法性将很难建立。因此，中央政府对于政治信任的建构有着更为明确和直接的动力。越往更高层级的政府走，政府机构和官员寻求政治信任的动力就越强。

二是这种特定的差序格局在一定程度上来自传统中央集权的政治传统和集体主义政治文化所形成的中央政权的“慈父”效应。由于传统政治文化的影响，上级政府尤其是中央政府在理念和制度性行为两个层面上都能够越过中间组织和程序，使民众诉求和基层社会问题得到解决。这种现实导致了民众对高层级政府形成了高标准的道德认知，有着较强的依赖和认同。这种现实部分导致高层级政府尤其是中央政府具有较高的民众信任度。而作为和民众联系最紧密的基层政府，却往往是作为直接的行政命令执行者和社会管理者的刻板官僚形象出现的。这造成历史化视角下，政府执政绩效所带来的支持和认可往往集中于高层级政府尤其是中央层面，而地方或基层政府在执行上级政策时客观存在的自由裁量权所导致的问题则往往被认为是在曲解或不能够有效执行中央政策。这使得民众对政府的信任形成了当前的从中央到地方再到基层逐层降低的差序现象。

三是这种特定的差序格局来自基层治理结构。一定程度上，转型期基层治理结构导致基层官民矛盾突出和政府信任的流失。作为中国政治结构中最后一个层级，基层政府处于治理压力的直接输出端，直接面对和承接民众诉求。转型所产生的诸多问题直观体现于基层治理过程中。在日趋加大的压力下，基层政府的资源和行动自主权处于相对匮乏的状态。与此同时，基层治理方式则长期处于“压力型体制”之下。上级部门对基层政府层层加码，而基层政府在面对不同序列的治理压力时也惯性地采用运动式、压力式的政策执行方式。在这个过程中，对于基层民众的利益诉求，基层政府的解决方式囿于"应对"或"压制"模式，对民众情绪缺乏有效疏导。这导致部分基层民众和政府之间互动呈现恶性接触的趋势，基层和地方政府的政治信任处于渐进流失的状态。

四是这种特定的差序格局来自民众中广泛存在的民族主义心态和对政治稳定的重视。转型期，碎片化、原子化的社会现状从逆向层面能够激发人们对社群和共同体的认同与渴望。这使得民族主义在转型期的中国有了新的发展基础和生存环境。而这种民族主义心态对政治信任直接表现为对执政党和中央政府整体性的正向体认上。比如唐文方和本杰明·达尔调查研究发现，中国的大众民族主义的广泛程度世界最高，这种民族主义背后的民族自尊心、自豪感对中央层面的政治稳定和政治合法性有着非常重要的正向支持。① 学者陈捷对北京市民进行的政治支持方面的调查和测量也显示：受访者强烈的民族主义和对政局稳定的优先考虑使他们在与中央政府相关的问题上表现出坚定的支持。②

由此可见，中国当前政治信任所处的自上而下差序递减格局，并不是偶然的，来自中国政治文化和政治治理结构的双重现实。但这种自上而下的差序政治信任格局并不意味着中央政府在政治信任问题上可以高枕无忧。

一个比较明显的现实在于，对基层和地方政府的政治不信任尽管在一定程度上有利于中央对基层和地方政府行为的纠偏和监督约束，但这种不信任如果过多集中于基层和地方层面，将不可避免引起政治不信任的外溢和上移。中国人民大学进行的一项社会调查显示了一个特殊现象，对中央政府越信任的民众更愿意采取抗争。③ 这种抗争一方面有利于中央

---

① 编辑部文章：《民族主义与中国的社会分层》，载《文化纵横》，2012 年第 6 期，第 13 页。

② 陈捷：《中国民众政治支持的测量与分析》，中山大学出版社 2011 年版，第 53 页。

③ 唐文方、杨端程：《民意调查与中国政权韧性的五大"意外"发现》，载《中国政治学》，2019 年第 1 辑，第 50 页。

政府强化对地方政府和官员的监督和约束，但另一方面也不可避免会潜在加大中央政府的责任压力。在整个差序格局中，基层政府在维护政治发展秩序和社会稳定层面担负直接责任。“上面千条线，下面一根针”的现实情境下，基层成为矛盾和压力集中的区域。在基层诉求得不到满足的民众会对更高一级政府，尤其是对中央政府直接提出诉求。这时候矛盾和压力将更多转移到中央政府和宏观政府过程，最终损害的是民众对政府和政治过程的整体信任。厦门大学胡荣教授，通过对农民上访和政治信任流失之间关系的实证研究发现，当基层政府不能够回应和解决上访农民诉求的时候，越来越多的“越级上访”的发生对高层级政府的政治信任产生了明显的负面效应。而农民到北京上访的次数、逗留时间长短和走访部门多少都和中央政府政治信任度的降低呈现明显的正相关。

因此，客观层面，自上而下的差序政治信任和潜在的政治不信任上移是并存的。当地方治理体系和资源体系难以负荷民众的指摘和不信任时，民众诉求和情绪反应会上移至更高层级政府甚至中央政府。在这种趋势下，中央政府所代表的广义上的“慈父”政府形象就会受到挑战。因此，与高弥散性政治信任一样，自上而下的差序格局一方面体现了当代中国政治信任稳定的一面，但另一方面也暗示了中央政府在型构政治信任上的重要责任和面临的压力。

第二节　转型期中国政治信任：对政治治理的影响与复杂生成环境

一、转型期中国政治信任格局对政治治理的影响

在转型发展过程中，高弥散性政治信任、差序政治信任格局与中国

政治治理的传统、现实治理结构是互为因果的。中国转型发展的目标严格意义上不在于一个单纯的高政治信任格局，而在于政治发展的有序性和有效性。这意味着转型期中国政治信任结构和形态能够和政治治理之间形成正向的刺激和互动循环。但在这一问题上，必须认识到的现实是，现有的政治信任格局事实上对中国的政治治理存在积极和消极两方面影响。

积极影响主要体现为两个方面。

一是在很大层面上解决了转型期中国宏观政治治理所需的“最小信任”问题。客观来讲，几乎所有的政治行动都需要政治信任“打底”。没有最小、最基础的信任，任何政治行动都很难开展。对于转型期中国而言，宏观政治治理的有效开展和目标达成都对这种“最小信任”有着直接而迫切的需求。而中国传统政治文化延续至今，依旧要求政府发展，尤其是稳定发展必须建立在民众对中央政府和政治过程具有广泛期许和基本的信服之上。因此，对于转型期中国政治治理，“最小信任”所指向的核心问题毋庸置疑是中央政府和执政党——中国共产党在整体民众心里的基本观感和信任度。高弥散性政治信任和差序政治信任格局的现实在很大程度上符合了中国特有的“最小信任”问题的解决逻辑。尤其是差序政治信任结构从现实层面较大保证了中央政府和执政党在政治治理中基本信任度的存续。

二是为自上而下高效能的政治动员和整体性治理提供了信任基石。不可否认，中国政治治理具有较为鲜明的动员色彩。组织化动员之下的运动式治理和整体性治理——举国体制在中国国家治理中发挥了重要作用。尽管在社会权利意识和自组织化能力提升的趋势下，这两种治理模式面临问题和挑战，但不可否认的是，它们依旧是有效且具有现实影响力的。在这样的现实之下，高弥散性政治信任和差序政治信任格局无疑回应和符合了中国政治治理的部分突出特点，并为其提供了民众认知基础。

相对于积极影响，更需要面对这种信任格局对中国政治治理的消极影响。系统来看，其消极影响也主要来自两点。

一是高弥散性政治信任和差序政治信任格局存在诱导和强化政府治理脆弱性的可能。在高弥散性政治信任的背后，当代中国民众的特定性政治信任相对脆弱，基层政治信任缺损尤为严重，政治信任呈现自上而下的差序格局。此种政治信任结构的优势在于中央和宏观层面政府的民众信任度，劣势则在于不能够有效抑制政治不信任从基层外溢和上移至更高层级乃至中央政府。究其原因，主要在于高弥散性政治信任和自上而下的差序信任格局都是以权威政治为基础的。这要求中央政府能够对社会形成集中有力的吸纳和控制，保持对民众诉求的高回应。这一方面使得中央政府在面对公开的异见和抗争时非常敏感，另一方面反过来却促使民众用抗争的方式获得中央政府的关注和回应。已有研究发现，如果公民采用集体行动，那么政府公开回应的可能性就会上升10%；而如果公民只是表达对党的忠诚，那么政府回应的可能性只会上升4%。[①] 尽管实际行动中，民众抗争政治直接针对的多是基层政府，但其遵循的逻辑却往往是“会闹的孩子有奶吃”，意指引起更高层面政府的关注和重视。这种抗争的逻辑事实上契合了高弥散性政治信任和差序政治信任的格局。从中也能看出，转型期中国政治信任结构从侧面强化了民众抗争的心理基础。而抗争政治的出现则加大了中国政治治理的脆弱性。

二是高弥散性政治信任和差序政治信任格局掩盖了官民沟通平台的缺乏和沟通效力的式微。高弥散性政治信任和差序政治信任格局依托的都是一种平民威权主义的政治架构。从一个整体层面，民众直接针对政府而非中间性机构或平台进行政治参与。这种方式的好处是民众能够获得政府直接的回应。这看似是比较高效的政治信任建构模式，但这种建立在直接沟通基础上的政治信任体系首先对政府的“人格化”特质依

① Jidong Chen, Jennifer Pan, Yiqing Xu, “Sources of Authoritarian Responsiveness: A Field Experiment in China”, *American Journal of Political Science*, Vol. 60, Iss. 2, April 2016.

赖较大。这种情形下，政府的沟通意识、沟通技巧和能力对于政治信任的建构影响是至关重要的。但现实中，与民众进行沟通抑或回应民众诉求往往不是政府的主要考量目标。很多种情况下，政府往往是基于稳定、政策推进等实际目标，而不是基于切实沟通的考量对民众不断强化的诉求进行回应。这意味着政府对民众的回应往往是被动的，不是建立在稳定的制度基础上的主动作为。政府与民众沟通时的被动性将不可避免地影响到政府回应民众诉求的积极性和有效性。这种情形虽然将越来越多的信任压力引导至基层或一线政府部门，但毋庸置疑，高程度的弥散性信任和对中央政府的高信任度会在一定程度上掩盖住基层政治信任的式微及其背后的真正问题：政府和民众之间沟通不仅缺乏切实的制度化平台，而且沟通效能也是相对乏力的。尽管在稳定和其他执政绩效压力之下，政府对民众的回应力有增强的趋势，但二者之间始终未能建立一种体系化、制度化的连接。这种制度化的中间机制和缓冲机制的式微将从直接和间接两个层面增加政府治理的沟通成本和责任压力。

二、政治信任生成环境复杂化与影响多元化

伴随着全球化和信息化的迅猛发展，当代中国政治信任的生成环境也愈发复杂化，影响愈发多元化。

（一）转型期中国政治信任生成环境更加复杂化

首先从生成环境方面，转型期中国政治信任面临的环境更为复杂和多元化。这主要体现于以下四个层面：

1. 政治文化转变

在臣民型政治文化向公民型政治文化过渡过程中“人格/情感信任”和“制度化/理性信任”均衡的达成具有不确定性。转型政治的一个普遍

现实在于从臣民型政治文化向公民型政治文化转化的过程中，民众政治信任的基底逐步从“人格/情感信任”向“制度化/理性信任”转变。这一点也突出体现于中国转型过程中，政府和社会之间的关系从之前的“政府主导和控制社会”逐步向“政府治理和引导社会”转变。社会具备更多的自主空间，并萌发出与政府进行互动的需求。民众对政府依附大大降低，信息传递打破了政府单方面主导的单一环境。改革和转型也使得社会群体和社会意识形态呈现多元化的趋势。这种背景之下，中国政治合法性从传统的克里斯玛型逐步向法理型转变。民众对政府和政治过程的认知不再单纯基于领袖和执政者人格魅力，而更多基于政府在经济、社会发展层面呈现的具体化表现。在这个过程中，基于“制度化/理性信任”逐步对传统的“人格/情感信任”构成明显冲击，但还不足以占据主导位置。一方面，从现代化视野看，“制度化/理性信任”将是中国政治信任形塑的基本远景；但另一方面，政治文化传统和既定政治信任格局中都蕴含着非常多的“人格/情感信任”的因子。由于转型所具有的新旧交织、改革变迁反复性的特点，在这一时期，“人格/情感信任”和“制度化/理性信任”二者之间均衡的达成必定是曲折多变的。

2. 经济快速发展

中国现代化进程中经济的飞速发展使得政治信任的基本结构发生了转变，这主要包括两点。

一是公共服务能力、社会公正等因素成为影响政治信任的基本因素。改革前期，经济的快速增长在很大层面上是政治信任的主要支持源。而随着发展的深入，尽管经济增长仍然是政治信任的重要来源，但民生福利和纯公共产品正赶上并超越经济增长，成为公民提供政治信任的新源泉。[①]

① 孟天广、杨明：《转型期中国县级政府的客观治理绩效与政治信任——从“经济增长合法性”到“公共产品合法性”》，载《经济社会体制比较》，2012 年第 4 期，第 112 页。

而另一个与之相关的社会公正问题也在相当程度上影响民众对政府的认知。近些年环境保护、征地补偿、农村政权腐败等问题形成的民众集体行动，譬如厦门 PX 事件、瓮安事件、乌坎事件等，更是从一个侧面例证了民众对于政府的正向认知并不仅仅在于经济发展绩效，甚至在一个反面，经济发展带来的民生问题会导致民众对政府产生负面认知。这表明，随着经济现代化的深入发展，民众对政府的信任不仅仅基于物质需求的基本满足，更加侧重于政府在公共服务、社会公正等系统性问题的治理表现上。

二是民众政治参与意识的觉醒在很大程度上引发了政治信任结构性变迁。经济现代化使得当代中国政治信任的型构具备了更多的自下而上的特质。经济现代化和民众受教育程度的提高带来价值观念的变化，表现为开始强调所谓“后物质主义”观念、更愿意参加政治行动、具有更高的宽容等。[①] 在中国的背景下，诸如村镇、地方人大选举及上访等政治参与行为被已有研究证实对政治信任存在影响。[②] 我们能够看出，中国经济现代化过程中，政治信任的生成不再依赖于自上而下的政治动员或理念灌输，而逐步依赖于民众自身通过对公共事务的参与或观察所形成的观念累积。而政治信任出现的问题更多是基于中观或微观政府行为的，非弥散性的，更多是一种特定的政治信任问题。

3. 全球化的影响

全球化的迅猛推进使得转型期中国政治信任、政府治理和政治价值的建构紧密联系。从政治发展的层面讲，全球化的发展已经使得人们不断重新审视有关政府的基本价值和作为问题。对政府部门的价值的重新定义和质疑成为一种世界性的趋势。在这种趋势下，已经深刻卷入全球

---

① 游宇、王正绪：《互动与修正的政治信任——关于当代中国政治信任来源的中观理论》，载《经济社会体制比较》，2014 年第 2 期，第 180 页。

② 杨鸣宇：《谁更重要？——政治参与行为和主观绩效对政治信任影响的比较分析》，载《公共行政评论》，2013 年第 2 期，第 53 页。

化进程的中国民众不可避免地会对政府产生新的认知。尤其在新的政府治道变革的路径选择中，过去那种集权式、层级制政府机构供给标准服务的陈规已然过时。市场经济和公民社会的发展使得政府和社会之间的关系从传统的指挥控制逐步向协商说服转变。基于此，一些新的基于政府和社会合作的治理工具或技术被采用，极大影响了民众对政府的态度。尤其是产生了一批权利意识和独立思考意识强的民众，他们敢于并能够对政府行为和治理方式提出疑问。而另一层面，全球化的迅猛发展使得一国政府所秉承的价值理念与核心文化这样的软性元素具有相当的外溢效应。在这样的环境下，中西方政治文化和政治价值的碰撞必然带来中国民众对政治过程重新思考。在这个过程中，民众对政府的预期和认知也会随之发生变化。

4. 信息技术的飞速发展

信息传播方式的革命性变革成为政治信任形塑的重要影响源。信息革命的广泛影响下，网络媒体的迅猛发展使得民众获取信息的方式、政府和民众沟通互动的方式都产生了巨大的变化。这些都已经深刻影响到政治信任的型构。网络媒体不仅为民众提供了更多更广泛的信息源，也在相当大的程度上为不同民众之间就同一公共议题进行政治参与提供了舆论和交流平台。这在一个层面上使得民众对政府公共事务具有更多的知情空间，具备了更多理性分析、思考和判断政府行为的信息资源。一个层面，这对于政治信任的建构是有利的。因为政府和民众有了更多沟通、交流和互相认知体认的机会。但挑战存在于另一层面，极大丰富的信息源和无孔不入的信息传播方式，也增加了民众理性表达诉求的难度。互联网的群众化普及、传统媒体之外社会化自媒体的异军突起，都使得社会民众的不满通过信息化网络被集中动员起来。在一些重要的敏感的基层议题或突发性事件上，网络媒体的发酵往往会和地方或基层政府的治理失效叠加，从而对民众对政府的质疑产生放大效应。“小地方出事，大地方公共话题”衍化而成的网络舆论事件往往会激活、激化民众潜隐的愤懑情绪，将其公开化，且无限放大。① 信息革命的迅猛发展无疑为当下中国政治信任的型构提出了新的任务和问题。

（二）转型期中国政治信任的影响更加多元化

而基于生成因素的多元化和复杂化，转型期中国政治信任发展所带来的影响也是多元且复杂的。宏观层面，政治信任成为与政治稳定、政府治理紧密关联的现实议题。而在中观和微观层面，当代中国政治信任的型构与发展不仅体现了政府和民众互动时的心理基底，也同时对政府和民众两者的行为进行同步塑造。

1. 政治信任与政治稳定的关系愈发趋于直接和现实化

在经济超高速发展的同时，保持国家基本政治和社会秩序的总体稳定是中国总体持续发展的基本保证和大前提。而快速发展带来的经济和社会格局急剧变动对国家和社会关系、社会结构、阶级结构和主流意识形态都带来极大冲击。这些都直接或间接导致政府和党获得民众积极认同难度的加大。而民众认同的缺失和转型期社会利益分化、价值观重整等现实问题叠加又对总体政治秩序和社会稳定带来直接影响。在改革发展的秩序维度下，政治信任逐步成为与中国政治稳定紧密关联的现实议题。

2. 政治信任和政府治理方式变革的联系愈发紧密

这是与中国政治和社会的结构性关系的转变联系在一起的。改革过程中，中国社会逐步摆脱了过去以单位或农村集体为依托的组织体系。与此同时，致力于表达私人意愿的公共空间逐步形成。在这个过程中，失去了单位或集体组织这一对民众的有效组织与统合载体，政府对基层民众的责任回应能力处于式微的状态。社会的利益平衡过程中，政府

① 单光鼐：《尽快开启越来越逼近的制度出口——2009 年群体事件全解析》，载《南方周末》，2010 年 2 月 4 日。

应责能力的缺乏随之带来的是矛盾议题的政治化和对政府公信力的挑战。而政治信任问题一旦产生，将直接影响政府治理的有效性。这样，中国政府治理尤其是基层治理逐步形成了和政治信任紧密联系的现实。这种联系是一体两面的。一个层面上，政治信任状态有效反映政府治理成效和存在问题。另一层面上，信任问题的出现也在一定程度上促进了政府治理的改进。改革开放以来，政府治理中一些有影响的转折很大程度上都是与政治信任挂钩的。譬如 2003 年 SARS 事件，一方面，地方和基层对突发性公共卫生事件应对不善导致政府公信力危机；另一方面，这种危机的出现也在现实层面极大推进了政府风险防控治理。

3. 政治信任对公共政策的制定和执行产生多元化影响

从改革转型的发展角度看，改革开放以来中国政治信任对政府公共政策的制定和执行的影响是多方位的，并形成了多元化的后果。一种形态下，自上而下的差序政治信任格局使得普通民众对于基层政府或某些政府部门、政府政策的特定信任产生动摇。这种情绪一旦和基层治理过程中利益多元化、问题多样化的现实相结合，不仅会导致中央政策在基层难以落地，也使得公共政策制定过程中不同群体难以达成有效共识。另一种形态下，经济现代化过程中产生的民族主义思潮往往又对弥散性政治信任的上升产生直接的触动。这种弥散式政治信任的上升效应往往集中体现于普通民众对国家层面政策和政府行为的支持和认同上。但一定时期内高涨的弥散性信任并不能够和稳定高效的政府治理结构、方式产生直接的对应关系。相反，在一定层面上，基于民族主义心理而形成的弥散性信任意味着普通民众对政府责任和政府能力期待的提升。这潜在意味着政府治理压力的加大和民众期待标准的上升。

第三节　转型期中国政治信任建构目标：形塑积极政治信任

一、转型期中国政治信任形塑的主要目标

对于处于深度转型期的中国而言，政治信任的形塑面临着两个重要现实。一个重要现实在于：转型期中国政治信任的形塑应当能够使政府和社会在更为具体和具象化的政治行动层面互相体认，走出“不确定”带来的不安全感，即民众能够从更加具体的政府部门和政府行动中获得政治效能感，而不仅仅是对中央政府及其所代表的整体性政治体系和政治过程具有模糊或感性认同。

另一个重要现实在于：转型期中国，政治信任格局和政治治理体系科学有效之间是互为因果的。一种良性化发展的政治信任形态有利于促进社会民众建构一种有益于政府改革的心理预期，有利于培育一个积极有为、善于回应民众诉求、协调多元利益的政府，还能够为转型期政府推行一些有必要出台但会造成短期阵痛的改革政策争取有益的施行空间。而一个科学有效的政治治理体系则能够从质的层面强化一种良性政治信任形态的形成和存续。从本质上讲，转型期中国政治信任背后不仅仅是一个政治过程合法性的问题，更是事关转型期改革过渡稳定和政治治理科学有效的问题。

从这两个重要现实出发，转型期中国政治信任不仅需要依托政治过程对政府和社会的双层建构，还必须能够反馈政治过程，形成对政府和社会的有效反哺，最终从具体和整体两个层面上使政府和社会二者之间形成良性互动和认同。这意味着转型期中国政治信任的建构必须同时满

足以下目标：

1. 凝聚共识——建构互信的政治信任

对中国政治信任现状进行分析，能够发现，转型期政治信任的建构具有特殊性，面临的环境更为复杂多变，不确定性居多。一方面，随着社会变得更加复杂同时又更加相互依赖，个人越来越多地面临矛盾的情况。[①] 另一方面，转型期中国，人们不仅在选择上面临着更多的不确定性，最重要的是在权利意识和独立意识觉醒下，人们对政府和政治过程有了更高更具体的期待，经济发展和公平正义成为现实中并驾齐驱的两个核心诉求。而在互联网和信息革命的加持下，民众对政治有了更加直接的了解和参与渠道。这带来两种似乎矛盾的现实：一方面人们对政治过程的反思性增强，具有公共精神与合作意识的公民逐步在形成；而另一方面，转型加大了人们在利益层面的不安全感和焦虑感，人和人之间、民众和政府之间的信任建构困难加大。不确定性和矛盾现实造成了转型期中国政治信任的复杂性和特殊性。这具象化地体现为当代中国政治信任的两个现实：高弥散性信任下的特定信任损耗和差序信任格局下潜在的不信任上移。

这种局面下，必须思考转型期中国政治信任的基本建构目标。这种目标不是简单的政治信任度的高低问题。转型期政治信任研究的一个重要前提预设在于：从转型期一个广阔的政治、经济和社会均衡健康发展的目标看，政治信任的建构必须以有利于社会共识和团结达成，有利于政治稳定和经济社会有效发展。这决定了转型期中国政治信任不是简单的公民是否信任政府和政治过程，更涉及政府能否信任民众、政府是否能够理性对待民众不信任以及不同政治行动体之间是否能够互信和谐相处。这些都决定了，转型期中国政治信任形态和结构在基础层面要能够促进不同政治行动体之间建构互信，凝聚共识。

① 〔美〕马克·E. 沃伦：《民主与信任》，吴辉译，华夏出版社2004年版，第3页。

2. 强化理性——建构有疑虑的政治信任

转型期个体的反思性和利益多元化的现实意味着，民众和政府在很大程度上都应当是理性的政治行动者，能够理性面对差异，正确处理彼此之间的价值和利益冲突。民众对政府、政治体系、政治过程的信任，尤其是民众对政府的信任，有基于情感和价值观判断的感性一面，但绝不是盲目、无条件的信任或不信任，而是理性、有条件、动态的、有疑虑的政治信任，抑或说是一种策略信任。

这种情境下，不同政治行动体之间信任抑或不信任都是政治生活的常态。政治信任建构的主要任务在于要防止不同政治行动体之间的信任关系从有疑虑的信任转向极端不信任，尤其要确保民众能够对政府保持一种动态的理性信任，暗含着“信任来自不信任”的隐喻。政府要通过制度化的不信任机制为民众提供表达不信任和匡正不合理政府决策的渠道和机会。“制度化不信任”的存在是转型期中国建构政治信任重要的且不可回避的前提。

3. 重视共情——有效沟通基础上的政治信任

转型期，信息多元、多变和环境的不确定客观上强化了政治信任建构的复杂性。这强化了两个现实：一是转型期政府回应性责任的履行对于政治信任的建构是非常关键的。抑或讲，在转型期，越来越强的权利和参与意识下，公众往往会对政府的回应性（政府对公众期待的回应，对政策和政府行为的解释，对政策后果的承担等）提出更高的要求。二是单纯的理性计算基础上的政治信任建构不足以在关键时间关键节点应对转型期社会的突发性风险。如果经济发展和政治治理的显性绩效不能够有效转化为民众可以感知的软性福利，让民众从情感层面获得关注和尊严，也就是人们常说的幸福感，那么一定程度的不稳定或政府治理问题的出现是不可避免的。这两点都对政治行动体之间有效共情提出了要求。即是说，在转型期中国，不同政治行动体之间能够通过积极有效沟通形成包容、谅解的互动认知氛围是非常关键的。

这种强化共情的政治信任要求：政治过程中，关键的行为体——政府、民众之间能够基于理性进行有效的价值互动和表达，而不是各说各话。政府能够建立一种透明公开的信息交流环境，并能够在规则和制度之下对民众诉求依据情境进行分类把握和回应，向民众传递出法治、公正、平等等重要公共价值。而民众能够基于对自己权益的负责而有效认识政府责任，主动参与政府过程，理性表达自身诉求。政府和民众之间要能够通过积极有效的双向互动和价值传递建构一种隐形的道德契约。在这之下，政府和民众都能够通过反复的沟通得以确认对方的善意或明确彼此行为善的可达性。这种隐形的道德契约一旦形成，将对转型期政治认同和社会稳定起到非常关键的作用。而一旦政府和民众沟通失效，就会失去有效共情的途径和基础，诸如发展经济、提升民众福利等努力也会变相失去正向影响力。最负面的结果在于，政府公信力陷入“塔西佗陷阱”。此时，即使政府说真话、做真的承诺，做好事、履行承诺，都会被公众认为是说假话、开空头支票、做坏事。这样的恶性循环一旦产生，必定会对社会和谐稳定造成极大影响。

二、积极政治信任的内涵和主要特点

在凝聚共识、强化理性、重视共情的目标下，转型期中国应当形塑和建构一种积极政治信任。

（一）积极政治信任的概念来源——积极信任

积极政治信任的概念来自积极信任的概念。积极信任的提出主要源自安东尼·吉登斯对转型期信任关系的探讨。转型期社会处于既有传统被颠覆、解构和新文化、制度同时被建构的交织变化环境中。在旧的传统被解构和新的行动习惯被建构的同步过程中，思想和价值领域的“左”和“右”、国家和社会的关系、人和人之间的关系、公民和社会之间的关系等都处于新旧交叠状态。在新旧观念和制度的交替过程中，对文化、制度和组织系统的重新思考和吸纳，也就是安东尼·吉登斯所说的“反思性”，很大程度上成为一种常态。在这种状态下，共识和团结的达成尤为艰巨，但却是顺利转型过渡所必须实现和建构的目标。

按照安东尼·吉登斯的观点，在一个解传统化的社会中，增强团结依靠的是积极信任，以及复兴个人和社会对他人的责任感。① 他认为，现代社会形态下，基于情感的盲目信任很少出现，人们会依据体系形成和提供的相互竞争的行动可能性选择自己的行动方向。在多元选择之下，信任形态必然发生变化，往往表现为一种个体和现代性的制度之间所进行的“效果协商”。② 在这种情境下，不同主体基于开放、沟通所进行的积极信任的建构日益重要起来。这事实上也符合哈贝马斯所认为的“政治实际就是意见和意志的民主形成过程，其形成的过程不仅表现为议会中利益的妥协，而且也与公民的政治公众领域的自由协调有关”③。

积极信任可以被认为是转型期人们对“不确定性”带来的“不安感”的积极主动突破，是一种基于个人理性反思之上的一种“建构性”的信任模式。这意味着人们能够突破不安全感和不确定性，主动与他人或组织建立联系，通过积极的互动、分享观点和表达诉求。他们相信这种互动能够最终使自己和他人的行动达到自身期望的认知状态。抑或说，人们愿意设法了解别人，逐渐信赖别人，敢于用差异作为发展积极感情沟通的手段。④ 这同时意味着积极政治信任是根据良善的互动情境确立的不同信任关系的综合，其形态是双方的，不是单方的，是开放透明的，不

---

① 〔英〕安东尼·吉登斯：《超越左与右——激进政治的未来》，李惠斌、杨雪冬译，社会科学文献出版社 2009 年版，第 14 页。

② 〔英〕安东尼·吉登斯：《现代性与自我认同》，赵旭东、方文译，生活·读书·新知三联书店 1998 年版，第 24—25 页。

③ 〔德〕尤尔根·哈贝马斯：《民主的三种规范模式》，见《包容他者》，曹卫东译，上海人民出版社 2002 年版，第 279—293 页。

④ 〔英〕安东尼·吉登斯：《超越左与右——激进政治的未来》，李惠斌、杨雪冬译，社会科学文献出版社 2009 年版，第 131 页。

是隐秘的，是多向度多层面的信任状态，而非单向度单一层面的信任。

更重要的是，积极信任肯定了自主，保护了多样性的存在，既强调责任也强调权利，没有责任就没有权利。① 从认知心理学角度看，积极信任一方面关注和激发人们积极乐观的情感，比如主动参与、主动认知、承担责任和积极共享。从行动层面上看，积极信任可以说是一种合作型信任，强调人们在认知个人权利义务基础之上通过社会化网络进行积极的交流、互动和协商。因此，积极信任既从属于实质理性，也包含着情感的因素，是社会网络结构的客观要求，也同时满足信任主体的情感需求，是理性与情感的统一。②

（二）积极政治信任的内涵和主要特点

具体到政治领域，一个从传统向现代过渡和转折的社会应当建构一种积极政治信任。

积极政治信任是政治行动体之间通过积极开放协商互动形成的一种立体化、网络化的信任形态，是不同政治行动体在差异基础上通过公开透明的积极互动形成的一种可持续的信任状态。积极政治信任状态下，主要政治行动体——政府、民众、社会组织等能够承认彼此的差异和权益，主动进行政治沟通，交换观点和诉求，形成一种持续稳定的跨越差异、求同存异的政治交往和政治认知氛围。

积极政治信任是政府、民众、社会组织等各种行为体之间多层次、多向度积极互信。积极政治信任是建立在不同行动主体的自主性和权利被充分尊重和关注的基础上的，是政治行动体通过自主互动来实现的，而并非通过单向度自上而下管制、思想灌输或自下而上诉求反映或抗争

① 〔英〕安东尼·吉登斯：《超越左与右——激进政治的未来》，李惠斌、杨雪冬译，社会科学文献出版社 2009 年版，第 34 页。

② 张康之：《在历史的坐标中看信任——论信任的三种历史类型》，载《社会科学研究》，2005 年第 1 期，第 16 页。

而形成，是政治过程公开化和透明化趋向下，政治行动体上下垂直互动和水平互动相结合的结果。本质上，积极政治信任对应的是一种开放、平等、积极对话的政治参与和政治互动形态。这要求人们承认政治行动体之间的平等性和开放协商的必要性、重要性。

相对于其他政治信任形态，积极政治信任具有以下特点：

1. 积极政治信任是依托政治行动体共同的主动行动而建构的多向度互信的政治信任形态

积极政治信任体系建构的是一种积极的政府和社会关系。信任的两端，政府和民众在政治过程中都是处于一种积极有效的政治参与形态。政府不排斥民众对其的质疑，而是将质疑作为政府和民众制度化沟通互动和营造开放性信任关系的一部分。此种形态下，政府主动开放政府过程吸纳公众参与，了解公众心理，接受公众质疑。通过接受和分析民众信息，政府得以了解民众心理和态度并基于此对自身的行为和政策不断进行调适，进而建构民众对自身的持续认可。而民众也能够基于私益或公益的理性考量主动参与政府过程，在表达自身诉求的同时能够倾听和认知他者利益，在这样一个信任体系下，不仅政府和民众之间，而且政治行动体之间最终形成一种持续稳定的开放性、包容性的信任关系。

2. 积极政治信任是以公开透明的政治沟通为基础而建构的一种"正视疑虑和差异"的政治信任形态

一种政治制度，如果不信任在其中容易被表达和听到，而且其假定的理由容易被公平地评价为有效或者被驳倒，那么由于这种透明性给公民们提供的保证，它值得信任。① 积极政治信任对应的是"积极政治不信任"，要求能够为民众表达质疑、批评提供公开、透明的环境。这符合民主政治要求的公开透明、多元沟通为基础的政治信任形态特点。而民主

① 〔美〕马克·E. 沃伦：《民主与信任》，吴辉译，华夏出版社2004年版，第71—72页。

政府与非民主政府的根本性差异不在于前者的自由裁量权更小而后者更大，或者两者谋取信任的策略有任何根本性差异，而在于民主政治能够适应现代社会更高层次的经验要求，并开放一切信任与不信任符号的表达，从而使得信任与不信任的界限能够得到确立，并将政府运作控制在可信的界限内。① 事实上，民主政治就是通过开放性的政府和社会间沟通、互动，从而使得政府在民众面前具备了开放性的动态可信度。尽管在向民众开放沟通过程中，政治过程和政治行动者不可避免地把自身弊端暴露于民众面前，但这种行为本身却向民众透露出一种公开、敢于接受批评的信息，能够使民众建构起归属感和控制感。这种信息的传达和感受的建立无疑是有利于民众在心理层面对政治过程和政治行动者产生信任认知的。这在很大程度上符合吉登斯所说的积极信任的概念，即敢于用差异来作为发展积极情感沟通的手段。② 因此，积极政治信任并不排斥政治不信任，其本质上是一种要求政治行动体"正视疑虑和差异"的政治信任形态。也缘于此，积极政治信任形态下，政府能够重视政治不信任的表达并将其有效转化为政府有效治理和良性政治信任关系形成的内在支持。

3. 积极政治信任是一种基于信息共享、交流互动和共情而形成的合作型政治信任形态

积极政治信任是依托政治行动体之间交往与合作而形成的一种持续稳定的政治信任。积极政治信任形态下，政治行动体之间的交往能够基于公共价值，通过公开透明的信息共享，进而互动形成共情。也可以说积极政治信任是通过信息共享、互动和共情凝聚"陌生人社会"，将基于自我利益出发的陌生人转变成为通过交往互利的"合作型陌生人"。这意味着，在基本的政治交往中，政治行动体要建立起一种观念，那就是：

---

① 伍德志：《政治合法性的信任解释》，载《北大法律评论》，2015 年第 2 辑，第 247 页。

② 〔英〕安东尼·吉登斯：《超越左与右——激进政治的未来》，李惠斌、杨雪冬译，社会科学文献出版社 2009 年版，第 119—132 页。

主动参与政治过程，与其他行动体积极进行沟通才能够规避信息短缺与行动盲区，进而实现和维护自身权益。

4. 积极政治信任是对积极的政府和积极的社会同步形塑并促进其共同成长的政治信任形态

积极政治信任的建构要求政策决定者——政府、社会之间进行一种积极主动的平等沟通，并藉此引导二者形成对彼此的良性认知。这要求政府官员和民众在互动时要摒弃长官意志。但事实上，这一点对于现实政治而言是具有理想色彩的。缘于权力的控制性和排他性，政府很难与长官意志绝缘。而民众也很难在现实政治中建构一个绝对独立的不依附权力的政治心态。而积极政治信任则要求政府、民众以及其他政治行动体能够藉由平等、公开透明的沟通参与尽可能趋向于扮演其应然的公共角色。这个过程中政府官员、民众以及其他类型的政治行动体在公共交往层面需要有共同的理念和行动提升。

三、积极政治信任之于政治治理：五个基本要求

与一般意义上的政治信任相比，积极政治信任的形塑与建构需要更加优化的路径选择。一般意义上的政治信任最终是要在不断发展的动态过程中使民众对政府、政府过程及其依托的政治体系形成一种稳定乃至逐步正向累积的认知态度。但积极政治信任所要求的并不只是社会对政府自下而上的单向信任，还包括政府对社会自上而下的双向信任，亦包括平行态的政治行动体之间的双向信任。这事实上对政治信任所依托的政治治理体系提出了更高要求。而鉴于此，积极的政治信任体系的形塑离不开以下政治治理元素的建构：

1. 积极有效的政治代表

积极政治信任从根本上是对人民主权原则的实现。积极有效的政治代表是其实现的基础环节。从政治社会学的角度，谁提供可供依靠的组

织责任，谁就获得政治认同。[①] 政府要能够为民众提供基本的组织依靠，可以对民众诉求进行反映和回应。这是积极政治信任形成的第一步。而对于一个现代国家来讲，政府自上而下层级严密的全权式治理结构是不现实的。在开放的社会体系前，政府需要建立充分的制度性通道或平台使民众可以寻找到组织依靠，从而共享制度资源。这种负责组织吸纳的中间性组织机制的核心是政治代表机制。

具体实践中，这意味着政府和执政党要获得持续稳固的合法性认同，必须能够在政治代表的层面建构起一整套覆盖面广、层次清晰的政治代表体系。这种政治代表体系包括政党代表体系、代议机关代表体系和社会代表体系等。无论哪一种代表体系，直观上都需要具备两大政治功能：一是政治吸纳的功能，即将不断变化具有动态行动性的社会人吸纳至制度化的政治参与通道中来；二是政治表达的功能，即民众能够藉由政治代表体系有效表达和维护自身利益。这两大政治功能也形塑了民众的政治认同和政治信任，确保在制度层面，在民众需要进行表达和被关注的时候，政府不缺席，能够“在场”和发挥作用。

2. 积极有效的政治沟通

积极有效的政治沟通是积极政治信任建构绕不开的最为关键的环节。政治信任本身就是“一种不断流动的商品”，民众在不停地接收到新的政治信息时，会持续地调整他（她）所认定的政治客体（机构或体制）的可信任度。[②] 政府传达信息的方式、民众接收信息的方式、政府解释信息的角度、民众理解信息的角度等因素都将直接或间接影响政治信任这一流动商品的发展动向。因此，形塑积极政治信任对积极有效的政治沟通提出了更高的要求。通过积极有效的政治沟通，政治行动体之间的价值表达和价值传递才能够成为可能，共情才能够得以发生，政治过程和政

① 张静：《中国基层社会治理为何失效?》，载《文化纵横》，2016 年第 5 期，第 34 页。
② 游宇、王正绪：《互动与修正的政治信任——关于当代中国政治信任来源的中观理论》，载《经济社会体制比较》，2014 年第 2 期，第 180 页。

治体系的德性才能够得以被认知从而成为社会的共识。

而具体到现实实践中，积极有效的政治沟通意味着政府首先需要充分意识到自身在公共意志理解上的有限性。没有“倾听”社会声音的理念、只会“自说自话”的政府，不可能有良好的政社互动关系。政府政治沟通理念和姿态的转变对于积极政治信任的形塑是非常关键的。其次，应当积极建构一种回应型政府。要使民众在动态政治发展过程中始终有一种归属感和融入感，始终能够感受到政府对其诉求的关注和回应。而这种回应机制，不能仅仅依靠政府，更要依靠多向度的利益代表和利益沟通渠道的构建。政府和社会之间的中间性代表和组织性回应机制要不断予以完善。最后，在沟通渠道畅通的基础上，政府要能够进行有效的政治价值传递和表达。政府官员在进行公共沟通时应当跳出权力话语体系，学习用公共服务话语体系进行表达。

3. 积极有效的公共监督

积极政治信任要求在政治过程公开透明基础上，公民和社会必须有渠道对主导公共政治议程的政府拥有切实的监督通道和平台。从根本意义上讲，积极政治信任需要政治行动体之间，尤其是政府和民众之间深层次具有实际政治效用的“共情”。这意味着，基础层面的信息公开和交流并不足够，还必须使得政治行动中的绝大多数人——普通民众能够真正被倾听。当倾听发生时，可能有比预期更多的支持即将到来。

这种程度的倾听要求民众的诉求被重视并成为约束政府决策的重要环节。这本质上意味着民众对政府的公共监督是具有实际效力的。在此意义上，积极政治信任的建构需要具体的机制确保民众的诉求能够切实成为政府决策的影响要素。在此前提下，政府需要在法律框架下引导形成一个公开透明的信息舆论环境，建构以制度化的公共诉求表达和反馈机制为主要标志的公共监督机制。

4. 积极有效的中间地带

积极政治信任情境下，民众对政府和政治过程的支持和认同是建立在参与政治过程所产生的尊严感、获得感基础上的。但民众是由不同的个体组成的，在差异性个体的交往中形塑具有公约数的尊严感、获得感，靠的不是简单的“少数服从多数”抑或“多数压倒少数”，而是一种包容性政治架构。这种包容性政治架构对于政府而言，除了需要倡导一种诸如平等、公正、诚信、互尊的政治价值之外，还必须引导建构一个有序、活跃的中间地带。

具体到政府治理实践中，这个中间地带是介于政府和民众之间的一系列中间性组织。这些中间性组织或平台，除了政府主动建构的公共关系协调机构或组织，更包括社会自身形成的各种组织。政府需要为这些中间性组织的政治参与建构规则，营造一种公开透明的参与环境。通过这些中间性组织，政府和民众得以有效连接、互动和行动协调，政府对民众的责任机制、代表机制也得以有效体现。

5. 积极有效的制度设计

“可见性和责任”① 是积极信任对环境提出的两个核心价值要求。在积极政治信任的形塑中，“可见性和责任”同样是非常关键的。从根本上讲，积极有效的政治代表、政治沟通和公共监督的实现，都需要“可见性和责任”两大价值的实现。可见性——公开透明的政治交往环境、责任——政治行动体明确的职责确认，这两大价值的实现依托于积极的程序正义，即完善的制度体系。

从这两大价值出发，制度建构层面，政府需要把握好三个层面的工作：一是建立有效的连接民众的制度性通道。积极政治信任建构的是一种中间组织地带活跃运行的政治信任架构，依托于建制化的公民会议、政策咨询会、听证会等公共议事平台和机制的建构。二是明确官民沟通的法治依托和议事规则。官民沟通或咨询平台或机制的有效运行并不能

① 〔英〕安东尼·吉登斯：《超越左与右——激进政治的未来》，李惠斌、杨雪冬译，社会科学文献出版社 2009 年版，第 136 页。

简单依托公民和官员双方的热情，而需要法治和议事规则作为前提。法治在于确保公民权利和官民互动结果的有效性。而议事规则则确保官民互动的合理性和效能性。三是强化政务公开机制，建构公正透明的信息环境。积极政治信任对公共权力透明性提出高要求，尤其要求在关系公共利益受到民众广泛关注的政治议题要更具透明度。其旨在通过透明度的建构，为民众监督政府行动提供心理和行动支撑，从而获得政治效能感和对政府和政治行动系统的信任。

四、积极政治信任对转型期中国政治治理提出新的要求

转型期的中国，高弥散性和差序政治信任下，要避免特定信任低下、减少自下而上的不信任上移的风险，就必须对政治信任背后政府治理结构的潜在问题尤其是地方和基层层面官民互动的具体问题予以重视。一种能够适应转型期政治特点，关注差异化基础上互信的积极政治信任亟待形塑和建构。这一政治信任建构目标具体到中国政府治理实践中，反映出对政治代表、政治沟通、公共监督、中间地带和制度设计的紧迫需求。但在这五个需求之下，源自中国政治的特有现实，积极政治信任对于中国政治治理有着更加明确、具体的要求。

1. 政治代表机制对于转型期中国积极政治信任的形塑有基础性意义

尽管中央政府与地方、基层政府政治信任的现状不同，但基于现实考量，政治代表力提升是各级政府部门提升自身政治信任都必须强化的因素。由于经济现代化的过程中，中国社会逐步从以单位、村子等集体组织为依托的集体性组织形式向个人化的公共社会转变。在日趋发展的公共社会中，政府组织动员社会的依托性组织——单位或村一级组织在整体层面并不能如改革之前那样全权代表和管控组织内民众。在越来越独立和个体化的公共社会面前，政治代表机制和与之相对应的应责机制

的建立和发挥作用较之以前更为复杂，面临更为具体的工作盲区。如果适应公共社会的应责和代表机制未建立，很多矛盾找不到解决途径，不公正感就会在社会中逐渐积累，社会不满的目标随之转向问责政府，即发生政治性转化。① 尤其对于中央政府而言，治理制度的代表性和公正性是民众信任中央政府的关键成因。② 基于改革开放后社会利益主体多元化的现实，政治代表能力的增强不仅成为党和政府体现自身政策包容性和公正性的基本环节，也成为建构政治信任的基础工作环节。

2. 政治沟通中的政府回应对于转型期中国积极政治信任形塑有直接现实意义

积极有效的政治沟通是转型期中国形塑积极政治信任关键工作之一。但从客观层面出发，政府在政治沟通层面的表现对民众心理具有相当的引导作用。已有研究发现，代表性之外，回应性是地方政府信任形成的主要机制。③这意味着中国地方政府不仅需要对民众在政治代表层面体现利益“再现”，更需要恰逢其时地对民众诉求有及时有效的反馈，唯有二者同时达成才能够形成一种良好的政治信任格局。进一步讲，在差序政治信任的基本形态下，倘若基于政绩压力，地方对中央“报喜不报忧”，中央政府缺乏有效沟通渠道了解、确认基层民众诉求，并在体制机制、政策层面进行科学有效回应，那么政治信任层面出现的风险将是系统和全局性的。

3. 公共监督过程中双向度的信息公开对于转型期中国积极政治信任的形塑非常关键

转型过程中，信息公开透明不仅直接体现政府的责任性，也十分有

① 张静：《中国基层社会治理为何失效?》，载《文化纵横》，2016 年第 5 期，第 32 页。

② 孟天广、李锋：《政府质量与政治信任：绩效合法性与制度合法性的假说》，载《江苏行政学院学报》，2017 年第 6 期，第 107 页。

③ 孟天广、李锋：《政府质量与政治信任：绩效合法性与制度合法性的假说》，载《江苏行政学院学报》，2017 年第 6 期，第 107 页。

利于突破和解决差序政治信任带来的潜在问题。从理性角度分析，单纯依靠政府行政系统自下而上的信息沟通和传达模式，高层级政府尤其是中央政府的决策信息获得势必很难全面。再加之政府官僚体系的信息传达受限于各种行政环节或地方、部门利益，政府在事关民众利益的敏感和关键信息公开上往往慢半拍。因此，转型期中国政治沟通过程中，信息公开透明需要政府和社会双向度建构，既有政府主动公开的维度，也有社会公开理性讨论的维度。政府如果想要在信息采集和传达过程中获得认同，就必须能够和社会层面的信息系统达成有效融合。民众诉求，尤其是在一些关键问题上的声音必须有着健全的渠道进入地方和中央的政府决策系统。

4. 中间地带是转型期中国积极政治信任形塑必不可少的工作环节

中国经济现代化过程中，民众和公共体系之间互赖关系的建构是形塑积极政治信任的重要社会资本。政府部门需要引导建构足够有效的中间性组织，吸纳民众、连接民众、协调民众利益关系、代表和回应民众诉求。当有着不同个性、不同利益取向的民众被有效吸纳至中间性组织体系中时，民众才能够具备理性认知政府和政治过程所需的社会化基础。这一点对于转型期中国积极政治信任的建构尤为重要。1949 年之后，扮演传统中间地带的乡绅阶层被打散，国家全方位介入社会生活领域，而改革开放后，人民公社、单位这样的基层实体失去统合组织和代表民众的效用，政府和民众之间进行价值沟通和共享的中间地带亟待建构。

5. 能够体现政府可见性、责任性和可执行性的制度是转型期中国积极政治信任形塑的重要保障

只有制度，才能切实使政府的可见性和责任性不是昙花一现。但对于转型期中国而言，这种制度必须具备可执行性，尤其应当能够在中国政治信任问题最多的基层层面获得具体的生命力。这样的制度应当是科

学的，能够和中国实际相结合，是精细化的，可操作的，其达成不能够单纯依靠政治精英的设计，更多需要借助制度制定和执行过程中充分的政治沟通和动态调适。

第二章

人大代表与积极政治信任：历史与现实

从第一章的论述中能够看出，转型期中国，形塑积极政治信任要求政治治理体系能够在政治代表、政治沟通、公共监督、中间地带和制度设计五个方面予以回应。在实际的政治运行中，期待五个方面同步按照积极政治信任的要求并进行相应的行动建构，是理想化的一种状态。尤其对政治回应性、信息公开透明和制度可执行性有着更为直接和具体的要求。这种情况下，寻找并把握好积极政治信任形塑的有效制度化载体是十分重要的。这指的是一种可以同时连接政治代表、政治沟通、公共监督、中间地带的制度化载体。这种载体可以是组织、机构，也可以是具有制度化身份的人群。人大代表就是这样的一个能够有效将政治代表、政治沟通、公共监督、中间地带四个维度需求进行连接的积极政治信任形塑的制度化角色。人大代表的制度性作用发挥充分，人民民主就比较充分，政府和民众的关系就比较和谐。反之，如果人大代表的制度化作用被无视或破坏，那么人民民主就会被破坏，民众和政府之间也会处于一种不稳定的负面互动状态。可以说，人大代表既是转型期中国积极政治信任建构的重要政治行动体，也是积极政治信任的重要影响者和塑造者。

第一节　中国政治信任体系中的人大代表

一、中国近现代政治信任体系中的代表

在中国传统的政治信任体系中，对政治权威的信任是政治信任的核心。传统“臣民”政治文化影响下民众形成了对权威和领袖人物重视、崇拜和依赖的心理和行为取向。这种取向自然引导整个文化体系中的人对高层级的政府和执政者具有心理上的认同和信任。客观上讲，“臣民”政治文化体系所形成的对权威、领袖人物的感性化信任在中国传统政治体系中并不仅仅依存于一种惯性文化心理而存在，更多是依存于一整套特有的政治信任支持体系。这包括儒家文化强调“礼制”的认知训导，更包括一系列支持体系。以科举制度为核心，传统士绅阶层以知识分子和开明人士的形象出现在政府和百姓之间，他们通过科举这一制度化环节获得被选拔成为国家官吏的机会，与君主及其背后体制之间形成一种人格和制度兼有的信任关系。与此同时，士绅阶层也担负起调节民间纠纷和官民矛盾的缓冲角色。

然而随着中国走入近现代历史进程，科举制度没落和城乡二元化的发展使得原有的士绅阶层渐进没落。南京国民政府为了强化对基层社会的控制而推行保甲制度。此时，西方工业化对乡村既有生产力的冲击加大了基层民众的生存负担。而保甲制度则片面强化了政府对基层的管控，而非沟通。再加之政权腐败所导致的“正人不出”，保甲制度反而成为剥削和压迫民众的一种制度。

在中间地带缺失的情形下，具有现代政治意义的代表制在中国发展起来。从清末民初的资政院到北洋政府时期的国会，再到南京国民政府

时期的国民大会、立法院，中国政治进行了一系列的代议政治实践。但在整体上，这一时期的代议政治实践没有能从根本上走出整体性政治溃败的阴影。对于这些机构的代表而言，党派之争和贿选这样的阴影始终如影随形。尽管在一定层面上，这些机构的代表在立法和不同团体利益博弈层面发挥了积极作用，但在总体层面，这一时期的政治代表始终难以脱离阶级和时代局限，在民主选举和民主参政、议政层面缺乏系统化、群体化的建树。这些代表机构成为一种象征性的民主“摆设”。这些机构的代表甚至在很大程度上成为当时社会特权阶层，非但不能够从整体上促进政府和民众的沟通、信任，反而会使得二者之间的矛盾越来越大。

二、革命时期中国共产党形塑政治信任过程中对代表政治的倚重

当国民党的代表政治迟迟走不出一条明确之路时，中国共产党则持续进行了代表政治的实践，并以其为基础建构完善了政权体系和政治信任支持体系。

瑞金时期的工农兵代表会议制度。1931 年 11 月通过的《中华苏维埃共和国宪法大纲》明确规定：“苏维埃公民在十六岁以上者皆有苏维埃选举权和被选举权，直接选派代表参加各级工农兵苏维埃的会议，讨论和决定一切国家的地方的政治事务。”[①] 工农兵代表会议制度被认为是人民代表大会制度的雏形。

这一时期的苏维埃代表，主要职能是通过深入群众，了解和反映群众呼声，传达苏维埃政权革命要求，组织群众，发动群众进行革命。乡一级代表是由选民按照一定的比例选举产生，而区、县、省一级的代表皆由下一级代表按照一定比例组成。乡一级工农兵代表会议（苏维埃代

① 俞燕玲：《工农兵代表大会制度的历史审视》，载《党史研究与教学》，2013 年第 5 期，第 44 页。

表会议）是基础性的代表组织，其代表密切广泛联系群众，被视为“是最接近群众，了解群众，直接领导群众执行苏维埃各种革命任务的机关”[①]。从具体实践效果看，尽管这一时期的苏维埃代表在履职代表工作时，能力层面还比较薄弱，但他们的工作已经具备了作为沟通群众和政权机关桥梁的基本形态。

抗战时期边区政府的参议会制度。抗战时期的晋察冀边区，作为民意机关的各级参议会是权力机关，不但有选举、罢免政府行政人员之权，而且有创制、复决之权，是行政机关的“上司”。[②] 民意机关及其代表要定期改选，行政机关则要通过民意机关定期改选。通过这种设置，使得民意机关代表和政府官员都受制于群众的约束和监督，不会变成旧式“官老爷”。

民意机关代表工作和行动逻辑鲜明体现于抗战时期“三三制”中。“三三制”是根据抗日民族统一战线政权的原则，在当时民意机关代表——边区参议会和政府的人员分配上，共产党员占三分之一，非党的左派进步分子占三分之一，不左不右的中间派占三分之一。这种代表制度之下，选民被赋予直接选举权，但并不唯票论事，而是遵循比例代表参与下的民主协商原则，强调阶层平等和民主参与。这种代表机制下，共产党员的代表不通过人数来显示其在政权中的优势地位，而主要是依靠其代表质量来体现主导型和影响力。在具体的工作机制层面，“党对参议会及政府工作的领导，只能经过自己的党员和党团，党委及党的机关无权直接命令参议会及政府机关”[③]。党的领导不是通过在政权机关和民意机关中占据多的位置，也不是通过对群众发号施令，而是通过党员沟通、服务、影响群众能力的提升来体现。在代表层面，民意机关参议会

---

① 《毛泽东选集》（第 1 卷），人民出版社 1991 年版，第 343 页。

② 彭真：《晋察冀边区各项具体政策及党的建设经验（一九四一年六月四日 — 八月二十一日）》，见《彭真文选（一九四一 — 一九九〇年）》，人民出版社 1991 年版。

③ 中共中央政治局：《关于统一抗日根据地党的领导及调整各组织间关系的决定》，见中文马克思主义文库。

中中共党员代表不能超过三分之一，但他们必须是党员中的优秀分子，能够正确和群众以及其他党派、组织的代表进行沟通、协商，能够通过自身的正确示范去影响和带动群众。在这一原则下，参议会中的中共党员的代表并没有因为人数的减少而失去影响力，反而因为自身对政府决策的良好理解、执行和联系和引导群众能力的提升而获得群众的认可，并更加有效提升了党和群众的联系，提高了群众对党的信任。

解放战争时期的人民代表会议制度。人民代表会议制度被认为是人民代表大会制度的前奏。1946 年陕甘宁边区第三届参议会第一次会议通过的《陕甘宁边区宪法原则》，规定“边区、县、乡人民代表会议为人民管理政权机关”，“人民普遍直接平等无记名选举各级代表，各级代表会选举政府人员”①。

而从根本上讲，工农兵代表会议制度、参议会制度和人民代表会议制度引导和形塑政治信任的行动逻辑事实上来自中国共产党一贯强调重视的群众路线。革命战争时期，最大限度地争取到群众的支持是中国共产党取得革命胜利的根本保证。毛泽东早在延安时期就说过：“在党的一切实际工作中，凡属正确的领导，必须是从群众中来，到群众中去。”②群众路线的行动逻辑在于：党员干部密切联系群众，通过调查研究将群众分散复杂的声音进行系统化梳理和总结，从而得出系统的党和政府的工作方法和正确的决策，然后再把这些能够代表群众利益的正确意见到群众中进行宣传和解释，接受群众实践的检验，使之成为群众意见和观点的一部分，从而使正确的理念和决策能够在群众身上得到坚持和实践。这样循环下去，不断从群众中集中意见形成正确决策，再到群众中宣传和实践决策，形成严密的从群众中来到群众中去的循环工作体系。

---

① 刘政：《我国人民代表大会制度的前奏——解放战争时期的人民代表会议制度》，载《吉林人大工作》，2002 年第 8 期，第 42 页。

② 毛泽东：《关于领导方法的若干问题》（1943 年 6 月 1 日），见《毛泽东选集》（第 3 卷），人民出版社 1991 年版。

通过一次又一次的动态持续的群众观点的提炼和决策沟通实践使得党和政府的决策一次比一次正确，一次比一次贴近群众。群众路线的工作逻辑使得中国共产党在革命战争时期拥有了强有力的群众基础和民众信任度。在群众路线的逻辑下，政治信任体系在理念层面和意识形态层面有马克思主义的人民中心立场的支持。而民意代表机关的代表则成为干群沟通支撑渠道，成为政治信任的重要支持性力量。

三、1949 年新中国成立后政治信任体系中的人大代表

1949 年新中国成立后，政治信任形塑体系事实承续了群众路线的逻辑。作为优秀和先进分子的人大代表伴随着人民代表大会制度的确立正式进入政治过程，其主要角色是上传下达、联系群众和政府的桥梁。从产生形成到后续发展，人大代表都是中国共产党执行和实现群众路线的重要工作环节。这也决定了在治理形态上，人大代表主体上是以党和政府的支持者或合作者的角色出现的。通过人大代表的行动，党和政府得以了解群众呼声，群众得以了解党和政府的决策，循环往复，党和政府与群众之间的距离得以拉近，信任得以形塑。

1954 年宪法正式确认人民代表大会制度是中国的根本政治制度，各级人大代表选举产生各级政府并对其进行监督。人大代表由人民选举产生，是兼职代表，以此来保证各级人民代表大会是作为劳动者的人民群众自己建立的，是维护和实现人民群众利益的国家机关。在属性上，首先，人大代表是人民的代表。其次，人大要坚持和接受党的领导，人大代表也必须要坚持和接受党的领导。最后，人大代表是人民代表大会制度的重要组成部分。这三点都表明：人大代表是中国政治治理体系的重要组成部分。他们的行为表现是民众认知和判断政治体系价值和效能的重要依据。但整体上分析人大代表在中国政治信任体系中的位置和作用，必须关注一个事实，那就是，在不同的时间线上，中国政治治理形态是

不一样的，这也直接影响到人大代表在中国政治信任形塑中作用的发挥。综合来看，我们可以从以下几个时间轴看待这个问题：

1. 1954—1966 年

这一时期为人大制度初步运行时期。从组织逻辑上，人大制主要秉承着苏维埃模式的组织机理，人民选举产生的人民代表大会不同于西方的分权制衡，秉承议行合一原则，是一个全权机关，但必须坚持中国共产党的领导。这决定了从产生伊始，人大代表在履行代表职责方面，不具有独立性，他们主要是作为党和政府的合作者和拥护者出现的。同时，这一时期人大代表的政治行动附属于党的各种运动。人大代表和党员、干部等一样都是党和政府的坚定支持者。抑或讲，他们只能是绝对意义上政治信任的提供者。而与之对应的政治信任的破坏者则为“阶级敌人”。在这样一个二元化的政治信任体系中，人大代表成为运动式治理体系的一部分。而当人大代表成为运动和阶级斗争的一部分时，这一制度化群体所支持和形塑的更多是一种情感式的感性信任。

2. 1966—1976 年

“文革”十年，人大制度陷入停滞。从 1966 年 8 月起，全国人大及其常委会便无法正常运行，一次会议都未召开。在政治信任建构层面，群众路线和群众运动成为整人和批斗人的旗号和工具。政治信任建立在一种非理性的对国家和党领导人盲目崇拜之上。本应承担桥梁作用的人大代表在暴风骤雨式的群众运动中，有的被打倒，取消代表资格；有的要一边接受批判，一边履职。

3. 1976 年之后

1978 年底，党中央召开十一届三中全会，决定把全党全国工作的重点转移到社会主义现代化建设上来，同时提出了发展社会主义民主、健全社会主义法制的任务。此后，地方各级人大工作得到了比较快的恢复和发展。

1979 年，第五届全国人大二次会议通过了新的《中华人民共和国地方各级人民代表大会和地方各级人民政府组织法》和《中华人民共和国选举法》，开启了人大制度实践的新篇章。伴随着改革进程，人大代表在政治信任形塑体系中具有了新的角色身份。这主要体现为，人大代表依旧是党执政的拥护者，但在政社关系从之前高度一体化向逐步分离的转变过程中，人大代表开始慢慢具有了独立的代表意识。这一时期，在社会独立意识、权利意识和个体公共精神逐步觉醒的过程中，中国政治信任已经不能够单纯依靠意识形态训导与政府、党的自我形象塑造和理念灌输。依靠制度化的多向度政治沟通引导民众形塑对政治体系、政治过程的积极认同，逐步在政治信任形塑中发挥越来越重要的作用。

这一时期，群众路线在党和政府政治信任形塑体系中依旧有着不可撼动的中心地位，但其表现形式和行动逻辑却有了变化。在 1979 年之后的实践中，群众路线的行动逻辑已经不能是不讲究公民个人自由和整体社会建设效率的运动式逻辑。邓小平反复强调：群众运动只是在特殊时期群众路线的其中一种表达形式，但并非唯一的表达方式。① 在新的群众路线行动逻辑下，人大代表不仅必然会成为党群工作固有的工作环节，而且他们在政治信任支持体系中的作用和角色也发生了新变化。不仅是人大代表自身逐步不满足只做举手的支持者或拥护者，更重要的是民众已经越来越不满足人大代表只是一个举手者。在一个逐步开放的政治体系中，所有的政治行动者对于政治信任的建构来说都是一体两面的，人大代表也不例外。

在整体政治结构层面，尽管人大代表本质上脱离不了党的拥护者的角色定位，但出现了新的独立的代表身份意识。在现实层面，社会的发展和人大制度自身演进都要求人大代表在中国政治中要更多扮演具有独立意识和切实代表行动的角色。这意味着，人大代表不能再是体制简单

① 刘孝阳：《改革开放后群众路线内涵的发展与变化》，载《云南社会科学》，2014 年第 3 期，第 12 页。

的支持者和拥护者，亦需要在行动层面发挥其代议机关代表的身份。人大代表有了对政府行动提出质疑的行动环境和角色期待。比较具有积极意义的是：在一个具有开放性的政治体系下，人大代表对具体政府部门的质疑一定程度上会成为弥散性政治信任稳定的来源。经由人大代表，民众对公共政策的不满得以向政府传达，从而使得社会的不满情绪在很大程度上集中于地方层面或官员，从总体上分散了民众不满对国家和党带来的可能冲击。①

第二节　人大代表之于积极政治信任：支持要素

无论哪一阶段的发展历史都在证明：从产生之日起，无论是作为政治体系中的一部分，还是作为政治沟通和政治参与的重要环节，人大代表都是中国政治信任体系中不可或缺的支撑者和影响者。按照积极政治信任所强调的信任建构目标形态，人大代表这一特定制度化群体对其形成发挥着重要的支持作用。这主要在于，人大代表不仅是转型期中国积极政治信任的重要制度性来源，也是形塑积极政治信任的制度性资源和行动载体。

一、人大代表是积极政治信任的重要制度性来源

首先，宏观层面，人大代表是政治信任的重要制度性来源。无论是革命时期，还是社会主义建设时期，一个共同的特点在于：政治代表是中国共产党革命和执政所需要的弥散性政治信任的重要影响源，是确保

① Andrew Nathan, "Authoritarian Resilience", *Journal of Democracy*, Vol. 14, No. 1, 2003, pp. 6 - 17.

宏观政治信任稳定的重要环节。而从执政的角度，人大代表自产生之日起就对政治信任形态与效能产生了重要影响。作为制度环节的人大代表，其行为本身既是民众判断宏观政治体系是否符合期待的重要依据，也是影响民众认知政府和政治体系的因素之一。尤其在既定的整体性政治结构层面，中国人大制度的组织机理决定了人大代表作为政府和党的拥护者或支持者身份是既定和写实的。作为权力机关组成部分的人大代表群体如果出现整体性溃败和行动失效，其后果不亚于党员群体的腐败和执政能力低下所带来的政府公信力危机，甚至后果要更为严重。由此，人大代表是当代中国政治信任的一个非常重要的制度性来源。

其次，中观和微观层面，人大代表亦是积极政治信任的重要制度性来源。这一点来自中国政治发展的现实。在“倒金字塔形”的差序政治信任格局下，中央政府的合法性和整体政治信任尽管处于一个较高的水平，但这种政治信任结构客观上一方面需要强有力的政治信息沟通体系和群众基础作为支撑，另一方面也需要地方和基层具有强有力的官民沟通和矛盾缓冲体系。这两大体系同时建构，才能够有效避免现有政治信任结构负面效应的发生。而这两点都需要一个有效的制度化中间性平台发挥作用。通过这一制度化元素的嵌入，政治行动体能够突破自我限制，主动融入政治过程，进行政治互动，形塑一种扁平化结构的稳定的积极政治信任形态。作为人大这一社会主义民主实践机构的核心成员，人大代表在制度化层面，能够在民众和政府之间建构起有机的信息传达，并成为政治不信任—信任转换机制中的关键关节。因此，人大代表能够成为积极政治信任的重要制度性来源。

二、人大代表是形塑积极政治信任的制度性行动载体

从根本上讲，积极政治信任所需要的积极有效的政治代表、政治沟通、公共监督、中间地带、制度建构，五个要素之间是相互联系和统一

的。形塑积极政治信任，需要上述五要素相互连接、共同作用于政治系统。而人大代表基于中国积极政治信任形塑的意义就在于，这样一个制度化的政治行动体恰恰能够同时将积极有效的政治代表、政治沟通、公共监督、中间地带、制度建构进行同步连接。换句话讲，人大代表是一个制度化的载体，能够同时作用于上述五个方面，进而影响积极政治信任的形塑。

1. 人大代表是转型期中国实现积极有效政治代表的重要制度资源和行动载体

人大代表的首要身份是人民代表，其核心实质是人民的政治代表，能够表达和维护大多数人民群众的利益。人大代表是一个整体性的政治概念，代表的是人民的整体利益。但在另一层面，具体政治过程中，人大代表是以选区为基础进行选举和履职的。一个人大代表要能够具体反映和维护选区群众的利益。

在选区利益和人民整体利益的关系处理上，人大工作遵循民主集中制原则。这从行动逻辑上为个体化的人大代表与整体化的人大代表在组织层面达成利益均衡提供了合法与合理化实现路径。在此模式下，人大代表从基层层面了解和表达具体的群众诉求，再通过人大工作程序将这些分散的诉求上传至政府过程，通过民主讨论和表决形成集中决策。这种行动逻辑中，人大代表是一个典型的制度化的利益表达和利益代表群体。通过其政治代表功能的发挥，民众和政府之间、民众和民众之间在利益表达层面实现了制度化的互通。人大代表这种制度化身份角色支持和构建起党和政府的合法性基础，更使得自身成为转型期中国积极政治信任体系中关键性的制度资源和行动载体。

2. 人大代表是转型期中国实现积极有效政治沟通的重要制度性资源和行动载体

人大代表既是民众认知政治、参与政治的一个关键环节和影响源，同时也是转型期中国政治沟通系统的一个重要中间性行动体。通过围绕人大代表制度身份进行的选举、联系选民、视察、调研等行为，人大代表将政府和民众进行有机连接。人大代表这一重要的政治参与群体政治功能的启动与积极有效的政治沟通有着直接联系。人大代表既是民众认知和判断政府和总体政治体系的直接影响源，也是从沟通和反馈环节对政治信任结构产生影响的间接因素。这主要源自于：人大代表是政府从一个更高层面积极有效回应民众的重要制度保障。

之所以说人大代表能够从更高层面提升政府对民众的回应，主要原因在于：人大代表能够从制度层面将党的群众路线在社会层面进行有效启动和体现。这是制度化的，不同于体制内自上而下的动员化的密切联系群众，是基于尊重群众自主权利进行的一种主动的政治回应。在党的群众路线的范畴内，人大代表始终是党和政府确保群众观点的重要载体。一般党员干部深入群众，获取群众动态观点并将其观点收集传递至政府过程。这一过程往往是通过一种自上而下的党内动员或政府内部工作任务层层传递的方式进行的。与之不同的是，人大代表的具体行动逻辑中，自下而上进行群众观点和诉求传递才是符合其行动逻辑的。通过人大代表，民众对政府的意见和建议得以被主动吸纳、采集并制度化传达至政府过程中去。政府则会通过立法、出台政策、回复代表意见等方式直接或间接对民众观点进行回应。这是一种不同于体制内动员的开放式的群众工作模式，是具有制度刚性的。

3. 人大代表是转型期中国实现积极有效公共监督的重要制度性资源和行动载体

这不仅来自正式制度赋予人大和人大代表监督职权和责任，更在于人大代表主导和引导进行的监督是一种公共沟通意义上的公共监督。

相较于执政党和政府内部自上而下的监督机制，人大代表监督启动的是社会领域对政府公共性的监督机制，是不同于传统“父权”“家长制”式的监督机制。后者监督重在控制，而前者监督则重在引导。这对于打造一个具有平等意识，主动倾听社会，主动与社会协商的积极政府具有很强的正向意义。而在此基础上，人大代表进行的公共监督，在一定程度上，也在塑造一种积极的公民，有利于中国民众从传统的“依附权力，喊冤式监督”中跨越出来，逐步具备积极政治信任所需要的理性监督、公共监督意识。并且，从人大代表工作机理来看，人大代表既是政府监督的主体，同时也是引导社会民众监督政府的中间平台。最为关键的是，人大代表是党领导下的制度化的公共监督者，他们的监督行动是制度化的，具有稳定性。这些都决定了人大代表是公共监督的重要启动者和实践者。他们的这种特质，对于破解中国经济现代化过程中公共监督易出现的理性化式微、政治极端和政治冷漠等问题都有着积极意义。

4. 人大代表是转型期中国建构积极有效中间地带的重要制度性资源和行动载体

这主要源自人大代表的角色功能。人大代表不仅是制度性、中间性政治沟通平台，同时也引导和激发了新的中间组织和平台的形成。

人大代表作为政治代表身份的启动和落实，意味着这一群体在政府和社会之间具有重要的制度性沟通效能。这一点决定了在既有的政治市场中，人大代表一方面对各种中间性组织（比如社区组织、城市业主委员会等）具有吸引力，能够成为这些中间性组织表达诉求、影响政治过程的一种途径。另一方面，人大代表制度性身份功能的实现能够激发和建构新的中间地带。这集中体现于人大代表对中间性公民论坛的参与和形塑上。在应对各种与民生有关的问题时，中国共产党鼓励各种级别的政府和不同机构试验各种公民论坛，这些论坛有一部分是审议性的，有很大一部分是协商性的，重点关注的都是制定出积极反映民意的政策。[①]这种公民论坛中，人大代表是重要参与者，部分实践中人大代表是作为主导者出现的。这些都表明，人大代表对于一个积极发挥作用的中间地

① 马克·沃伦：《中国式治理驱动型民主》，载《瞭望东方周刊》，2010年第33期，第71页。

带的塑造是有着积极意义的。

5. 人大代表是转型期中国达成积极有效制度建构的重要制度性资源和行动载体

这首先在于人大代表本身即为制度建设的产物，作为制度化的人大代表群体本身即为中国政治跨越传统人治政治向重视法治、制度化的现代政治转变的代表性产物。人大代表的核心职能在于代表选民表达诉求，进而参与立法，影响政府决策。人大代表能够从制度建构和制度执行两个层面对转型期中国制度化建设产生影响。

从制度建构层面，人大代表参与立法，拥有对政府工作提出建议的权力，这些都对正式制度的设计与建构构成影响。而从制度执行层面，人大代表通过执法检查、定期的视察和调研、接待选民等行动了解政府决策和制度建设的成效和存在问题，并将其反馈至政府决策过程，从而形成对制度完善和制度执行的影响。而从根本上讲，人大代表在制度建构层面的优势地位在于其身份的公共性和社会性含义。人大代表作为制度性群体的履职行动本身就是政治可见性和责任性的体现，其参与建构和促进建构的制度按照其身份所赋予其的行动逻辑，同样也应当是能够体现可见性和责任性的。与此同时，人大代表在现实中所担负的监督法律和政策执行的职责，也从一个侧面促进制度的执行和完善。因此，这样一个群体既能够体现中国政治具有现代政治要求的制度化色彩，也能够引导和促进适应现代政治制度在中国的建构和执行。

第三节　两种代表逻辑与人大代表积极角色发挥困境

尽管从规范层面，人大代表具备了支持积极政治信任体系的角色和身份依据，但在现实层面，以积极政治信任为导向的人大代表身份的实现，要求人大代表必须在代议政治代表与中国特有的政党代表两大逻辑的互动调和中建构发展和行动空间。

一、人大代表行动面临的两种代表逻辑

在实然层面，人大代表体现并遵从两种代表逻辑：一种是代议政治代表逻辑；一种则是党的先锋队代表逻辑。

代议政治代表逻辑。代议政治代表逻辑的现实化作用主要来自两个层面。一是从身份的合法性层面，人大代表需要遵循代议政治代表的行动逻辑。尽管中国人大和西方议会制有根本的区别，但本质上中国人大制度的基本逻辑也是人民主权的逻辑。人民选举产生自己的人大代表，这些人大代表组成了各级人大并代表人民行使国家权力，这与代议政治代表的一般逻辑是相吻合的。在这种逻辑下，人大代表是中国的代议机关代表，需要按照代议政治代表所要求的自下而上的行动逻辑行动。

二是人大自身的民主化趋向。改革开放后，社会权利意识、开放度和自由度的提升要求人大代表的行为方式具备代议机关代表的行动特点。尤其需要人大代表能体现选民和代表之间的委托—被委托、授权—被授权关系，要在自身的行动中体现选民意志，维护他们的利益。这种趋势下，人大代表成为中国社会自下而上参与和影响政治的一个自然的选择。

党的先锋队代表逻辑。中国还存在着另一种重要的政治代表观点，这就是中国共产党的先锋队代表理论。① 在先锋队代表理论下，中国共产党是两个先锋队：中国工人阶级的先锋队、中国人民和中华民族的先锋队。第一个先锋队——中国工人阶级的先锋队表明的是党的阶级性。而第二个先锋队——中国人民和中华民族的先锋队则表明党广泛的群众性。这两个先锋队结合起来，说明中国共产党不仅是最先进的阶级——工人

① 景跃进：《代表理论与中国政治—— 一个比较视野下的考察》，载《社会科学研究》，2007年第3期，第16页。

阶级中的优秀分子，也是人民和民族中的优秀分子。而作为工人阶级、中国人民和中华民族的优秀分子、先锋成员，中国共产党代表着最广大人民群众的根本利益。他们联系和动员群众，以身作则发挥先锋模范作用，科学制定国家和政府发展战略，具有自上而下的代表力和领导力。

这种代表逻辑坚守一个核心前提：中国共产党是国家一切工作的领导核心。这样的逻辑下，中国人民代表大会在党的领导下活动①，是中国共产党领导下的国家权力机关。党通过党组织嵌入、干部安排、组织流程调适改革等方式对人大工作进行具体领导和影响。② 人大是党领导下的一个工作机关，是国家治理体系的重要支撑。③ 这样的角度下，人大不仅是党将自身主张上升为国家意志和人民意志的中间性制度化环节，也是党提升国家治理效能的重要保障。

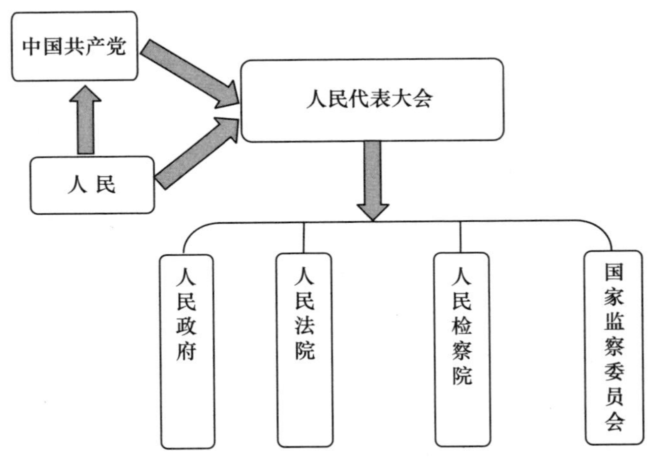

图 2－1　党领导下的国家政权组织体系

① 蔡定剑：《中国人民代表大会制度》，法律出版社 1998 年版，第 135 页。

② 以全国人大常委会为例，根据规定：全国人大常委会组成人员中的中共党员，将党组织临时关系转到全国人大常委会机关，组成临时党支部，受全国人大常委会党组领导。

③ 习近平在庆祝全国人民代表大会制度建立 60 周年的讲话中指出，人民代表大会制度是中国特色社会主义制度的重要组成部分，也是支撑中国国家治理体系和治理能力的根本政治制度。

具体言之，通过人民代表大会，作为执政党的中国共产党实现了对政府和社会的连接和领导。首先是党内成员或党领导下的政府领导干部经过合法程序成为人大代表，进而进入人大机关，成为各级人大常委会或各种专门委员会成员。其次，党内形成的决策、建议以人大代表的名义，或以人大党组和党的名义向人大和人大常委会、专门委员会提出。再次，通过人大提名和投票表决，党组织推荐的人得以在国家机关担任主要领导人。这些党员和领导干部身份的人大代表需要向其他代表解释和宣传他们提出的法律、法规或政府决策，获得他们的认可和支持。最后，也是最重要的，这些党员和领导干部身份的人大代表要严格服从于党组织的意志和纪律约束。这样，通过党的领导和组织，人大成为执政党连接和领导国家和社会的一个合法性中枢。

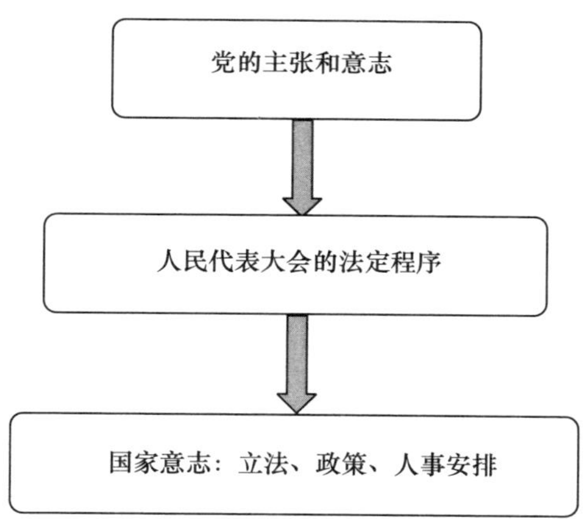

图 2－2　执政党通过人大将自身意志上升为国家意志

这样，在党的先锋队的代表逻辑下，人大代表是党自上而下进行国家治理的重要工作环节。其重要性，不仅仅体现于党员和领导干部身份的人大代表在现实实践中对党组织意志的遵循和实现，更体现于人大代表在现实中成为党的群众路线的一个中间性的嵌入环节。更确切地讲，人大代表是执政党实现群众路线必须依托的制度化桥梁。如果说第一个层面，通过党员和领导干部人大代表的履职体现党的先锋队的优越性，具有显著的人大代表精英化代表人民群众利益的色彩，那么第二个层面，执政党通过人大代表实现党的群众路线，则意味着人大代表是执政党平民化或社会化的一个关键的中间平台或渠道。在群众路线的维度，执政党一方面要通过人大代表履职行动了解不同阶层民众的不同诉求。这能够从质的层面体现中国共产党的政党优越性，让其能够成为真正的先锋队。但另一方面，执政党要确保人大代表能够成为自身意志和主张上升为国家意志的支持者。这意味着，执政党要能够引导说服人大代表信服和认可自己的主张和政策。如果说对于党员和领导干部身份的人大代表，执政党可以通过党内民主、思想政治工作和强化党内纪律等渠道或方式强化其对自身意志和主张的认同，那么对于这之外的人大代表，执政党更多的则需要通过其他有效的制度化吸纳的方式进行认知统合。毋庸置疑，还有一个确切的现实是，转型社会的现实使得执政党先锋队代表逻辑的实现不能够是一厢情愿的。人大代表要能够成为执政党群众路线辅助实现者，除了人大代表要能够承担起执政党在这一层面的需求，还意味着执政党必须将人大代表作为一个重要的统合对象进行系统认知和身份引导。但同时也能够看出，代议政治代表的逻辑在现实国家治理层面要服从于党的先锋队代表逻辑。

二、两种代表逻辑达成均衡的现实困境

从整体代表逻辑体系看，党的先锋队代表和代议政治代表逻辑起点是一致的，都是以人民主权为逻辑起点。两者的不同在于，现实行动逻辑上，前者往往是自上而下的行动逻辑，而后者往往是自下而上的行动逻辑。从政治代表的切实实现上，自上而下的代表行动逻辑，优势在于动员性强，组织有序，劣势则在于难以有效避免和解决层级体系下的信息封闭、代表和被代表者沟通弱化和监督式微的问题。自下而上的代表

行动逻辑，优势在于信息环境相对开放透明、代表和被代表者互动较充分、监督较有保障，劣势则在于难以有效避免利益政治带来的政治博弈偏离公共利益轨道的情况。在缺乏有效法治和制度化的情况下，两种代表逻辑下的代表都难以避免代表权力腐败和民众参与式微的问题。与此同时，两种代表逻辑都需要面对不断发展变化环境影响下有效实现代表"效能"的问题。

表 2－1　两种代表逻辑异同比较

代表类型	主 旨	代表路径
党的先锋队代表逻辑	人民主权	自上而下动员式
代议政治代表逻辑	人民主权	自下而上自发式

一般意义上，这两种代表逻辑下的代表在行动上是相向而行的，具有补充协调、达成均衡的前提可能性。但是，在现实实践中，两种代表逻辑达成相向的行动效果和事实上的互动均衡，并非易事。

原因主要在于，代议政治代表的逻辑强调的是自下而上权力授受基础上的代表—被代表关系。而党的先锋队代表逻辑下，党是基于自身的先进性和纯洁性才能够很好地代表民众利益，其核心在于党的成员和党的组织能够成为比一般民众更为具有公共责任意识和行动力的先进分子与战斗堡垒。正如毛泽东 1944 年 7 月与英国记者斯坦因的谈话中指出的那样，"我们的党员在中国人口中当然只占很小的一部分，只有当这一小部分人反映大多数人的意见，并为他们的利益而工作时，党和人民之间的关系才是健康的"①。先锋队代表逻辑与现实的政治相结合，往往体现的是一种自上而下的动员式行动。这样两种代表逻辑要达成均衡，势必要求党从整体上能够始终确保有意愿、有能力倾听、了解民众诉求，并使这些诉求能够进入政府过程。在这样的要求下，人大代表是作为党的

① 《毛泽东选集》（第 3 卷），人民出版社 1991 年版，第 933 页。

先锋队性质的体现者嵌入政治结构和政治过程中的。

但矛盾在于，党的先锋队代表逻辑在现实中往往要求人大代表通过联系和服务选民成为党的方针、政策的拥护者和支持者。而代议政治代表的逻辑要求人大代表在未来要更趋向一种利益代表者而非政治拥护者与合作者。在现实实践中，尽管人大代表可以批评和质疑党和政府，但往往是“小批评大帮忙”，人大代表的行动空间在现实层面需要体制赋权。而党和政府能够给予人大代表在代表选民层面有多大的权力和行动空间？这种权力和行动空间及其背后的运行机制是否能够有效满足民众对人大代表代表性不断提升的需求？这两个问题都不是通过简单的政党意志可以解决的。同时，作为制度性机构的人大和人大代表在一个趋向于开放的社会中具有天然的自主性和扩张性。民众对人大代表作为代议机关代表的身份需求也会逐步上升。在这种情形下，党的先锋队代表逻辑和代议政治代表逻辑的有效均衡势必是复杂和具有挑战性的工作。

三、两种代表逻辑下的人大代表面临的潜在困境

从本质意义上讲，这两种代表逻辑对人大代表影响集中体现于人大代表和政府、政党的关系上。中国现实的政治结构使得人大代表首先必须服从于执政党的领导。从形式层面，人大代表是通过自下而上的选举产生的。但在实际过程中，党组织在人大代表的产生过程中具有强主导性。国家宪法明确规定了中国共产党的领导地位，各级人大要接受同级党组织的领导。一般意义上的人大代表候选人提名权是控制在党组织手中。这些都意味着，在起始的代表逻辑层面，人大代表的自下而上的代议制代表逻辑事实上要服从于党的先锋队代表逻辑。

党的先锋队代表逻辑和代议政治代表逻辑同步作用于人大代表，事实上反映了中国现代化转型发展过程中制度化水平相对滞后与政治参与度提升之间的矛盾。这将长期影响人大代表的角色设置和具体行为模式。

在权威主义政府和开放性社会的互动变迁中，人大代表在积极政治信任体系的形塑上将面临两大困境。

一是有效代表的困境。人大代表要真正进入政治过程，切实扮演好选民代表的角色，始终需要政党代表行动逻辑与代议政治代表行动逻辑之间的调和。美国学者詹姆斯·R. 汤森和布兰特利·沃马克在研究全国人大时指出：全国人民代表大会的主要职能是标志政权的合法性和群众基础，而不是决定国家的政治进程。① 但很显然，中国政治现代化发展的内在要求意味着人大代表不可能一直以一种象征或形式上的代表出现。但人大代表切实履行代表职责，真正进入政治过程，意味着在代表选举和履职阶段，民众能够以人大代表为中间平台进行切实政治参与，发挥有效的政治影响力，这是责任代表机制的基本条件。然而在现实条件下，只有县乡两级人大代表是直接选举产生的。并且在直接选举过程中，党政部门对选举过程具有强力的主导性。这导致人大代表选举和履职都是作为动员式治理的一部分出现的。尽管近些年，基层人大代表选举中的竞争性有所加强，代表履职对民众的针对性有所加强，但距离真正责任代表机制的确立还有很长的距离。

二是有效连接政治行动者的困境。从规范意义上讲，人大代表是中国政治体系中一个中间或桥梁性的力量，担负着将人民群众的意志转化为国家意志的重任。但在现实层面，有效将政府和民众、民众和民众、社会组织和社会组织进行连接，首先需要人大代表代表意识的强化和代表效能的强化。在此基础上，还需要人大代表在政治参与、政治沟通层面的意识和技术的强化，同时也需要政府和民众双方在政治参与和政治沟通领域的共同成长。这都不是一蹴而就的。目前看，除却有效代表，人大代表政治参与和政治沟通意识和能力有待提升，政府与民众政治参与和政治沟通的意识与能力同样也有待培养。将政治行动者有效衔接，

① 〔美〕詹姆斯·R. 汤森、布兰特利·沃马克：《中国政治》，顾速、董方译，江苏人民出版社 1996 年版，第 94 页。

并能够在衔接的基础上促使不同政治行动者进行共同的政治参与，使其在利益和价值层面进行互动，产生连接，对于人大代表而言，将是一个巨大挑战。

这两大困境在现实中相互影响、互为因果。一种意义上，缺乏对选民负责的责任机制，民众看不到人大代表对其权益的事实影响力，就很难对人大代表重视和信任。民众也很难将人大代表作为表达和维护自身权益的有效载体和中介。相应地，民众对人大代表代表行为的不认可也会导致政府和民众的有效连接愈加艰难。而在另一种意义上，当人大代表不能够有效连接政治行动者时，同样实现人大代表对选民或公共利益的有效代表无疑也面临诸多困难。因此，重要的问题不仅仅在于两个困境本身，更在于两个困境问题不仅不能够互相解套，反而互相影响，进而形成恶性循环。避免这种情况的核心点在于在发展的进程中，人大代表群体必须有符合建构积极政治信任角色的身份，并且这种身份在现实政治过程中具有执行性和效力。

四、人大代表突破代表逻辑困境的两个路径选择

事实上，实行代议政治的国家都会存在代议政治代表逻辑和政党代表逻辑共存的现象。在西方国家政治运行过程中，两种代表逻辑形成的议员角色均衡困境同样存在。核心原因在于：政党目标和整体目标之间既有的冲突。在政党政治的逻辑下，议员被训练成政党利益优先。此时，代议制民主在形式上则趋向成为一种政治正确而非公民权利的切实保障，其所倡导的平等参与基础上公民权利的维护很可能成为一种空洞的政治现实。这导致越来越多的民众产生政治冷漠心理。他们愤世嫉俗，闷闷不乐，与那些以他们为名的行动和行动者完全隔绝。[①] 理想的情形是，人

① 〔美〕汉娜·费尼切尔·皮特金：《代表与民主：不稳定的联姻》，欧树军译，王绍光校，载《北大法律评论》，2012 年第 2 辑，第 594 页。

们希望议员在实际履职过程中能够代表大众发声，成为真正的“代表民众的人”，而不是代议制行动逻辑下的“少数代替民众做决定的人”。综观各国，解决此困境的途径有两种。

一种路径比较具备自下而上的特点：民众有效约束和监督代议机关代表，而代议机关代表能够有效监督政府和官僚。基本思路在于：如果民众能够控制选出的代议人，而代议人又有恰当的激励和合适的手段来控制所指定的官员，那么政府自然会安守职责不逾矩。①其内在支撑元素在于，民众能够通过选票和其他相关手段控制具有政党利益倾向的代表，而代表拥有途径和能力对具有政党利益和个体利益倾向的政府和官员进行监督和激励。美国、英国等西方国家大多实行的是此种模式。

一种路径则具有自上而下的特点：政党通过严格的党内纪律对具有代议机关代表身份的政党成员进行约束，督促他们注意和改进工作、生活作风，强化他们对选民的服务意识。其内在思路在于：严格的政党纪律约束和激励在前，以此强化具有代表身份的政党成员的公共责任意识和服务意识，提升政党在全体国民中的正面形象。此路径比较典型的代表是新加坡。新加坡执政党人民行动党对党内议员不仅有着非常高的纪律和道德要求，并且对其服务选民的具体行动也有着严格明确的要求。人民行动党实行“先当议员，后当官员”的政治人才遴选制度，这在客观上要求官员干部必须接受选民的监督。② 行为操守层面，李显龙则明确表示：“所有人民行动党国会议员和基层组织顾问必须坚持最高标准的个人操守，特别是在接触选民、基层活跃分子和员工的时候；而党也必须贯彻对议员和基层组织顾问恪守这些标准的要求。”③

---

① 〔美〕亚当·普沃斯基：《国家与市场：政治经济学入门》，郦菁、张燕等译，王小卫、郦菁校，格致出版社、上海人民出版社2009年版，第208页。

② 陈文、张彭强、史滢滢：《新加坡人民行动党监督体系的制度构建与运作机制》，载《国外理论动态》，2017年第3期，第26页。

③ 张波：《权力监督和制约的党内处理方式——以新加坡2012年议员绯闻为例》，载《当代中国政治研究报告》，2014年第12辑，第94页。

这两条路径的行动方向决定了其侧重点的不同。第一种路径，更加依赖于社会层面权利意识、规则意识和政治参与、政治监督意识的存在与自觉。第二种路径则更加依赖于政党意志和严格的党纪、法治。两种路径达成的政治信任效果是不同的。在政治信任形塑实践中，第一种路径，以美、英等国为代表，国会议员的履职行动在很大程度上促进了一种质疑和疏离权威的政治信任状态。而第二种路径，以新加坡为代表，议员的履职行动则在很大程度上促成了一种严格法治和执政党率先垂范为基础的权威化向心力。

尽管如此，两条路径遵循的核心点是相同的。这个共通的核心就是：通过代议机关代表的作用强化政府和执政党公共责任意识和服务性，最终提升的是政府和执政党在民众中的公信力。这种目标效能实现的依托在于，代议机关代表作为政治行动体的中间连接者，能够切实嵌入政治过程中，监督约束和激励政府、政党的行为，使其行为符合民众期待。

在政治信任形塑的过程中，两种路径都首先强调代议机关代表和选民、民众之间的信任关系，即代议机关代表首先应当是能够被民众信任的。在这个基础上，代议机关代表作为政治行动体的连接者、沟通者和对公共权力监督者的身份功能得到重视并成为政党引导民众信任自身的重要依托。而不同之处则在于，第一种路径是在社会主动的前提下进行的，政治信任结构形态与两党或多党竞争的政党体制更加契合。在第一种路径引导建构的政治信任形态中，社会对政治体系和过程的开放批评尽管限制了政府行政自由，但分散了社会关注，为持续的政党竞争和政党轮替上位提供了积极影响。其优势在于，充足的社会性不信任表达能够有效激励和督促政党尤其是执政党要根据选民诉求不断调整观点和政策输出。其劣势则在于，政治不信任的泛滥导致政党为在竞选中成功而刻意讨好选民，满足选民短期利益诉求，而不间断的争论则潜在降低了公共行政效率。而第二种路径则和一党独大的权威式政党体制有着紧密联系。在其政治信任形态中，执政党的权威形象通过严格公平的法治环境下党内议员的履职行动得以体现和维护。其优势在于，执政党和政府的权威相对于第一种路径更具有稳定性，民众对其信任程度更高。劣势则在于，自上而下的权威体系潜在限制了民众对执政党和政府行为的质疑和反思。

相对而言，第一种路径下，政治信任的建构更加倚重于两点。一是具有包容性、共识意识、能够理性政治参与而非争吵对立化的公共社会的培育。二是政党对党内议员能够提供基于公共责任而非党争的道德和行动激励。第二种路径下，政治信任的建构更加需要执政党能够建构一套不断提升自身社会意识、不断强化对自身权力约束和行动激励的政党自我建设体系和党的议员联系与服务群众行动体系。

实践中，在自下而上和自上而下两种路径中，第一种路径，以美国为代表，其导致的主要弊端在于：代议政治已经越来越无法有效解决两党分裂和社会阶层分化的现实，甚至很大程度上为两极化的党争、利益集团争斗提供平台和土壤，逐步陷入“身份政治”和“否决政治”的窠臼。这样的政治非但不能够有效解决社会利益固化和分化问题，反而会使得强者愈强、弱者愈弱。弗朗西斯·福山在2014年出版的《政治秩序与政治衰败》一书中就曾指出：美国正在经历政治衰败。欧洲国家近些年也面临同样困境，与选举政治紧密结合的代议政治并不能有效协调和平衡社会利益，反而刺激了利益倾轧和阶层封闭。开放共担、共克风险的公共意识受到极大挑战。

相对而言，第二种路径比较贴近中国实际，更具现实可操作性。这主要缘于在现有治理框架下，除却实现政治过程合法行动的需求，执政党还要求人大承担更为具体的治理责任。[①] 这一点和新加坡人民行动党对待党内议员的逻辑有一定的相似性。新加坡人民行动党的实践中，人民行动党议员被有效塑造成服务民众效能高、道德水准高的群体。他们的

① 杨雪冬、闫健：《“治理”替代“代表”？——对中国人大制度功能不均衡的一种解释》，载《学术月刊》，2020年第3期，第59页。

这种形象又和人民行动党的为民、清廉、务实的形象融为一体，不仅使人民行动党和人民行动党政府具备了较高的民众向心力，并且也为人民行动党整合社会、科学决策提供了可靠的渠道保障。在这个过程中，人民行动党塑造的并不是一个沉默、封闭的社会。相反，他们首先通过严格的法治将党员、官员、民众置于平等的法律位势，而党员和议员则在严守法律之外还需要严格遵守党内纪律，为民众做好服务和道德示范。这使得新加坡社会和政府在法治的前提下具备了平等对话的基础。其次，通过党的基层外围组织，人民行动党将党的议员接待选民、服务选民的行动予以制度化，使得党的议员有效嵌入党群工作体系中去。这些制度化措施的实施使得新加坡人民行动党较好解决了政党代表逻辑和代议政治代表逻辑下党的议员的角色困境，并通过其他公平意义上的赋权使得党外议员的声音也能够成为执政党和政府有效决策和价值观体现的有益支持。①

尽管中国国情比新加坡复杂很多，但从行动逻辑上，在党的先锋队代表逻辑和代议政治代表逻辑共同作用下，人大代表面临的代表逻辑困境的突破可以借鉴新加坡的经验。人民行动党有效将议员代表逻辑和党的代表逻辑中的人民性进行了有效融合和补充。对于人大代表而言，要实现这一点，关键突破点在于从政治结构和功能定位两个层面均衡调适人大代表的身份位势，使得人大代表能够在政治行动者之间建构一种动态的有利于形成积极政治信任的政治互动氛围。由此，人大代表的身份建构问题成为积极政治信任体系建构的一个关键性问题。

① 新加坡国会议员包括选区议员、非选区议员和官委议员三种。其中非选区议员一定要由反对党议员担任。而官委议员则由总统提名，其职责是负责提出中立、无偏倚的意见。这种制度保证了国会中一定会有反对和中立、调和的意见出现，也使得人民行动党尽管可以保持执政核心地位一党独大，但不能独揽大权，始终受到外在具有威慑力的监督。

第三章

人大代表身份建构与积极政治信任目标

一个层面上，作为国家权力机关的重要组成部分，人大代表是政治行动者进行政治沟通的重要桥梁和纽带，是建构积极政治信任的重要制度资源，对于积极政治信任的确立与发展起到了至关重要的作用。而另一个层面上，人大代表在政治参与和政治沟通层面，其作用发挥受制于代表自身素质、履职架构、履职方式等多方面问题的制约。因此，在一定意义上，人大代表在促进政社沟通、社会沟通层面的应然意义在实践层面打了折扣。这种应然和实然的差距使得人们对于人大代表在转型期中国积极政治信任建构上发挥的作用往往处于一种“似有似无”的感觉。在很大程度上，这种现象的出现与人大代表在中国政治发展中在身份向度上的多元性有着直接的联系。其作为代表者的核心身份是否能够与现实政治结构和政治运行有着充分和有效的契合成为问题解决的核心要素。在一个现实角度上，分析人大代表对积极政治信任的作用需要积极思考人大代表在发展中的身份变迁和身份体系建构。

第一节　人大代表之于积极政治信任：身份要求

一、以人大代表为连接者的积极政治信任：目标形态

从根本上讲，人大制度具备了代议政治的基本特点。从这样的角度

出发，以人大代表为连接者进行积极政治信任的建构，其基本信任关系形态脱离不了代议政治的基本逻辑。人大代表来自选民和民众授权，他们首先要能够获得二者的信任和支持。其次，作为选民选出的民意代表，人大代表要能够代表选民对政府、执政党的行为进行监督和激励，提升公共权力的公共性和责任性。这是最基本的政治信任形塑逻辑。

而不同的是，在积极政治信任目标下，人大代表在转型期中国政治信任建构图谱中的作用不仅仅是上传下达的单向作用方式，其行动还必须包括：人大代表和选民/民众、人大代表和政府/执政党之间的信任形塑，乃至在这两者基础上形成选民/民众与政府/执政党之间的信任形塑。这意味着，人大代表在直接层面形塑自身与选民/民众、与政府/执政党之间的信任关系，在根本层面要同时形塑执政党/政府与选民/民众之间的关系。

这种信任关系符合人大代表在体制性政治信任架构中的核心定位——党、政府和人民群众的沟通桥梁。然而积极政治信任更加强调党、政府和人民群众的理性互信，而不仅仅是民众对政府和执政党的单向度信任。此目标下，作为桥梁的人大代表必定要能够从不同维度形塑政治行动者彼此之间的认知，引导他们能够基于动态互动形成正向理性的信任关系。

另一层面，客观来讲，这种理想化信任关系的实现所面临的核心问题是如何有效解决之前所提到的人大代表所面临的代表逻辑困境问题。抑或说，要能够确保人大代表的履职行动既不偏离大多数民众利益需求这个主线，又能够契合党的治理需求和治理目标。在这一目标下，人大代表的功能性身份建构和均衡势必成为重要问题。

二、积极政治信任目标下人大代表的身份功能要求

从本质上看，人大代表之所以能够将政治代表、政治沟通、公共监

督、中间地带、制度建构同步连接和促进实现，关键原因在于人大代表制度化身份所具备的代表性及代表性背后的公共性和责任性。人大代表要在转型期中国积极政治信任建构中具有真正的影响力，他们必须确保自己是真正的人民代表，能够通过自身的履职行动体现和引导形塑中国政治的公共性和责任性。因此，在积极政治信任目标下，人大代表在身份层面必须具备以下功能特质：

一是人大代表能够真正表达和维护民众权利。人大代表真正代表选民权益，为选民服务，这是中国政体合法性的基础支撑，也是建构积极政治信任体系的基础。这意味着人大代表要有能力、有动力帮选民解决问题，以此来促动社会的安定和稳定。[①] 如果人大代表不能够代表选民权益进行履职行动，那么从法理层面，民众将失去政治参与动力和影响政府过程最基本的影响源。社会不满的表达和权利维护的出口将直接转移到政府层面。长此以往，政府行政治理和社会治理的负重将越来越大，一种政府和社会有效、理性互动的关系结构也很难建立。

二是人大代表能够在政治行动者之间构建起有效的连接。在规范层面，人大代表本身就是政府和民众之间的桥梁和纽带。但在现实层面，积极政治信任的形成则要求官民之间的连接是积极的、有效的。这包括两个层面。一是通过人大代表，民众要实现有效的政治参与。二是不同的政治行动者之间要达成积极有效的互动沟通。这两个层面共同的关键词是“有效”。而中国政治发展形成的路径依赖体系对政治参与和政治沟通的有效性的需求并不是第一位的。执政者往往将政治参与和政治沟通的有序性和稳定性放在第一位。有序和稳定往往注重政治体系静态秩序的实现，有效性则要求政治参与、政治沟通的过程是活跃充分的，而这往往会给有序性带来挑战。

在政治参与的现实层面，有效的连接意味着人大代表在促进民众政

---

① 蔡定剑：《人大制度和民主建设现状与发展》，见爱思想网，2012 年 4 月 14 日。

治参与层面要能够实现政治参与的基本目的，即公民参政权利的实现和具体利益诉求的表达和维护。也可以说，通过人大代表这一制度化群体在政治参与上的影响，政府决策能够有效表达和体现公民意愿。在此基础上，人大代表在政治参与中，还应当有效促成政府、民众的有效互动，提升政府、社会两个层面政治参与的水平和能力，促成理性、宽容、妥协合作理念的形成。

而在政治沟通层面，则意味着三点。首先，通过人大代表，民众的诉求能够被有效表达并反映到政府议事日程中来。其次，通过人大代表，以党和政府为中心的政治体系能够对民众的诉求保持一种动态的敏感，能够对其进行及时有效的反馈和政策吸纳。最后，通过人大代表，政府和民众两者都能够进行一种基于主流价值共识之上的有效表达，政府能够使得民众感受到自身对于其诉求的关注和回应，而民众则能够理性表达诉求和对政府行为的关注或质疑。

三是人大代表能够促进理性公民的培育。在积极政治信任的建构过程中，理性公民的存在是关系积极政治信任建构和持续运行的关键元素。以积极政治信任为目标，人大代表这一制度性政治行动体的存在应当是培育理性公民的重要载体。通过人大代表的职业化行动，普通民众得以参与公共政治过程，并从中学习公共参与的技巧和理念，树立积极政治信任建构所需要的公共思维和法治思维。

四是人大代表能够促进政府和公共管理者公共性思维和行动的形成。现代政治要求政府与公共管理者要具备公共思维和公共视野。人民主权是现代政体合法性的基础。然而人民主权事实上是通过公共管理部门和公共管理者的公共性思维和公共性行动得以维护和实现的。现代政治的多元性、复杂性和政府部门利益的矛盾性的现实决定了政府部门和公共管理者在制定和执行决策的过程中，很难摆脱部门利益的局限，也容易受到既有官僚行政体制和思维模式的束缚。积极政治信任的建构需要政府和公共管理者具备在动态复杂的利益中不断构建共识，维护和实现公共利益的能力。这一点在改革转型期的中国更具有强大的现实意义。这意味着以积极政治信任建构为目标，人大代表应当能够通过自身的行动促使政府与各级行政官员从理念和行动上跨越利益局限，在决策信息获取和决策执行过程中具有公共视野，具备真正的公共意识和公共行政能力。

第二节　功能维度下人大代表身份体系

积极政治信任对人大代表的身份功能提出了现实要求。这主要体现于，在政治生活中，人大代表要能够切实连接起选民、民众和政府、执政党，使得主要的政治行动体之间能够形成正向的沟通互动，公共意识得到塑造和共同提升。这一目标的实现需要我们首先对人大代表功能维度的身份体系进行总结和分析。

一、人大代表的主身份：人民代表

规范层面，人大代表身份主要包含三重属性。一是人大代表是国家权力机关的主要组成人员。人大代表是国家权力机关——人民代表大会的主要组成人员，是国家权力机关的主体。二是人大代表是人民代表，即人大代表代表人民的意志和利益，是人民意志转化为国家意志的必需的中间环节。人大代表承载了民意，其集体意志直接影响民意的传递和实现。这也意味着，人大代表是人民公仆。为人民服务是人大代表的根本工作目标。人大代表维护人民利益，对人民负责，受人民监督。三是人大代表是模范带头人。《中华人民共和国全国人民代表大会和地方各级人民代表大会代表法》[①]（以下简称《代表法》）第四条规定：代表模范

① 《中华人民共和国全国人民代表大会和地方各级人民代表大会代表法》于1992年4月3日七届全国人大五次会议通过并公布施行。2009年、2010年、2015年该法做了三次修改。

遵守宪法法律，保守国家秘密，在自己参加的生产、工作和社会活动中，协助宪法和法律实施。

人民代表身份是人大代表核心政治身份。此身份意味着人大代表是维护人民权力的重要主体，是人民群众的政治代表和代言人。代表工作的落脚点就是更好地、充分地进一步发挥好代表的作用，即人大代表代表人民的利益和意志依法参加行使国家权力。[①] 这种人民主体性意味着人大代表身份的政治性和责任性，同时也表明了人大代表的精英属性，即这一群体在道德层面和公共行动层面都应当具有示范效应。

因此，与西方国家议员相比，人大代表在代表的人群层面具有相对鲜明的整体性或集体性属性。人大代表往往被视为人民群众派到国家权力机关的使者。[②] 即是说，人大代表来自人民群众，代表人民群众行使治理国家的权力。人民代表的身份具有典型的人民委托论或人民主权的色彩。从规范层面上看，相对于西方议会议员更大层面上只对选区选民负责的特点，中国人大代表比西方议会议员具有更广泛的公共责任。

其次，与西方国家议员相比，人大代表和选民的关系应当更加密切。与西方国家议会或国会不同的是，中国人民代表大会是中国共产党革命胜利后建立的无产阶级的代表机关。党关于人民的思想，赋予新政权以新的属性和新的追求。[③] 按照这样的逻辑，作为无产阶级代表机关的代表，人大代表应当比西方议员更体现人民主权的特质。在具体法律规范中，人大代表的代表者身份特质首先集中体现于选民与人大代表的责任关系上。按照中国宪法和法律的规定，人大代表是由选民通过直接或间接的方式选举产生。人大代表必须对选民负责，接受选民监督。选民或

① 李伯钧：《40年来人大代表工作的重要进展》，载《光明日报》，2018年11月23日。

② 许崇德主编：《人民代表必备》，人民出版社1987年版，序言。

③ 刘建军：《中国人民代表大会制度与西方议会制度之比较》，载《学习论坛》，2010年第4期，第43页。

者选举单位有权依法罢免自己选出的代表。而在西方国家，议员一经产生，如果其表现不符合选民期待，大多数情况下只能通过议会罢免或下一次选举投票的方式罢免。相对于西方国家议员，中国的选民对人大代表具有更大的影响力。缘于此，相对于西方国家议员，中国的人大代表应当对选民担负更加直接的责任。

二、代议政治的代表逻辑赋予人大代表多元子身份

人大代表人民代表的主身份事实上是通过其实践中的子身份得以体现和支撑实现的。这些子身份主要来自人大代表在现实层面的政治功能的发挥。这些政治功能有显性的，也有隐性的，并且从根本上受到代议政治代表逻辑和党的先锋代表逻辑的共同影响。

首先，人大代表不能够脱离代议机关代表的基本功能性身份范畴。从中国人大制度本身看，尽管在组织形式和阶层构成层面，人大制度和议会制有着不同，但从根本的存在和运作逻辑上，二者都始终不能脱离人民主权原则，也不能脱离作为政府和民众之间中间性政治代表机构的角色定位和制度安排。因此，尽管人大代表的代表者身份在中国特定历史、国情、文化以及现实政治架构决定下与西方代议机关代表有着诸多不同，但不能脱离代议政治的大范畴。人大代表始终是通过法定程序选举产生的国家权力机关代表，要代表人民参与政治过程，并借此维护和实现人民的权益，使得人民主权成为切实的政治行动和政治现实。人大代表的人民代表者身份不是凭空存在的，而是需要代议政治的功能性身份要素作为支持。

在现代政治体系中，代议机关中的代表究竟是一群什么样的人？他们肩负何种职责？这两个问题的回答有助于我们从一种结构—功能的角度解析代议机关代表的身份问题。而事实上此问题的解析首先需要回归到“代表”这一概念本身。

作为一个政治理念和实践，代表出现在早期现代。[①] 起初的代表并不是一个政治概念。按照约翰·基恩和汉娜·费尼切尔·皮特金的研究，代表产生于中世纪背景下皇权与教权、中央与地方的互动中。教皇为了加强教会统治向其辖区派遣主教代表其行使神权。同时，在以增加税收扩大财源的需求下，欧洲君主要求有一个代表人居于君主和地方之间，通过他们的协调和允诺，让地方承担缴纳特别附加税责任。后一行为对政治性代表的形成起了非常重要的初始推动作用。起初，居于国家和社会之间的代表的存在很大程度上是君主强化对地方的行政控制和对其施加义务的一种方式。因此，在代表制度实行的早期，地方代表更多的是对君王的税收意见表示同意，而随着发展，这些代表逐步有了地区意识和权利意识，开始对君王的指令表示异议。因此，在很大意义上，早期的代表是社会自下而上与国家进行互动的一个产物。从结构—功能的角度，现代政治体系中的代表在起始层面之所以能够存续和发挥效用，核心的缘由在于：代表居间沟通表达和回应社会作用的发挥使得其自身成为政治体系中重要的不同方的利益呈现者、沟通者和均衡者。

而对代议机关中的代表，一种基本的理论共识在于，不同于君主、国旗这种类型的符号代表，代议机关代表是一种典型的描述性代表和实质性代表的综合体。也就是说，代议机关代表首先必须能够被代表者共享某种描述性的客观特征，在性别、民族、地区、职业等方面的构成必须像一面镜子一样精确反映其所要代表的社会结构。[②] 其次，他们必须对自己所代表的人群负责，真实地再现和维护他们的利益。对于他们作为形式代表者的具体身份界定，我们从密尔的经典著作《代议制政府》

① 〔美〕汉娜·费尼切尔·皮特金：《代表与民主：不稳定的联姻》，欧树军译，王绍光校，载《北大法律评论》，2012 年第 2 辑，第 591 页。

② 聂智琪：《代表理论的问题与挑战》，见中国民主化进程学术研讨会论文集，2013 年，第 91 页。

中可以窥见一二。在密尔的这本经典著作中，议会被视为具有三种职能：一是监督和控制政府；二是作为一个公共论坛表达选民意愿，促进不同利益群体间以及政府和社会之间的沟通；三是避免阶级专制。他认为：议会不应当仅使多数人的利益得到维护和实现，而应当避免出现多数或阶级的专制。按照他的逻辑，在这三种职能中，第二个职能即公共论坛的职能是第一、第三个职能得以实现的重要保障或实现途径。在此基础上，可以窥见，在密尔这里，议会中的代表应当具备监督者、公共论坛意见发表者和阶级利益协调者三重身份。并且，公共论坛意见发表者即代表选民进行政治沟通的身份在实现议会工作目标的层面上发挥着尤为重要的作用。在他看来，监督和控制政府、实现选民的意愿都需要代表公共论坛意见发表者身份的实现和支持。

事实上，密尔之外，西方学者对代表身份的探讨从未停止。首要的争论问题是：他们究竟是谁的代表？抑或是讲，代表是选民利益的委托者还是国民公共利益的维护者。一种观点认为代表是“选民委托的代表”，即代表应当维护和体现选民的意志。而一种观点认为代表是“集体的代表”，即代表应当维护全体国民的利益，而不是部分选民的利益。譬如柏克最经典的观点：“代表概念指的是一种为了全国的利益而通过德性和智慧所进行的贵族统治。”[①] 他认为政治代表应当根据自己的良知判断全体国民的利益，而不是局限于选区选民利益。这两个基本观点之下，又延伸出两种观点。一种观点认为代表需要从中央的角度来考虑地方的部分利益，并将其中的问题向选民进行解释。这个层面上，代表在代表选民利益的同时亦扮演着中央和地方、整体和部分利益均衡的民众引导者，简言之，他们有助于民众的“社会化”。[②] 另一种观点则认为代表的行为嵌入角色网络中，时而倒向选区利益，时而偏向国家利益。具体情

① 〔美〕汉娜·费尼切尔·皮特金：《代表的概念》，唐海华译，吉林出版集团有限责任公司2014年版，第211页。

② 应奇编：《代表理论与代议民主》，吉林出版集团有限责任公司2008年版，第56页。

形视选区政党竞争、交叉压力的强度等环境因素而定。[①] 而在标准版本的代表理论看来，代表关系之所以成立，乃是因为代表获得了被代表者的各种形式的授权，需要向被代表者负责，或者致力于推进被代表者的实质利益。这些条件意味着代表必须符合某种民主合法性的标准，舍此就不是真正的代表。[②]

人们争论的另一个问题是：代议机关代表是一个具有独立意志的人还是接受被代表民众指令的人。一种观点认为代议机关代表的行动应当严格以其代表的民众意志为准绳。被代表民众的意志就是代表的意志。一种观点则认为，代议机关代表是一个具有独立意志的人。他们之所以能够成为代表，就意味着他们具备了超越常人的道德、智慧和能力。一旦获得民众授权，代表应当依据自身良知与理性判断对不同民众错综复杂、充满分歧的利益进行独立的分析和均衡性表达、维护，而不应当仅仅成为民众利益的传声筒与执行者。

在这些诸多观点中，代议机关代表事实上已被赋予了利益协调者的身份意味，并且这种身份被分为局部利益协调者和一般利益协调者两个维度。在局部利益协调者的维度，代表仅仅是所代表的选民或选区局部利益。而在一般利益协调者的维度，代表在代表选民利益的基础上更需要维护和体现整体层面的国家利益。现实层面，能够发现，代议机关代表事实上是在这两种利益协调者之间进行身份游移。代议民主体制讲的是公民团结与横向联合基础之上各自为战、人自为战，而通过自己的代言人在此政治发言场域争取各自权益，实为权益的斗争。[③] 然则，“他们连贯一体，蔚为立法机构，代表的是一种整体意志，听命于背后的主权

① 高春芽：《在代表与排斥之间——西方现代国家建构视野中代议民主发展的路径与动力》，载《政治学研究》，2017 年第 1 期，第 73 页。

② 聂智琪：《代表理论的问题与挑战》，见中国民主化进程学术研讨会论文集，2013 年，第 96 页。

③ 许章润：《论立法者——在政治正义的意义上思考正当法，并论及法律的渊源和品格》，载《苏州大学学报》，2014 年第 3 期，第 8 页。

者，并且经由对于立法旨意的领会来贯彻主权者意志需要代表人民主权的整体意志”①。这是代议机关整体合法性所决定的。最终，代议机关代表还需要跳出局部利益均衡，成为一般利益协调者。因此，代议机关代表是在局部利益均衡和一般利益均衡之间游移的利益协调者。通过不同代表之间的沟通和协商，政治系统的利益输出最终要满足民众公共意志的需求。

另一层面，在代表的身份层面，不同观点的共通之处在于都承认代议机关代表是一个居间的人物。代表们居于政府和选民、地方和中央、选民和选民之间，以立法和公开的政治参与来实现民众对政府过程的参与，实现民众对政府行为的监督，使得民众诉求进入政治过程进而成为国家意志的一部分。基于此，代议机关代表从其身份层面，无论是代表公共利益还是部分利益，无论出于何种行动目标，都需要从一个政治沟通和政治参与的层面为自己的身份树立价值、尊严和权威。代议机关代表的一个重要身份还在于他们是政治过程重要的政治回应者和政治沟通者。

因此，从功能的维度，无论是出于哪种观点，代议机关代表的核心身份是利益代表者。而在利益代表者的身份之下，代议机关代表在功能层面具有四种政治身份，那就是政治沟通者、政府监督者、关键立法参与者和利益协调者。

政治沟通者。最基础地，代议机关代表必须是一个良好的政治沟通者，能够倾听选民声音，表达选民政治诉求。

政府监督者。代议机关代表选民对政府行为进行监督，确保政府能够在民众意志下行动，能够体现和维护民众利益。

关键立法参与者。代议机关是立法机关，享有整体意义上的立法权，是一国法定意义上的立法者。代议机关代表尽管很多时候被称为立法者，

① 许章润：《论立法者——在政治正义的意义上思考正当法，并论及法律的渊源和品格》，载《苏州大学学报》，2014 年第 3 期，第 8 页。

但严格意义上讲，他们应当被称为“关键立法参与者”或“拥有重要影响力的立法参与者”。代表核心职责之一就是提出、审议和表决法律案，他们的其他核心职责——提出和审议议案、联系选民、质询、辩论等都可以对国家立法产生影响。而相对于一般的立法参与者，代议机关代表在立法层面的突出作用或特有权力在于他们可以提出法律议案并拥有对法律案通过的表决权。因此，代议机关代表严格意义上讲是具有直接影响力，对立法起到重要作用的“关键立法参与者”。

利益协调者。代议机关代表代表的是组织化的选民利益。在不同利益交织互动的现实下，代表对组织化利益的判断和认识必须经过一个利益协调和利益均衡的过程，同时代表还可能在组织化利益和全局利益之间进行均衡和取舍。

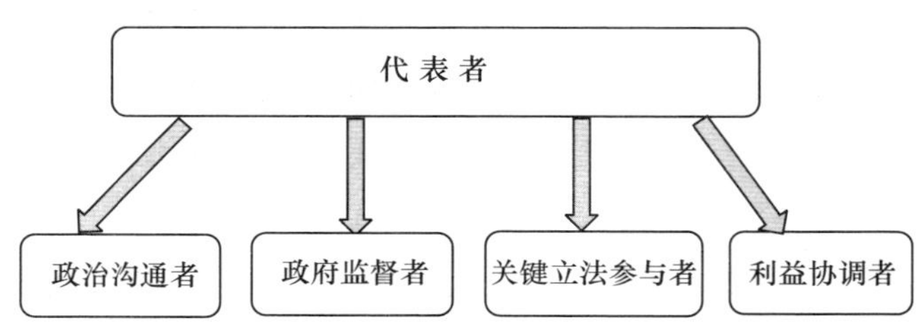

图3－1　代议机关代表身份关系图

通过这四个身份，代议机关代表利益代表者的角色得以确立并和其他形式的政治代表有了区分。在这个层面，相对于君主、政党这类形式的政治代表，作为中间机制代议机关代表具有鲜明的民众赋权的性质，是政府、政党和社会间沟通的必经渠道。从这四个身份出发，在国家和一个不断趋于组织化的市民社会的对话过程中，代议机关代表成为二者之间一个发挥重要作用的连接者。无论对于政府，还是对于社会，代议机关代表都是重要的中间机构。于政府而言，代议机关代表是其实现执政和治理合法性的重要中间平台。于社会而言，代议机关代表承担着类似于将普通民众身份由简单的“被治理者”上升为“国家主人”的中转任务。代议政治的代表逻辑下，人大代表在政治功能层面必然要具有政治沟通者、政府监督者、关键立法参与者和利益协调者的身份定位。

作为政治沟通者的人大代表。无论是人大会议期间还是闭会期间，政治沟通都是人大代表一以贯之的重要政治功能。通过会议和闭会期间不同形式的政治表达和互动，人大代表得以联系群众，并成为政党/政府和群众之间的桥梁。因此，人大代表是中国政治过程中比较具有代表性的政治沟通者。

作为政府监督者的人大代表。监督政府是人大代表非常重要的规范性职能。会议期间，人大代表可以针对政府某项工作发起质询、询问，享有审议、表决政府预算案、任免政府官员的权力。闭会期间，人大代表调研、视察、执法检查、约谈等行为在本质上也是一种政府监督行为。因此，人大代表从规范和实践两个层面都发挥着政府监督者的身份职能。作为监督者的人大代表，其身份本质上也是基于人民主权的逻辑，代表国家和人民对广义的政府行为进行监督，确保公权力执掌机构代表和维护人民的利益。

作为关键立法参与者的人大代表。人大代表是党领导人民依法执政的重要中间平台和桥梁。人大代表在人大会议期间享有提起、审议和表决法律案的权力。在人大闭会期间，人大代表进行的调研、视察、执法检查等活动在相当大程度上是一种立法信息收集活动。此层面身份的核心要义在于，人大代表代表人民进行立法，从根本上维护和实现人民的利益。

作为利益协调者的人大代表。人大代表是政府决策民主化的重要制度保障，也是执政党在国家治理过程中遵循和体现民主集中制原则的重要依托。通过人大代表的行动，不同层面、不同属性的群体利益以组织化、公开化的形态进入政府议程中来，实现互动，进而达成一定程度的利益均衡。

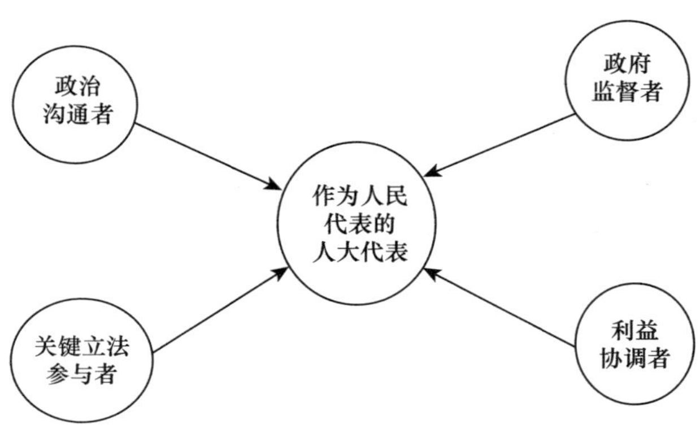

图3-2　代议政治代表逻辑下人大代表身份体系

三、党的先锋队代表逻辑下人大代表的身份特质：有用与有限

与一般意义上的代议机关代表不同，人大代表人民代表者的主身份在中国特有的党的先锋队代表逻辑下，又是具有特殊性的。这种特殊性主要体现为，在两种代表逻辑的动态均衡下，人大代表从主身份到子身份的实践都既“有用”又“有限”。“有用”集中体现为，人大代表在执政党建构执政合法性和提升国家治理效能层面都具有不容置疑的工具效能。而有限性主要集中于人大代表作为人民代表的主身份在很大程度上要服从于执政党的国家治理框架。

有用性。人大代表是“有用”的。人大代表这种有用性，抑或是工具性主要体现为在执政党领导下的国家治理中，人大代表是重要的治理支持者与行动者。从根本意义上，人大代表工具性作用来自代议政治代表逻辑所赋予其的人民代表的主身份。但在中国特有的党的先锋队代表的逻辑下，人民代表身份的工具价值被有机嵌入到执政党治理国家的政治过程和体系中去。“有用”主要体现于两个层面。

一是人大代表在执政党建构执政合法性层面具有不容置疑的工具效能。这是人大代表这一政治群体天然的政治价值和政治优势，即他们是人民代表，是密切党群关系、体现党对群众意志的尊重和维护的制度化元素。

二是人大代表在提升国家治理效能层面具有显著的工具效能。人大代表天然的政治价值被嵌入和融合到执政党的国家治理体系中并对后者发挥支持效用。这主要体现为，人大代表蕴含的民主价值成为执政党治理国家的有机辅助。人大代表成为执政党和政府有意识密切群众联系，实现民主治理和科学治理的重要渠道。

有限性。党的先锋队代表逻辑下，是执政党领导的以人民主权为核心的国家治理体系的重要支撑。这使得人大代表在现实中以“政权的代理人”的形象出现。美国学者欧博文研究发现：人大代表主要是政权的代理人，他们是领导人的代理人，“传达（上级的）精神、规定和决定”。他们认为自己是政府的“助手”，向选民宣传和传达政府的意图，向选民解释一些不受欢迎或存在歧义的政策。[①] 无论是哪一种观点，其共通之处在于都直接或间接认为人大代表事实上面临一种代表者的身份困境，即人大代表不能够基于具体的权力授受和监督关系来对选民利益进行切实的代表。党的先锋队代表逻辑在现实中要优于代议政治代表的逻辑，这一现实决定了人大代表将会在政权代理人和民意代表者两个身份之间进行选择或均衡。在现实的情境中，不同层级、不同层面的人大代表不仅需要在自身职业、所处团体、选区之间进行权衡，更需要在党、政府代理人和民意代表之间进行权衡。这种权衡使得人大代表人民代表的身份趋于弱势抑或隐性，事实上，他们更多是以一种政府治理协同者的形象出现的。代表功能直接或间接让渡于治理的功能。

---

① 〔美〕欧博文：《人大代表的作用：代理人与进谏者》，载《复旦政治学评论》，2012 年第 6 辑，第 7 页。

因此，现实中很多时候，人大代表还不足以被民众广泛认同为称职的人民代表。一方面，在代表身份获得层面对民意的依赖度不足，不仅使得人大代表不能够切实体会到自身的民众责任属性，也使得民众缺乏对人大代表政治意义和效能的切实理解和重视。在现实的人大代表的代表身份获得过程中，政府和党组织往往控制并主导选举过程。这导致人大代表在代表者身份获得层面难以得到一种积极的选民意识。相互地，民众也缺乏对人大代表的切实了解和制约，除了公开提案或政府批示，民众缺乏切实的渠道了解自己选区的人大代表。另一方面，“集体有权，个人无权”的现实弱化了人大代表个体的代表责任意识。人民代表大会在具体行使职权时坚持的是民主集中制的原则，以组织化、集体决策的方式行使职权。人大代表个人原则上要有集体行动意识，服从集体安排。这种“集体有权，个人无权”在现实中一是体现为人大代表在履行职权时不能直接处理问题。比如，在对政治进程产生关键影响的表决环节，他们只有一票的权力。二是体现为人大代表的个人行为要服从于组织化安排。这种精神或理念在一定程度上保障了人大权力的集体性和行动上的有效性，但会影响代表个人履责的责任意识，导致“挂名代表”的存在。

这同时也意味着，人大代表的人民代表这个核心身份之下的功能性子身份将面临同样一种特殊现实：很大程度上，人大代表每一种子身份都是存在的，并体现在中国政治现实过程中，但每一个子身份的作用发挥又都是“有限”的。这种有限性主要体现在以下三个方面：

第一，人大代表子身份的启动在很大程度上受制于党政部门的认识。现实层面，政治沟通、政府监督、立法参与、利益协调这四个层面的政治议程都有赖于执政党和政府的主动开启和重视。最基本的政治沟通层面，人大代表进行政治沟通的程序、机制和沟通成果的效力在主要层面都需要服从于党的执政目标。政府监督层面，对于人大代表的工作指导和组织机构人大常委会而言，其监督工作能够开展的一个重要前提，就是能够顺利取得同级党委的领导和支持，而为了取得这种领导和支持，就必须把握党委的工作走向，以便使自己的工作更好地与党委的工作衔接起来。[①] 人大代表政治沟通者和政府监督者身份的现实有限性也意味着，作为关键立法参与者和利益协调者的子身份的实现也必然是有限度的，都必须符合执政党的执政方略和政府的治理目标。后者主导着人大代表子身份进入实际政治议程的深度与广度。

第二，人大代表子身份的功能发挥受制于代表自身素质和能力。从客观层面看，尽管相对于改革开放前，改革开放后的40多年间，人大代表从文化水平、代表意识和履职能力都有着明显的提升，这体现于人大代表精英化的趋向。从1978年五届人大以来，全国人大代表构成中最明显的变化趋势是具备工农身份的代表比例趋于下降，而干部身份代表的比例趋于上升。[②] 但在间接选举为主、会期短的现实下，人大代表对民众的利益需求进行有效回应并不是精英化趋向能够解决的，且人大代表履职时的形式主义在相当程度上存在。与此同时，人大代表素质两极化比较明显。部分代表履职积极，而也有部分代表素质低下，缺乏代表意识。比如，2008年前后深圳市人大开会期间，人大代表缺席现象比较普遍，导致市人大常委会领导有时候都担心会场投票不符合法定人数规定而无法执行。甚至还有人大代表将代表身份作为一种特权而违纪、违法。2014—2015年两年的时间里，39位全国人大代表因为违纪、违法被终止代表资格。

第三，人大代表子身份的功能发挥受制于制度约束。人大代表子身份功能的发挥是有限的，在相当大层面上不仅受制于执政党和政府意愿，还受制于制度性因素。比如，在立法参与层面，人大代表更趋向于提出立法建议，尚不能在质的层面对法案提出、讨论通过等发挥

① 何俊志：《从苏维埃到人民代表大会制——中国共产党关于现代代议制的构想与实践》，复旦大学出版社2011年版，第292页。

② 赵晓力：《论全国人大代表的构成》，载《中外法学》，2012年第5期，第986页。

决定性的影响。在人大代表政治沟通者、政府监督者的身份功能发挥方面，同样有此困局。比如基层人大代表联系选民，曾经普遍面临经费无保障的制度性困境。再有，人大代表在履行监督职责的时候，如何走出“党政领导很可能是人大代表领导或与其是利益相关者”的制度困境。

有用和有限的关系。一个基本的事实是，人大代表身份的有限性尽管使其身份实践面临束缚和某些困境，但并没有从整体上影响中国政治稳定发展，尤其没有产生西方国家普遍质疑中国的政治参与和政治公正的危机。根本原因是人大制度的运行服从了国家治理的总体要求，提升了整体治理绩效，从而对冲了“代表赤字”的可能影响。[①] 这种现实说明，人大代表在国家治理中的工具化效能的切实发挥使得人大代表代表性的相对式微问题得到对冲，进而具有可接受性。也可以说，人大代表身份的“有用”性弥补了其“有限”性。

第三节　人大代表身份建构与积极政治信任目标：趋势与张力

一、强化双向回应性——积极政治信任视域下人大代表身份功能建构的基本趋势

积极政治信任视域下，人大代表身份发展的基本要求在于其对政府和民众的双向回应。这一要求和执政党以群众路线为主旨的党群互动治理体系有着紧密契合，同时也与中国政治过程中民众对政府回应力诉求

① 杨雪冬、闫健：《“治理”替代“代表”？——对中国人大制度功能不均衡的一种解释》，载《学术月刊》，2020 年第 3 期，第 60 页。

逐步提升的现实趋势相呼应。尤其在中国传统“慈父型”政府文化的影响下，民众对政党、人大代表等政治代表合法性要义的界定更加侧重于他们对自身诉求的回应。这一事实使得人大代表对于执政党/政府和民众双方的连接和回应成为转型期中国积极政治信任建构的必然要求。

抑或是说，人大代表的回应性功能，在中国特有的政治情境下是双向的，不仅指他们对民众的回应，也指他们对执政党/政府的回应。普通民众对人大代表和选民的互动以及他们对选民进行的日常行动回应有越来越具体化的要求，党和政府对人大代表回应性的期许也趋于具体和现实化。

在这种双向回应性功能强化的趋势下，人大代表子身份——政治沟通者和利益协调者势必得到强化。但政治沟通者和利益协调者的身份意义和功能业已发生改变。从政治沟通的层面，伴随着人们对陷入形式化和政治正确的民主政治的反思，旨在强调通过充分的对话、协商来影响人们偏好形成共识的协商民主（deliberative democracy，又译审议民主）逐步进入民主政治实践。在协商民主模式下，政治沟通的目的不再视为简单的意愿或诉求表达，而是一种基于协商和沟通之上的寻找共识和意见重塑。在此基础上，政治参与也不是简单的个人偏好聚合，而是个人基于理性协商后对自身利益审慎思考和重新认定。在这一过程中，人大代表作为特定情境下的利益协调者的身份也有了更加现实的意义。由于人大作为代议机关的天然属性，使得人大代表在提升民主协商、政治参与质量层面具有非常重要的作用。在具体的诉求表达、沟通、协商过程中，人大代表对民众既定偏好的归纳、提炼和过滤的理性认知能力被重视和激发。他们在一定层面上促使公众对自身的利益和认识进行基于总体发展和未来眼光的审慎思考，促使他们在理性反思的同时对自身利益与他人利益进行均衡与统和。

表 3-1　选举民主和协商民主下的代表身份趋向比较

选举民主下的代表	协商民主下的代表
回应性：选民诉求回应，侧重选举	回应性：回应选民，也回应其他群体，侧重日常性的回应
政治沟通：利益表达和偏好聚合	政治沟通：利益表达和偏好归纳、协商基础上的重塑
利益协调：利益博弈、争论下的妥协	利益协调：讨论和协商基础上的偏好提炼和利益共识凝聚

二、有限和有用共同作用下的代表性强化——人大代表身份建构张力

在身份“有限”和“有用”的双重逻辑影响下，人大代表的代表模式类似处于祖若水提出的“有界限的代表模式”（Representation within bounds）。他认为，执政党为人大界定了行动边界，但人大的代表力还是能够通过其主动作为得以在一定程度上实现。[①] 而事实上，在中国政治向现代转变的过程中，政府和社会两个层面都在不断寻求一种互相适应的新的沟通互动方式。在社会政治权利意识不断提升、政治参与意识不断增强的趋势下，人大代表作为政府和社会互动的制度化桥梁和中间通道，其人民代表者的主身份也逐步在政府和社会两者之间具备了新的张力。

这体现为两个趋势。一是政府和社会同时认知到人大代表制度性身份的重要性。从政府抑或是执政党层面，作为典型政治代表的人大代表是其执政合法性的重要支持性载体，是民意和政府互动的重要通道，同时人大代表在政府决策中信息支持、反馈的作用对政府治理而言愈发重要。更具有特点的是，在现实治理逻辑下，人大代表还是执政党党内监

① Rory Truex, *Making Autocracy Work*: *Representation and Responsiveness in Modern China*, New York: Cambridge University Press, 2016.

督治理和政府层级间监督治理的一个重要中间性传导平台。而从社会层面，普通民众权利观念的觉醒和不断提升，必然会催生对人大代表作为人民代表身份的关注。二是人大代表代表者身份和角色意识的觉醒。在转型过程中，人大代表的代表意识也在不断觉醒，对代表者的身份认知也处于渐进的调整中。

在此两种趋势下，人大代表的代表性尽管有诸多限制，但依旧能够凭借外界期待和自身制度角色张力实现代表力的提升。这体现为改革开放以来，人大代表在一定程度上跳出“橡皮图章式”的象征性政治代表身份，渐进具备了一定责任性代表的特征。这主要来自两个层面的发现。一个是人大会议制度框架内，人大代表的代表者身份有着比较显著的体现。从活跃程度和提议案、建议层面看，人大代表的代表性目前处于不断提升的趋势。六届全国人大时期，人大代表提出 2000 多件建议案；十届全国人大时期，代表建议案提高到 6000 多件；而 2018 年全国人代会期间，代表提出的建议案达到 7000 多件。地方人大代表的责任代表意识也逐步增强。以上海市第十四届人大为例，本届人大代表履职期间所提议案聚焦的多是安全、环保、公共健康、城市管理等公共服务话题。从一定意义上讲，地方人大代表在一定程度上肩负起了密切联系选区民众、倾听和反映选民诉求的法律角色，符合代议制逻辑赋予其的实质性代表身份。一个是地方人大代表的责任代表身份有逐步强化的趋势。美国学者墨宁（Melanie Manion）在对 5000 多名乡镇代表访谈和调查基础上研究发现：地方人大代表在言行层面将自己视为“人民”赋权的代表，而非列宁式“政党受托人”。这种观察尽管不能够充分说明地方人大代表已经成为选民的实质代表者，但在一个层面说明，改革开放以来，地方人大代表对选区的利益代表有着积极的趋势，其身份和行为已经突破象征性机械代表的符号色彩。

三、积极政治信任目标下人大代表身份体系建构的基本预设

从积极政治信任要求看，代表力的提升、对政治行动体的连接、对政治行动体价值和行为层面的同步形塑是人大代表身份体系建构的主要目标。

在上述目标下，一个首要的任务要求在于，人大代表的人民代表的主身份在中国政治实践中有强化体现。但这种体现不应当是基于无序参与和政治狂热之上的，而应当是基于代表力对整体政治发展和国家治理效能的整体促动上的。在党的先锋队代表逻辑和代议政治代表逻辑的共同作用下，人大代表的代表性要得到提升和强化，就必须将其代表者身份实践有机嵌入到执政党领导的国家治理体系中去。在一体两面的要求下，人大代表渐进突破“橡皮图章”的象征性代表身份，而逐步具备了实质性代表者和责任性代表者的“走上政治台前”意识。尽管如此，人大代表代表力的相对式微仍旧是不可回避的现实。如何有效避免人大代表因身份多重性而无法切实发挥政治效能的窠臼，这一问题依旧具有非常强的挑战性。

除此之外，还需要人们关注思考的则是，社会多元化和权利政治趋势除了使人大代表更加具有代表意识，也使得人大代表这一身份背后的经济和社会收益被重视，从而使得人大代表这一政治身份具有投机的空间。如何有效避免人大代表成为组织化群体利益或个人私益的代表，抑或是权力投机工具，这一问题同样很具有现实挑战性。

概括而言，在向现代政治转型过程中，功能维度下的人大代表身份体系建构要有现实主义的考量，更要有价值性考量。这要求人大代表的功能性身份体系，无论是核心身份——人民代表，抑或是子身份——政治沟通者、政府监督者、关键立法参与者和利益协调者都必须在权力政治与权利政治两个维度间进行有效均衡，尤其要形成对后者——权利政

治的表达和支持。

而在转型期日益复杂化和多元化的现实趋势下，人大代表的功能性子身份应当被如何引导和建构，才能够动态适应中国政治社会内在发展变化，形成对人民代表核心身份的价值和现实表达，多元影响形塑政治行动体的政治认知，形成对积极政治信任的支持，这一串相互联系的问题最终需要人们从不同的身份维度分析和考量人大代表与积极政治信任之间的关系。

第四章

作为政治沟通者的人大代表与积极政治信任

亚里士多德在《尼各马科伦理学》中说："同心是一种友好的表示，所以同心并不是意见相同。因为互不相识的人之间也可以意见相同。它也不是对某件事情的共同认识，例如，对天体，因为在这类事情上的同意，并不是什么友好。这里所说的，是在公民事务上的同心，他们的利益一致，选择相同，并为共同决定而尽力。所以，同心可以说是政治上的友爱。这有关于公民福利影响着他们的生活。"[①] 这段话非常鲜明地说出了政治沟通的目的。公民之间同心、政治上友爱的状态是积极政治信任所要达成的一种理想目标。以这样的视角看待人大代表作为政治沟通者的身份和积极政治信任建构之间的关系，人们会发现作为政治沟通者的人大代表是积极政治信任建构非常关键的政治行动主体和实践中介。作为政治沟通者的人大代表与积极政治信任之间有天然的契合点。尤其是在当代中国，人大代表被赋予了政治沟通桥梁的身份。人大代表在正式制度层面和非正式制度层面都被赋予了将政治行动体进行连接和沟通的身份意义。在中国特有的政治结构下，人大代表政治沟通者的身份实践具有政府和社会两个维度。这两个维度下的身份实践有分歧，也有交

① 〔希腊〕亚里士多德：《尼各马科伦理学》，苗力田译，中国人民大学出版社2003年版，第196页。

义。这种图景构成了作为政治沟通者人大代表和积极政治信任建构之间复杂化的现实。

第一节　作为政治沟通者的人大代表：两个维度下的多元身份

作为政治沟通者的人大代表，这个层面的身份主要是从作为政府和民众沟通桥梁、不同利益层面民众沟通连接者的角度出发。这个身份层面的人大代表需要面对一个问题：人大代表究竟是指向于政府层面的政治沟通者，还是指向于民众层面的政治沟通者。

从身份合法性角度看，人大代表政治沟通者的身份首先是指向民众的，为民众负责的。然而这种指向的身份实践在现实中面临着诸多矛盾。囿于党的先锋队代表逻辑与代议制代表逻辑间均衡，人大代表难以兼顾对组织和选区民众同时负责。诸多研究显示，在由组织、身份、选区民众等多重指向的利益权衡中，人大代表对选区民众利益的真正发声客观上只是其理性选择中的一个选项，而不是代表自然的一种自我身份认知。

从现实中看，人大代表所提议案往往是涉及公共利益的居于大多数，而事关具体选区利益的则处于较少的范畴。这里面，一个引人思考的问题在于：选区民众的诉求是通过何种方式经由人大代表在政府公共政策过程中得以体现。或者公共议案多于选区议案的现实在一个侧面给出我们答案。一个是代表在提议案或建议时，往往更趋于从公共的角度提出，因为这样的议案更能够符合政府的公共性定位，更有说服力，更容易获得相关部门和组织的支持。这种现实不仅暗合了中国集体利益优先的传统，更重要的是契合了人大与政府、执政党的现实组织关系。然而，在代议制逻辑的层面，人大代表的政治沟通者身份同时不可避免地需要有直接、现实的选民指向。尤其在中国社会愈来愈多元化的现实下，人大代表必然需要强化具象化的民众回应者的沟通身份。因此，在现实权力分配和组织逻辑下，人大代表政治沟通者身份必然同时具备政府指向和社会指向，并不断进行均衡。

一、政府维度下人大代表政治沟通者的身份

一种维度下，人大代表将自身视为政府或政权的代理人，并基于此种身份认知与政府、社会进行沟通。此维度下，人大代表可以被视为政府决策的信息提供者、政府决策的支持者、政府决策的解释者、政府决策的积极进谏者。

政府决策的信息提供者。人大代表可通过提交议案、建议等方式为政府决策提供信息，也可以通过调研、座谈等方式对政府工作提出意见和建议。这个维度，人大代表，尤其是基层人大代表被视为掌握党和政府科学民主决策必需基层信息的政治行动者。通过人大代表的政治表达，政府能够及时掌握基层真实有效的信息，从而能够精准施政。这样的一个身份维度，非常契合人大代表官民沟通桥梁的定位。

政府决策的支持者。这个层面的人大代表不仅是政府决策的信息提供者，更重要的是其信息提供的角度在于支持政府决策。其信息提供的出发点不在于挑战政府权威，而在于能够为政府决策提供尽可能多的信息支持，为其决策提供合理化的依据。在具体的政治行动中，此类人大代表往往看似是距离政府最近的，但事实上距离政府决策比较远。因为在影响政府决策的时候，他们的核心身份意识并不在于政府决策的科学化，而在于无条件支持政府决策。他们有时候是沉默的不富有代表角色意识的代表，有时候则是陈述己见，无条件支持政府决策或政府行动的“鼓掌者”。

政府决策的解释者。在很大意义上，人大代表的职责集中于化解社

会压力，并为政策出台提出依据。[①] 人大代表向选民解释政府的政策，促进选民对政府决策的理解和支持。这是他们的一个重要职责。在这个身份层面，人大代表特有的组织化身份体现得比较充分。即是说，在组织层面，部分人大代表不仅倾向于将自身认知为执政党和政府权力组织体系的一部分，也倾向于向民众传达执政党和政府的合法性和对其政策和命令的合理性与不可逆性。这种类型的人大代表往往认为不同利益群体之间不存在绝对的冲突，都属于人民内部矛盾，政府和社会之间也不存在利益冲突，政府本质上是为人民服务的。政府做出的任何决策都是有利于民众福祉的。他们的职责就是向民众解释好政府的良好意图，并促使他们理解和执行政府决策。

政府决策的积极进谏者。此类型的人大代表通常用提出建设性意见的方式向政府反馈民众对政府决策的意见，并为政府决策提供支持。此维度上的人大代表在一定程度上会对政府权威构成挑战，但其最终目标是促进政府决策科学化，并对维护政府治理秩序的合理性与稳定性带来正向激励。他们往往在某一领域具备一定的知识或专业身份，或者就某一问题领域进行过专门或持续的调查研究，能够就问题领域发表独立见解，往往存在于律师、专家等人群中。譬如 2011 年参选并当选佛山南海区人大代表的魏济民在参选时作为律师已经执业十多年，他认为，诸如醉驾、拖欠农民工薪酬这样的问题只有通过立法才能够得到根治。他本身热衷于参政并希望能够借参与政策制定而促使政府立法合理推进。此类型的人大代表其出发点并不在于从根本上否定政府在问题领域的决策，而在于督促政府在此领域决策更加合理化。他们通常说的都是“敦促”“提出建议”；他们认为人民代表大会的法定权力是立法机构领导人的事，

① 〔美〕欧博文：《人大代表的作用：代理人与进谏者》，载《复旦政治学评论》，2012 年第 6 辑，第 2 页。

代表们则应集中力量“帮助”选民。① 有这些沟通意识和沟通行动的人大代表在政治沟通中往往被一些研究者视为“小批评为大帮忙”的进谏者。但在一定程度上，他们具备了独立的代表和回应民众诉求的意识。

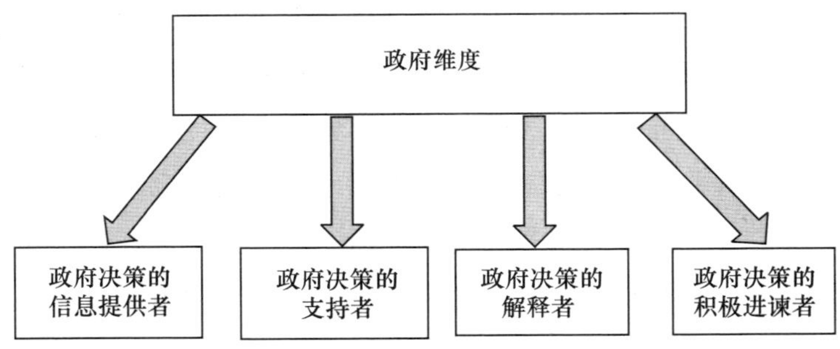

图 4－1　政府维度下人大代表政治沟通者身份体系

由此，政治沟通过程中，进谏型支持者的人大代表明显具备更强的独立意识和主动意识。作为进谏型支持者的人大代表显然比简单作为决策支持者和决策解释者的人大代表在沟通时更多发表个人独立见解，具有更多的主动沟通意识，而且这种沟通是双向的，既有针对政府的一面，也有针对民众的一面。尽管作为进谏型支持者的人大代表在质的层面很可能更多关注的是政府对其谏言的回应，但由于其谏言是以批评或质疑的形态出现，背后往往依托的是公众诉求或部分精英的观点认知，因此，作为进谏者的人大代表也会塑造出一种回应或“取悦”民众的感觉。

二、社会维度下人大代表政治沟通者的身份

第二个维度是社会的维度。在社会维度下，作为政治沟通者的人大

① 〔美〕欧博文：《人大代表的作用：代理人与进谏者》，载《复旦政治学评论》，2012 年第 6 辑，第 10 页。

代表主要是作为民众权益表达者和回应者的角色出现的。尽管人大代表的履职行为本身就是对民众权益的表达与回应，但相对于前一个维度，此维度的民众回应更多是指人大代表将自身视为选民代理人，从维护选民权益的目的出发与政府、社会进行沟通。这种身份的实现需要人大代表具有两种意识：选民意识和公共意识。这意味着现阶段，社会维度下，作为政治沟通者的人大代表在身份上具有以下两种指向：

一个是从社会权利维度对政府进行提意见、建议的进谏者。他们向政府提供建议的行为本身并不在于对政府行为进行质疑，其核心在于提升政府行为的合理性。但尽管其出发点在于政府行为本身的合理化，是站在政府价值维度的，但在客观实际层面，作为进谏者的人大代表需要选民和普通民众的肯定和支持，其进谏的建议或提案也往往是与选民或更大层面社会利益关切的事项相关。首先，当一位代表为选民说话时，他们对他还是“感谢”的。[①] 这对于进谏者的进谏行为以及进谏者个人声誉和社会价值来讲，是非常有利的。而如果进谏者进谏的政策建议本身就是其选区选民关注的问题，这种情况下，对选民的回应往往会相应地进入其行动中。而从另一层面看，很多作为进谏者的人大代表，其对政府决策“谏言”背后具有其本身对某些社会公共领域问题或选民关切问题的关注。譬如担任过第八、九、十、十一届全国人大代表的毛丰美，其本身担任辽宁省凤城市大梨树村党支部书记、村委会主任，从九届人大开始，他所提的建议都是和农业发展有关：九届全国人大会议期间建议取消农业税；十届全国人大会议上，提出关于依法加大农业投入、关于加强信贷对农业支持等七份建议；十一届全国人大二次会议上，他把一穗玉米带到会场，提出粮价过低，应当提高粮价，保护农民的种粮积极性；十一届全国人大四次会议上，他呼吁人们到农村投资，安置农村

① 〔美〕欧博文：《人大代表的作用：代理人与进谏者》，载《复旦政治学评论》，2012 年第 6 辑，第 19 页。

富余劳动力。[①] 再比如，一些来自草根群体凭借自身奋斗获得社会影响力而成长为人大代表的代表，往往成为底层弱势群体反映问题的对象。而其自身也往往将反映底层民众诉求，协助其解决问题作为代表核心价值和职责。2008 年，在广东务工的农民工全国人大代表胡小燕的手机号和 QQ 号一经媒体公布，她的手机就成为外来务工人员的热线电话。手机"开始还能接，后来根本接不了，接完一个电话，马上又有一个电话打来；短信刚打开一条，马上上来一大堆。那时，每天要接的电话有几百个，最多时有五六百个"[②]。向她反映诉求的农民工反映最多的是欠薪问题与合同问题。各种诉求之下，胡小燕的解决方式是回复咨询，引导务工人员和相关政府部门进行沟通。她清楚自己不是解决问题的"青天"，但这种无力感给她带来一种自责的心态。因此，从 2008 年到 2012 年，胡小燕提出 17 个议案，都是和农民工权益维护相关的，首个议案就是关于解决农民工欠薪问题。她认为："人大代表起到的是承上启下的桥梁作用，不可能直接处理和解决问题，而只能是向有关部门反映问题。"[③]

在这个层面，作为进谏者的人大代表的选民意识和公共意识是其行为的主要动因。在此基础上，作为进谏者的人大代表尽管可能无法将表达和回应民众诉求作为首要的行动依据，但不可否认的是，选民或普通民众对其所提议题的关切能够为其对政府的谏言提供一定的支持。并且客观来讲，进谏者的行为本身也是将民众关切作为说服政府改善治理的一个关键依据。因此，作为进谏者的人大代表在一定程度上必然扮演民众权益表达者或民众回应者的角色。

一个是具有选民或公共利益代言者身份认知的人大代表。相对于进谏者身份认知的人大代表，具有选民或公共利益代言者身份认知的人大

① 资料来源：百度百科——毛丰美。

② 薛江华、胡小燕：《梦总能实现》，载《羊城晚报》，2012 年 9 月 4 日。

③ 郑佳欣、徐林、周志坤、谢苗枫：《胡小燕澄清人大代表有职无权：原话不是这样》，载《南方日报》，2010 年 3 月 5 日。

代表在履职层面具有更加直接的选民意识和公共意识。抑或是说，此类人大代表尽管在某种层面上也是一种身份意义上的进谏者，但他们的行动的根本出发点和直接目标在于回应与满足选民或公众在某一问题领域的权益诉求，而不仅仅在于促使政府行为做出改变或更加合理化。但与进谏者相似的是，在有此类身份认知的人大代表看来，政府行为不可能是绝对科学、合理的，对政府行为的质疑或建议是能够提升其实现公共福祉的能力的。

可以说社会维度下作为政治沟通者的两种人大代表在很大程度上具备了转型期公民所需要的公共精神和独立精神。他们能够朝向公众，了解和理解公众诉求，并能够通过自身制度性身份反映公众诉求，维护公共利益。在这个过程中，他们具备相当的独立精神，通常拥有在政府意图和建制之外对自己所关注的公共问题进行独立调查和探索的能力，并且他们不会将质疑政府视为冒天下之大不韪，而更多将其视为自身角色和职责的一部分。

三、政府和社会双维度下权变的政治沟通者

现实中作为政治沟通者的人大代表，其行动出发点和行为方式往往是多变的。在政府指向和社会指向两个维度下，作为沟通桥梁的人大代表往往依据自身理性在政府和民众之间进行权衡。尤其是在经济社会变革快速的今天，政府和民众的需求也是不断发生变化的。这意味着，人大代表需要不断根据政府和社会双方的变化调适其行为准则。

客观来讲，经过长期的发展，部分人大代表开始具备了积极的选民意识和公共意识。已经出现积极为选民和普通民众代言的人大代表。人大代表通过定期接待联系选民、调研、视察和阅读选民信件来了解选民的要求，选民也可以通过以上活动向人大代表表达自己的诉求和观点。客观讲，人大代表以民众和公共意识为指向的沟通意识的强化，其动力

主要来自两个方面。一个方面是选民沟通制度的强化。近些年，在执政党的主导下，人大代表工作站、选民接待日、代表向选区选民述职等代表联系群众制度不断完善。[①] 这些措施旨在强化闭会期间人大代表联系选民、沟通选民的经常化和制度化。一个方面则是人大代表自身观念的提升。不可否认，改革开放以来，社会自身发展使得人大代表逐步具备现代政治所必需的公共沟通意识。部分人大代表在理性选择层面，也逐步意识到代表和回应民众诉求更能够使他们所提的议案、建议、意见获得政府的重视，使自己更具有影响力。

但非常值得关注的是，从根本动力的层面，人大代表联系和沟通选民的意识依旧缺乏质的保障。选举层面，竞争性的缺失使得人大代表在生成层面缺乏显著的选民意识。在具体的为选民负责层面，尽管人大制度中有民众罢免代表的设置，但真正实施非常少。这些都导致人大代表联系和沟通选民缺乏实质性动力。在缺乏一种实质性的可以促使人大代表以民众利益为指向的沟通意识强化的制度机制的前提下，作为政治沟通者的人大代表，其身份具有一定的权变性。

在实践中，作为政治沟通者的人大代表，其身份的权变体现于其表达往往在政府和社会两个向度之间游移。当政府维度沟通意愿高、社会层面沟通意愿低时，人大代表往往在政治沟通中表现为无条件支持政府决策的“举手代表”。政府维度沟通和社会维度沟通意愿都高时，人大代表往往在政治沟通中表现为三种身份认知：政府决策的信息提供者、政府决策的解释者、政府决策的进谏者。政府维度沟通意愿低，社会维度沟通意愿高时，人大代表往往是选民或公共利益的代言者。当政府维度和社会维度沟通意愿都低时，人大代表往往作为“沉默者”的形象出现。

① 中国共产党十八届三中全会提出：“完善代表联系群众制度，通过建立健全代表联络机构、网络平台等形式密切代表同人民群众的联系。”

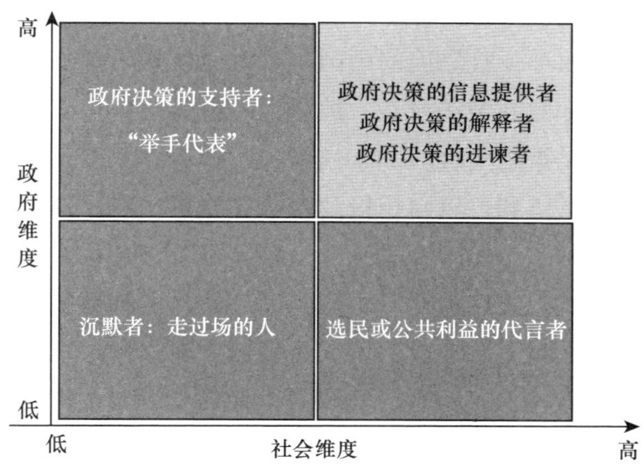

图4－2　两个维度下人大代表政治沟通者身份分析

第二节　人大代表政治沟通者的身份实践与积极政治信任

从实践层面，人大代表作为政治沟通者的身份一直从不同维度被建构。在此过程中，不同时期，作为政治沟通者的人大代表和政治信任的建构之间产生了不同的互动。

改革开放之前，政府与社会高度一体。政府维度高的政治沟通者比较符合当时的政治结构和政治形态。政府决策的支持者的身份设定有力支持了当时的政治信任的形成。强国家和弱社会的互动中，作为政治沟通者的人大代表比较明显地是作为一种政府或政权的代理人和代言人的身份出现的。彼时的人大代表在政治沟通领域更多是作为执政党动员群众和强化执政合法性的一个环节，实质层面并不能以确切的独立政治身份进入政治进程。人大代表在政治沟通层面，更多只能是政府决策无条件的支持者、拥护者。

也可以说，改革开放之前的中国，人大代表并不具备建构积极政治信任的体制环境和自我成长环境。此外，不仅是人大代表，人大制度在改革开放之前也是被忽视的。1965—1974 年 10 年间，全国人大一次会议都没有召开。而具体到可以与积极政治信任建构相联系的行动，则是改革开放之后的事情了。1978 年的改革开启了解放思想的大潮，事实上也对社会进行了松绑。政府和社会之间高度一体化的情形被打破，社会开始流动并逐步形成具有自主能力的公共空间。在这个过程中，市场经济的竞争原则被引入，人大差额选举原则得到确立，人大代表逐步从官方确认的代表走向竞争式的代表。这些都使得人大代表在具备官方和体制认可的同时必须具备一定的群众基础。而这一系列的变化折射于政治沟通和积极政治信任建构领域，则意味着人大代表在政府和社会两个层面必须同时确立相应的政治沟通身份和沟通能力。

一、作为政治沟通者的人大代表与积极政治信任：正式的制度引导

从价值层面，人大代表在政治沟通中的身份主线是“人民群众的代言人、知心人”，是政府和群众之间的沟通桥梁。这一点是经由法律和制度确认的。《代表法》第四条规定：代表与原选区选民或原选举单位和人民群众保持密切联系，听取和反映意见要求，努力为人民服务。这种职能设置验证了政治沟通者的身份设定和执政党的群众路线之间的密切联系，并让人们能够看出，在质的层面，执政党和政府对于人大代表从政治沟通层面对于政治信任的提升和促进有很大期许。可以说，中国现实政治体制蕴含的一个逻辑：人大代表和国家机关是在同步作用，在与人民群众进行沟通互动的过程中强化人民群众对政府和整个政治体系的认同感和信任感。国家机关和人大代表努力做到民有所呼、我有所应，对

人民负责、受人民监督。[①] 因此，在政治治理层面，人大代表不仅是典型的政治沟通者，还是典型的被直接赋予政治沟通职能进而推进群众政治认同的功能性群体。

在正式制度层面，人大代表在政治沟通上的具体作用途径从《代表法》层面被解构为人大会议和闭会期间两个区间。

在会议期间，人大代表发挥政治沟通作用的工作机制或工作平台分别有：提出和审议议案；提出建议、批评和意见；提出质询案和罢免案；提议组织特定问题调查委员会；审议发言；询问等。全国人大代表还可以依法提出宪法修正案。在具体的保障机制层面，人大代表在人大会议上的发言表决具有免责权。

而在闭会期间，人大代表的政治沟通主要通过以下活动进行：组织和参加代表小组活动；参加人大统一组织的视察、专题调研、执法检查等履职活动；参加特定问题调查委员会，提出建议、批评和意见；参加视察、持证视察和提出约见；提议临时召集本级人大会议；听取和反映原选区选民或原选举单位的意见和建议；通过多种方式听取群众对自身履职的意见，其中县乡两级由选民直接选举的代表要通过多种方式向原选区选民报告履职情况。

人大代表在会议期间和闭会期间的政治沟通活动都是由人大机构组织进行的。这种层面的沟通行为具有自上而下的建制化色彩，并且这种建制背后也折射出关于人大代表作为政治沟通者的角色和身份的制度是有着具体制度保障的。在会议期间，“审议工作报告”“提出议案和建议、批评、意见”“询问和质询”是三个关键的代表政治沟通工作机制。在闭会期间，人大代表的政治沟通活动则主要围绕联系群众，获取和表达群众诉求的目标进行。这种建制反映了一个基本事实：在制度层面，人大代表是重要官民政治沟通中间平台，也是重要的决策信息采集者、提供

① 李伯钧：《40 年来人大代表工作的重要进展》，载《光明日报》，2018 年 11 月 23 日。

者和建议者。

二、作为政治沟通者的人大代表与积极政治信任：政府创新层面的制度实践

通过立法确认的人大代表政治沟通机制体现的是正式制度予以确认的人大代表政治沟通者身份。事实上，在中国的实践中，还有一种未经立法确认，但却在政府层面具有建制的制度性人大代表政治沟通机制。此类建制往往在实践层面具有一定的普及性，并且经由政府或人大机构以政策指令或制度创新的方式在地方和基层实行。这种创新性制度实践贯穿了人大代表从选举到履职的整个过程。

首先是选举时人大代表政治沟通者身份的实践性塑造。事实上，除了会议期间的工作和闭会期间的活动安排外，人大代表的政治沟通者身份还应体现于人大代表选举环节。应该说，从作为候选人参选那一时刻开始，人大代表就已经开始作为一个政治行动者与政府、民众进行沟通了。这一点在直接选举产生的县乡两级人大代表的选举中有一定体现。然而从目前看，人大代表在此层面与选民和政府进行的沟通在法律层面的正式制度安排较为原则化，不是很具体。但在实践层面却有相当的案例支撑。此层面的沟通从制度化层面，主要体现为基层在选区层面进行的人大代表正式候选人与选民面对面宣传、沟通活动。

此项工作中，选举过程中的候选人与选民的沟通活动大部分时间集中于向选民宣传自己的主张、接受选民的提问方面。这种层面的沟通经由选举委员会这样的官方机构组织，并且候选人的范围仅限于正式候选人。此种层面的政治沟通往往与社区工作联系在一起，通过官方机构动员社区民众参与，并经由程式化的候选人自我介绍、陈述施政纲领—选民提问—候选人回答的互动模式进行。此层面的政治沟通，可以视为一种官方认可或支持的宣传或拉票行为。通过此形式，民众不仅仅得以了

解人大代表候选人，并且能够就社区关注议题与候选人进行互动。这在一定程度上培养了民众的公共参与意识和技能，并使得一些受社区民众关注的问题有了新的诉求出口。此种形式的沟通，看似是人大代表正式候选人和选民进行沟通，实质上也是政府和民众以社区为平台进行的一种交流。在这个过程中，基层政府将人大代表选举与社区工作合而为一，在一定程度上塑造了一种公开、民主、亲民的积极政治信任氛围。

图 4－3　2016 年基层人大代表换届选举期间，海口市龙华区人大代表候选人与选民见面，回答选民提问

图片来源：黄晖：《海口龙华区人大代表候选人与选民见面　回答选民提问》，见海口网，2016 年 9 月 7 日。

其次是履职过程中人大代表政治沟通者身份的引导与塑造。这主要体现为在闭会期间，人大代表与选民沟通联系层面，基层政府进行的相关探索实践。这种实践通常也没有具体的立法或政策文件的统一确认，但能够以政府创新的模式进入政治实践过程。这种实践模式主要包含以下两个维度：

一是以人大代表为核心平台或桥梁的官民沟通。此实践层面，人大代表与选民沟通的职责得以体现，作为官民沟通桥梁的身份被有效启动。此类实践中，人大代表是作为官民互动的中心载体出现的。此领域的实践比较具有代表性的是：人大会议期间的创新式代表沟通、以人大代表为平台的参与式预算民主恳谈、人大代表社区联络站/工作站、人大代表为主的网络沟通。

人大开会和人大常委会会议期间的创新式代表沟通。这体现为两个层面。一是在人大开会期间，除却一般程序性的代表分组讨论和发言外，部分地方、基层政府和人大组织人大代表在会议现场和不同政府部门主管领导进行一些创新式的对话沟通。这种沟通首先体现于人大代表的分组讨论会议中，政府部门主管领导通常要在现场听取代表的意见。在一定意义上，此种形式已经不算是创新，但的确在当前地方尤其是基层人大分组讨论的环节，政府主管领导的现场参与已经成为固定环节。因此，在开会期间，政治沟通层面重要的创新使得人大代表能够切实地表达并有效将其声音传递至对应的政府部门，得到对方切实的反馈。在实践中，有些地方人大会议期间代表沟通还有着进一步的创新行动。譬如上海市宝山区在人大开会期间，建立了人大代表和政府部门主管领导面对面的专场沟通机制。“一府两院”各部门的主管领导要在人大最后一次全体会议结束之前两个小时的时间内现场接待参会代表，接受他们的问询。

二是人大闭会时，人大常委会会议期间与列席会议代表进行座谈，主动听取他们的意见。2018 年 8 月起，全国人大常委会建立人大代表座谈机制，即在每次常委会会议开会期间，全国人大常委会委员与列席会议的人大代表进行座谈。此类实践在地方层面亦有实施。结合人大开会期间代表沟通的创新做法，常委会会议期间对列席人大代表意见的直接听取，这两项工作相对系统地提升了人大代表在政府决策层面的话语权。

以人大代表为平台的参与式预算民主恳谈。此层面最早出现在浙江省温岭市乡镇一级人大政治实践中。其具体办法为：每年人大会议

图 4－4　2019 年两会期间，上海市宝山区“一府两院”部门主要领导现场接待人大代表

之前或在人大会议期间，政府将公共财政预算草案提交给乡镇人大。乡镇人大组织人大代表对预算草案进行专门的民主恳谈。在这样的民主恳谈会上，人大代表通常首先被分成不同的组就预算草案发表自己的意见。每一小组还配有专门的政府领导当场听取代表意见。小组讨论后，进行乡镇主要领导参与的全体大会。在全体大会上，人大代表可以就自身对政府公共预算草案具体内容进行专门询问，并可以提出自己对草案的疑虑或意见。在这之后，乡镇政府和同级人大将共同就人大代表恳谈意见进行整理并根据这些意见对预算进行修正，形成新的预算方案，提交人大全体大会通过。在这个沟通过程中，人大代表不只是一个民主恳谈会上对政府官员的意见表达者，还是一个具体的问题调研者和回应者。民主恳谈会上，人大代表的意见表达是建立在对相关议题的提前调研、掌握民情民意基础上的。具体的就公共预算使用安排的民主恳谈环节中，人大代表之间、人大代表和政府之间进行公开对话。在这个过程中，人大代表不仅成为官民沟通的中心环节，也成为政府了解社情民意、促进社会治理的一个重要抓手。

而事实上，浙江温岭最早在 1999 年开始民主恳谈实践，起初参与代表中人大代表只是作为民意代表的一部分出现的。但是从政府层面看，温岭民主恳谈实践的主旨目标就在于了解真实的群众诉求，缓和干群矛盾。甚至有乡镇领导在民主恳谈会召开后发出“三个没想到”的感慨：没想到决策层对民意的估计与真实的民意之间有那么大的差距；没想到决策层平时听到的民声并非真实广泛的民声；没想到最基层的党委政府在民意收集和反映机制上存在那么多的缺陷。①

而当以人大为平台的公共预算层面的民主恳谈进入基层政府实践视野时，政府治理层面的核心目标依旧没有脱离之前的大框架。在政府层面，通过人大参与式民主恳谈和后续制度化的预算完善程序，政府公共预算有了执行合法性和民情依据。在社会层面，以人大代表为中心的民主恳谈无疑使得当地民众在公共预算这一重大政府决策事项上通过人大代表有了间接的发言权。在这一过程中，人大代表和选民之间的代表—被代表的关系得以实现和体现。人大代表、民众的公共参与意识和素质

图 4－5　温岭市石塘镇 2018 年人大代表公共预算民主恳谈会

图片来源：课题组调研实地拍摄。

① 陈奕敏主编：《从民主恳谈到参与式预算》，世界知识出版社 2012 年版，第 306—307 页。

都得到锻炼和提升。尤其结合温岭多年的民主恳谈政治生态基础，人大代表在参与式公共预算层面的政治沟通者身份的发挥客观上也有利于一种官民积极主动沟通氛围的持续化、建制化塑造，能够从基础层面对积极政治信任的形塑提供支持。

与温岭参与式公共预算民主恳谈类似的实践还有很多，其基本形式是政府或人大主动组织建制化的人大代表和政府官员面对面的沟通活动。比如宁波市北仑区人大组织的“人大代表民生夜询会”，定期与不定期[①]将人大代表和区各政府部门主要负责人组织起来就民众关心的民生问题进行代表询问，了解代表和群众意见。对代表的询问，相关政府部门要在规定时间内进行回应和解决改进。于区政府而言这样的活动对于提高

图 4－6　宁波市北仑区人大代表民生夜询会

图片来源：“宁波人大”微信公众号文章《听民意、商对策、解民忧，“人大代表民生夜询会”来了!》，2020 年 4 月 10 日。

① 询问活动通常在晚上进行，定期指的是每两个月举行一次夜询会，不定期指的是可以根据实际需要开会。

政府的精细化治理水平具有积极意义。这样的实践具有较为明显的人大积极作为、基层政府主导和积极响应的色彩。

人大代表社区联络站。人大代表社区联络站的实践起源于2002年的深圳市南山区南山街道月亮湾片区。当时月亮湾社区所处的南头半岛早年规划为工业用地，但后来随着城市化进程的推进，建起大批住宅。规划的前后矛盾带来了居民对环境脏乱、污染问题的持续不满，投诉不断。2002年，政府又计划在月亮湾社区投建南山垃圾焚烧厂。消息传来，居民反对声非常强烈。在这种情况下，社区居民想到了社区的人大代表。30多名人大代表被联系和动员起来，联名写信给政府部门。在他们的监督引导下，深圳市和南山区政府与居民进行对话沟通，并邀请居民代表到日本、韩国等国和澳门地区考察，让他们了解到垃圾焚烧厂是按照国际标准建设，可以达到环保、无害化要求。政府也采纳了居民们关于建垃圾压缩站和强化监督等意见。此次事件，让政府和居民都意识到，人大代表是协调引导公共问题在公共轨道上解决的重要渠道。尤其是居民，他们意识到“将维权事件尖锐化、矛盾化，不但对处在弱势地位的居民不利，也无助于事情的顺利解决。要维护社区居民的一些共同权益，需要建立与社会各个层面的沟通平台，而人大代表这个渠道确实可以帮助反映社情民意，促进有关问题的解决”①。2002年底，敖建南等5名热心公益的居民在南山街道办事处的组织下成立了“月亮湾人大代表工作站”，他们则担任起义务联络员，定期向社区人大代表反映居民诉求。2005年4月，月亮湾片区人大代表社区联络站正式成立。联络站起初有13名联络员，他们并非人大代表，主要是片区各小区业主委员会、物业管理处、工业区及附近学校的负责人，他们轮流值班，负责收集和反映社区民意，并就公共事务与有关方面进行协调和沟通。② 自成立到现在，

---

① 《公民社会建设从沟通起步》，载《深圳特区报》，2012年8月1日。

② 孙天明：《10年办了500件实事 “月亮湾模式”将全区推广》，载《南方都市报》，2016年8月19日。

联络站主导性负责人是退休干部——敖建南，他是一个地地道道的行动派，认为联络站的主要职责是搜集社区的社情民意，只要居民有诉求，就要立刻开展工作，要马上调研、马上建议、马上进入办事状态。在每个月的人大代表接访日（每月第二周和第四周的周三下午 2 点到 5 点半），社区所属选区的各级人大代表会到站里接待居民，听取他们的问题和建议。联络员则主要以办公室接访和电话接访的方式进行日常的居民接待。他们将居民提出的问题记录汇总后提交给人大代表。人大代表再向相应政府部门进行反映。这些诉求涉及方方面面，不分大小，小至噪音污染、下水道堵塞，大至学校用地、公园建设这样的事情。重要的是，通过联络站的共奏，这些诉求和反映转化成可操作性的代表建议，从而具有实质性的政治影响力，最终形成政府反馈和政府行动。

图 4－7　深圳市南山区南山街道月亮湾片区人大代表社区联络站

图片来源：课题组调研实地拍摄。

深圳月亮湾片区人大代表社区联络站的实践取得成效后，不仅引起深圳市的重视，也引起广东省及其他省市的重视。其他地域也开始向深圳取经，尝试通过同类实践提升干群关系，有效推进社会治理。其具体模式在于：人大代表定期进入社区，通过社区联络站、工作站、活动室等平台和“人大代表接待日”等活动定期了解社区民众诉求，进而将民众诉求反映至相关政府部门。政府部门也通过人大代表与社区民众进行沟通，了解民众诉求和对相关问题的看法。

在这一基础之上，有的地区人大代表社区联络工作站还在反馈沟通信息的基础上建立了具有针对性的督促政府部门解决代表提出的问题并进行答复的机制。譬如宁波市海曙区白云街道人大代表联络工作站建立了“代表直通车”的机制，不同政府部门有专职的主管领导直接负责联系和回应相关领域的人大代表意见和建议。

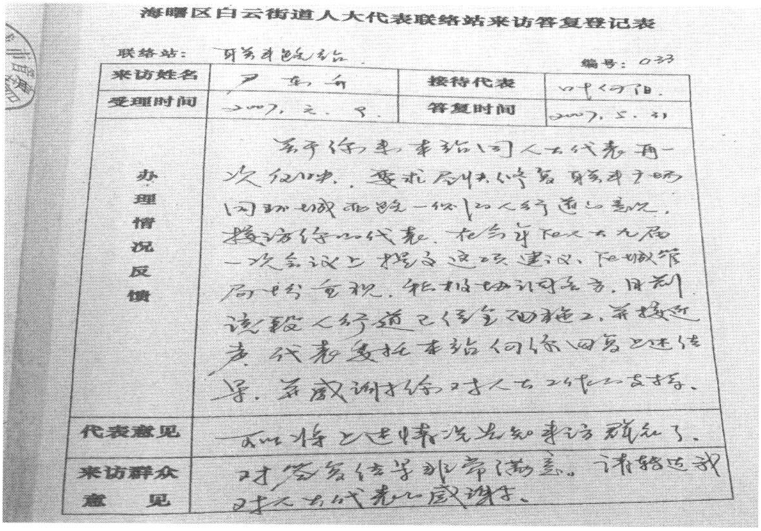
海曙区白云街道人大代表联络站来访答复登记表

联络站：[illegible]　　编号：033

来访姓名	[illegible]	接待代表	[illegible]
受理时间	[illegible]	答复时间	[illegible]
办理情况反馈	[illegible]		
代表意见	[illegible]		
来访群众意见	[illegible]		

图 4-8　宁波市海曙区白云街道人大代表联络站来访答复登记表

图片来源：课题组调研中拍摄。

通过人大代表社区联络站，民众声音得以反映至政府部门，政府部门也得以了解民众呼声。尤其在涉及民生的公共事项上，官民得以通过人大代表社区联络站形成良好互动，并借此形成持续的问题跟踪解决机制，达成矛盾化解。此类实践还有人大代表工作站、人大代表活动室等。尽管名称不一，但基本的实践逻辑都在于通过人大代表社区联络站发挥人大代表官民沟通桥梁的作用，促进矛盾解决，提升官民关系融洽度。此后，中国共产党十八届三中全会更是明确提出，"通过建立健全代表联络机构、网络平台等形式密切代表同人民群众的联系"。

深圳月亮湾片区人大代表社区联络站开启了人大代表定期进入社区联系选民、跟踪反馈选民关心问题、督促政府解决民众关心问题的实践，发挥了人大代表对社情民意收集和传达的作用。与温岭人大代表公共预算参与式民主恳谈为代表的实践相比，人大代表社区联络站的实践一开始并不是政府主导的，而是居民自发组织进行的。但关键是，实践伊始，南山区政府和街道办并没有将居民和人大代表之间的互联互通看成制造政府治理"对立面"，而是顺势将人大代表的官民沟通作用深化，由此缓和居民在环境污染问题上和政府的对立情绪。政府这种开放的态度和姿态通过人大代表传递给社区民众。并且在后来的实践中，人大代表还有了通过联络站的网络平台和定期去联络站接受社区民众社情信息反馈的制度安排。这样官民之间的信息传递从起初单一的"社区民众—联络员—人大代表—政府部门"到后来的"社区民众—联络员—人大代表—政府部门"和"社区民众—人大代表—政府部门"两个途径并行。社区民众得以通过人大代表社区联络站的联络员、人大代表同步向有关部门反映自身诉求。

在人大代表社区联络站的平台引导下，政府和社区民众的良性互动得以建构。并且在具体制度和机制规范下，人大代表通过其政治沟通者身份的切实发挥为群众解决了具体问题，谋求了福利。从正式挂牌的2005年到2016年，11年的时间里，月亮湾片区人大代表社区联络站提交了120多条具有操作性的代表建议，90%形成了政府行动，为片区居民办了500多件实事、好事，有效解决片区居民出行难、买菜难、看病难、入学难等民生难题，以及深圳大气污染的治理、公园和交通建设、公交体制改革与降低票价等实事。①

人大代表参与式公共预算民主恳谈和人大代表社区联络站的实践都离不开政府对缓和官民矛盾、强化政府决策科学化的治理目标。不同的是，前者起始就是政府主导的，而后者开始是社会自主组织，但被基层政府重视并得以切实在政府建制层面实现其制度创新效用。两种实践都通过人大代表强化了政府政务信息公开，并通过人大代表政治沟通者身份的确立和切实作用的发挥建立了一种政府和公民有效对话的机制。在这个过程中，政府和民众双方都受到了一种积极沟通的意识引导和行为训练。这显然是有利于积极政治信任建构的。

但需要关注的是，此类实践中，人大代表社区联络站的工作人员，尤其是联络员在选民和人大代表之间发挥了非常重要的作用。在深圳月亮湾片区和宁波白云街道的实践中，代表联络站的联络员都是熟悉政策、了解中国乡土文化、具有丰富社会经验和社会责任感的人。深圳月亮湾片区人大代表社区联络站联络员敖建南和宁波白云街道人大代表联络站联络员唐克俭，两人都在国有企业工作过，不仅热心公益，具备很强的公共精神，在社区民众中具有相当的威望，还熟悉基层事务，善于与群众和政府打交道，具备解决复杂问题的能力。② 他们本身就是所在社区的居民，熟悉社区事务，善于和居民、政府双方打交道。他们是在人大代表之前接待选民的人。相对于人大代表，联络员更加直接面对选民。在很大程度上，驻站人大代表是通过他们了解社区选民诉求和社区各种问题。在实践中，联络站联络员往往是选民诉求和社区问题的前期调研者、信息汇总者。比如敖建南，他的日常主要工作之一就是通过选民反映和

---

① 孙天明：《10 年办了 500 件实事 “月亮湾模式” 将全区推广》，载《南方都市报》，2016 年 8 月 19 日。

② 敖建南和唐克俭退休前都做过国企负责人。敖建南本人是月亮湾片区人大代表社区联络站的重要发起人。在联络站成立之前，他还曾就深圳市政管理问题上书深圳市委书记。唐克俭则熟悉群众工作原理和实务，尤其对思想政治工作有自己的心得。

自己走访调研发现社区治理存在问题。在将这些问题反映给相关人大代表的同时，他还会沟通协调相应的政府部门和类似于物业公司这样的市场机构寻求问题解决渠道。

图 4－9　在社区和一个公园的交界处，敖建南（佩戴话筒者）**为人大代表介绍围栏入口的便民化改进情况**

图片来源：课题组调研实地拍摄。

此外，人大代表联络站的联络员也是选民诉求的第一道“过滤器”。一些不符合人大代表职权范围内的诉求往往经由他们得到过滤。譬如宁波白云街道人大代表联络站的联络员唐克俭，他在接受作者的访谈中就反复强调，联络员的一个职责就是将部分不符合代表工作职责和联络站接待标准的选民诉求进行协调，为他们联系提供其他诉求解决救济渠道。他提到一些选民会将法律诉求相关的问题提交给人大代表联络站，期待通过人大代表直接解决其问题。但按照职责，人大代表的权力更多是一种政策/法律创制权、影响权和表决权，并不能够直接为选民提供法律服务，更遑论执法。这时候，联络员会将选民诉求中反映的政策和立法诉求与选民法律诉讼的诉求进行分类回应和处理。前者反映给相应领域的人大代表，再经由其反映给相关政府部门。而后者，即选民的法律诉讼的诉求并不是完全置之不理，而是通过沟通协调引导其寻求正常的法律救济渠道。

与形塑积极政治信任联系最为紧密的观察发现在于：此类实践中，人大代表和联络员不仅合作形成了对提出诉求选民的"共情"，也形成了对选民理性参与的影响和训练。联络员和人大代表在面对形形色色的诉求时，并不是一种简单的角色代入，而更多是通过自身对政策的理解，对选民诉求进行合理的解释与回应。其行为往往基于一种建立在"倾听"基础上的中立、友好的立场。这种共情进而通过相应的政府沟通和反馈机制形成了政府对民众的共情。与此同时，这个过程中，他们对于政治参与规则和制度的理解与尊重也构成对选民缺失的政治参与、政治沟通知识的补充，并对其理性参与意识和技能形成正向影响。

以人大代表为主的网络沟通。此层面的创新实践是伴随着信息网络技术的发展而产生的。尤其在微信、微博等新媒体兴起后，政府、人大和人大代表都逐步意识到信息网络环境对于政治沟通的影响。以网络为政治参与和政治沟通平台，组织和引导人大代表进行政治沟通，成为部分地方政府改革和创新政府治理的新模式。这种以人大代表为主的网络化政治沟通分为两个层面。

一种是以信息咨询和民意收集为主。此层面的实践主要表现为通过官方公共的网络平台，人大代表在线接收选民意见，并进行反馈。此项实践往往是基于人大或人大代表活动平台进行的。比如深圳月亮湾片区人大代表社区联络站的网页上有专门的《代表连线》栏目，社区人大代表和人大代表工作站联络员在线接受选民问询。广州市 51 名人大代表 2007 年 12 月在网上开通了一个公共邮箱，并将人大代表的选举单位和关注领域公布给市民，号召市民通过邮箱向人大代表提交有针对性的邮件。与之类似的还有2006年温州市15名全国、省级、市级的人大代表在温州网上开设了集体博客征集民意，并以其为平台督促政府部门领导通过网络对群众意见进行回复。此层面的实践，往往着眼于从政府层面为人大代表构建一个公共的与选民沟通的平台，通过人大代表信息公开号召和引导选民对其进行信息反馈。在此基础上，这些实践旨在将人大代表网络收集民意与政府政务公开、积极回应群众、为群众解决实际问题紧密联系起来。因此，从一般意义上讲，这些网络沟通层面的人大代表政治沟通实践事实上也是地方和基层政府主导的以人大代表为中介或平台的群众路线实践活动。

图4-10　深圳月亮湾片区人大代表社区联络站网页上的《代表连线》栏目的信息公示

图片来源：深圳人大代表社区联络站，http：//sqllz. szrd. gov. cn/Index. aspx？ a = kgDPD0sRk%2bqEhVUGA1O2kYqccOKJExJJLhhYxrsa%2fCDuHKZfD4amVUerAYEMMR5D。

这通常包括两种模式。一种是以提意见和诉求、监督政府为主。此层面的政治沟通中，人大代表直接通过网络对政府部门或政府官员进行问询或提出建议。比较典型的实践是人大代表网络问政。地方或基层政府组织人大代表与政府部门负责人通过网络进行直接对话。政府部门负责人要现场接受人大代表提问和质疑，并现场做出回应。譬如 2016 年 12 月，陕西省石泉县人大常委会举行的人大代表电视网络问政会上，县农林科技局、农合办、烟草局三个单位主要领导现场接受人大代表询问。问政活动由石泉县电视台全程转播，石泉县公众微信平台进行了现场发布。另一种模式则是通过网络平台直接询问政府问题。这主要指一些地方政府在政府公务网站上开设专门的人大代表问政平台，强化政府通过人大代表回应民众质疑、解决民众关注问题的意识。

二是人大代表作为参与者的政治沟通实践。此类实践中，人大代表并不是唯一的政治沟通平台或桥梁，是和其他具有代表性质的群体一起行动。此种实践中，人大代表和中国政治结构中的其他政治代表性群体，比如党代表、居民代表、劳模代表、政协委员等一起协同作用，了解社情民意，促进社情民意在政府层面的积极反馈。此种层面的实践比较突出的有以下三种：

图 4－11　2019 年全国两会期间，央视和央视网播出的两会代表在线回答民众提问的《两会有啥事　我们帮你问》节目

图片来源：CCTV 节目官网《两会有啥事　我们帮你问》视频截图，2019 年 3 月 11 日。

以社区或选区为平台，人大代表与其他政治性代表共同进行民意采集和民意沟通。此领域的实践中，人大代表与党代表、劳模代表、政协委员、居民代表等具有一定政治性代表意义的代表者一起被政府归入了解群众观点、回应群众诉求、解决群众关注问题的中间性群体或平台，共同以社区或选区为单位发挥政治沟通的作用。在一般的实践中，很多地方的人大代表会在政府部门的组织下与政协委员共同发挥联系和沟通群众的作用。在一些地方，这往往被称为“代表和委员共同行动”。但在更大意义上的行动则在于将人大代表、政协委员与其他具有代表意义的政治行动体进行联系，共同发挥联系群众的作用。譬如，青岛市城阳区上马街道进行的“三代表一委员”社区工作机制。驻街道党代表、人大代表、政协委员和先进模范人物代表被编排到相应社区、校区、工业园区工作站，收集、提报、研究、解决、反馈各方面、各层面需求和意见建议。与此同时，街道办事处将代表和委员的个人信息、承诺事项、联系方式等进行公开，并将其分为不同的片区组。街道为每一名代表、委员印制统一的民情记录本，用于记录群众反映的意见建议和问题。要求代表和委员对群众反映的问题，能现场给予答复的现场答复，不能答复的问题，将被反馈到所属片区的组长那里进行汇总。之后各片区组长将问题统一报到街道督查室进行汇总，再由督查室分解到相关领导和机关相关部门。一周内由问题涉及的街道部门负责人陪同代表、委员一同登门答复，涉及重大事项由街道相关党政领导班子成员陪同代表、委员一同登门答复。涉及政策性层面问题，由督查室提交街道党政联席会研究决定，相关代表、委员，可以列席街道党政联席会，研究结果按上述渠道予以答复，反馈率要求达到100%。

此类实践与人大代表社区联络站有一定的相似性，主导部门是基层政府，政治沟通的促生区域是基层社区或同类的单位组织区域。并且与人大代表社区联络站发生逻辑相似的是，此类实践也是地方和基层政府基于社会稳定和基层有效治理而进行的一种启动中间性代表机制的行动。

在这样的实践中，人大代表不是核心行动者，他们和党代表、先进人物代表、政协委员一样，都是强化基层官民沟通的一个中间性载体。尽管如此，与以人大代表为单一政治沟通中间载体相比，这样的实践非常显著地将人大代表作为政治沟通者的身份从政府治理的目标维度进行了阐释，并藉由其他具有代表性的政治群体的共同介入使得人大代表在政治沟通中有了协同者与合作者。

以媒体和网络为平台，人大代表与其他政治行动体一起协同发挥政治沟通的作用。此层面的实践事实上也是一种网络问政或电视问政。但在这种形式的问政活动中，人大代表不是唯一的核心主体。人大代表协同其他群体与政府之间进行沟通对话，这种沟通对话通过电视和网络平台向民众进行发布。此层面实践早期可见于江浙地区。较早的比较具有代表性的是温州的“代表在线”。在其实践中，热心公益的人大代表、网友、律师、专家学者等与媒体记者一起被组织与政府官员就某项民众关心的民生问题进行对话。对话沟通视频和文字报道通过温州新闻网和《温州都市报》向社会进行公布。另一种就是在电视问政中，人大代表和政协委员、市民代表等一起对职能部门官员进行提问。譬如在湖北武汉的电视问政中，人大代表、政协委员、市民代表、网民、特约评论员等一起，对政府职能部门在某些民生问题上的工作进行问询和点评，并通过“笑脸”（表示满意）和“哭脸”（表示不满意）展示自身对职能部门官员整改承诺进行打分。

从政府创新的层面，人大代表作为政治沟通者身份的被确认在很大程度上是政府理性选择的结果。地方或基层政府基于治理需求，不仅将人大代表作为政府了解群众观点的一个中间性平台，也借用人大代表为政府施政处理某些民生问题提供了合法性依据。因此，人们能够看到在此层面，一个通行的行动逻辑在于：政府通过人大代表了解选民对民生问题的看法，再通过人大代表将这些观点和诉求上溯反馈至具体的政府部门。相关政府部门的主政官员要对人大代表和其身后的民众进行问题解释、督促解决，并向人大代表或人大代表参与的代表组合进行反馈。这种模式下的创新，人大代表在政府治理层面发挥了官民中间沟通平台的作用，成为群众观点的采集者、了解者。

从实质的身份分类层面，在政府创新层面，作为政治沟通者的人大代表，其政府决策的解释者和进谏者的身份角色比较显著。从政府层面，作为政治沟通者的人大代表对于政府有效治理的工具性价值被重视和挖掘。而在社会层面，这些以人大代表为核心或者包含人大代表的实践创新不仅激活了民众对于人大代表的政治沟通者身份的认知，最重要的是在一定层面上使得民众意识到自身对于政府治理影响力的存在。这对于积极政治信任的建构显然是有用的。

三、作为政治沟通者的人大代表与积极政治信任：社会的行动

一个毋庸置疑的事实是，将人大代表政治沟通者的身份进行促动和予以实现的变量中，社会是非常重要的一个促动变量。发展中的社会不仅对于人大代表发挥政治沟通的作用有着自然的期待与促动，对于人大代表在政治沟通层面作用的发挥也有着切实的行动。典型的现实在于从全能政治解脱出来的中国社会在发展中具有更多的独立性和权利意识。在维护和实现权利诉求的过程中，民众政治参与意识强化。在这种趋势下，人大代表作为社会层面的诉求表达者和利益维护者的作用自然被社会民众挖掘与重视。因此，从20世纪90年代中后期开始，人大代表政治沟通层面的职能直接或间接在社会层面被重视和启动。这可以说是一种自然的过程。在社会发展过程中，人大代表作为体制内既有的正式政治沟通的存量被社会寄予期待，与此同时，通过这种存量的启动进而激发了新的政治沟通实践。

首先，在社会和政府就某些敏感议题的沟通互动中，人大代表的作用被发挥和重视。一个典型案例就是前面提到的深圳月亮湾片区人大代表社区联络站的故事。在之前的陈述中，我们看到月亮湾的案例中，人大代表社区联络站是作为政府治理创新的实践开展进行的。但实际上，在政府部门正式明确和承认人大代表社区联络站的中间平台地位之前，社区居民已经通过前期的一些政治参与发现了人大代表的作用。2001 年 5 月，在获悉政府要将垃圾焚烧厂搬至月亮湾区域附近时，此前居民已经在环境污染问题上对政府有诸多怨言和对立情绪，在得知垃圾焚烧厂搬迁的消息后，更是有居民上访和集体到政府选址地静坐。而当片区人大代表介入此事件后，政府和居民之间对立情绪有所缓解，进行了良性的对话和沟通。政府通过人大代表邀请居民代表去国外考察类似的垃圾发电厂的情况，这个行动就足以说明问题。可以说，通过人大代表的作用，政府让居民感觉到了被尊重和重视，尤其是使他们感受到自己对政府行为的影响力和监督力，在具有实效性的行动面前，居民选择通过人大代表与政府进行沟通。“与人大代表打交道后我们发现，他们看问题很准，所关注的问题也容易引起相关部门的关注，这个渠道确实可以有效反映社情民意，促进有关问题的解决。”①

其次，社会力量同时也在促动和强化人大代表政治沟通的作用发挥。这里面有两个维度的因素。一个维度上，社会力量为人大代表进行政治沟通提供平台。这鲜明体现于各种社会化媒体对人大代表政治沟通作用发挥的辅助实现上。譬如临近全国人大会议开始，新浪网微博平台上会开设代表专区进行重点推广和宣传，促进公众向代表提意见。会议期间，还会推出代表微博议政的专栏，促进网民和代表在会议期间进行互动交流。与之类似地，腾讯、网易、搜狐等网络媒体也会在两会期间开辟代表沟通板块或栏目。这些看似是网络媒体企业基于市场化效应而在

① 邹树宾、张旭光：《权益性参与的理性运作——对“月亮湾人大代表工作站”的考察》，载《深圳大学学报》，2008 年第 6 期，第 80 页。

特定时期进行的“博关注”行为，但实际上体现出社会层面对于人大代表作为政治沟通者身份的认可，并期待这种身份能够发挥积极的作用。

另一个维度上，社会力量在人大代表作为政治沟通者的典型实践中担负着重要的连接作用。这种连接不仅指的是人大代表和政府之间的连接，还指的是人大代表和民众之间的连接。比如在当前比较风行的电视问政和网络问政过程中，记者、律师、居民代表等社会精英人士的参与和介入无形当中为人大代表从不同层面了解民情和政情提供了渠道。而在比较典型的人大代表社区联络站的实践中，我们还能够看到，譬如像深圳月亮湾片区和宁波白云街道的人大代表联络站的联络员都是一些热心于公益的社区居民，他们充分依托其民情掌握者和代言人的身份，不仅为人大代表了解民情提供了渠道，并且通过他们的协助，民情信息得以汇聚梳理和矫正，强化了发声力度。尤其在民意引导层面，联络员依靠其社会工作知识和经验对过激或不符合人大代表回应和处理层面的诉求进行了疏导性矫正。譬如宁波白云街道人大代表联络站联络员的一项重要工作就是对选民提出的涉及私人、财、物纠纷以及与执法有关的诉求进行解释，告诉选民对于这些问题人大代表只能够提供法律咨询，并不能直接帮他们解决。在这种工作原则和疏导工作下，人大代表和选民、政府之间的政治沟通的问题主体通常会限定在与民生密切相关的公共问题领域。而在这些民生问题的沟通解决上，联络员往往扮演着重要的辅助性角色。在月亮湾片区和白云街道的实践中，联络员都有渠道直接和选民反映问题的主管政府部门进行联系，协助人大代表持续督促政府部门对问题进行整改解决。

从以上两个层面，我们能够看出：社会领域对人大代表作为政治沟通者身份的促动以及相关的实践源自中国社会在经济发展过程中自然的政治参与需求。但在这些具有成效的实践中，我们还能够发现，社会精英在人大代表政治沟通过程中也进行了共同的政治参与，发挥了重要的协调作用。而在社会精英和人大代表共同政治参与背后，不仅是多元化官民良性沟通通道的达成，更暗含着一个具有公共参与意识、公共参与技能不断增强的理性社会的成长。在这种以人大代表为载体的社会有意识的成长过程中，民众和政府之间对彼此的认知和达成认知的互动模式都具备了积极政治信任的色彩。

四、作为政治沟通者的人大代表与积极政治信任：代表自身的成长与实践

另一个不容忽视的现实是，人大代表自身在政治发展过程中也逐步具备了与积极政治信任建构相适应的政治沟通者的身份认知。

首先，人大代表对选民代言人和知心人角色具有体认。这样的角色认知下，人大代表对于自身职责的首要认知在于保持与选民的互动和为选民解决实际问题。在现实中我们能够看到人大代表往往对自身在政治沟通层面这样的角色和身份有着自觉的认知。譬如宁波市的一位人大代表在其述职报告中，这样陈述：

> 人大代表要保持与代表联系点的联系，主动参与代表与市民面对面交流活动，深入现场为群众解决实际问题，做群众的知心人，这样才能得到群众的信任和拥护，才能获得群众的满意。海曙区高桥镇一村民反映其房子因村里修路而进水，已向市、区有关部门反映了8年还没得到解决的问题。我主动到现场帮助协调解决，根据现场调查发现，其房子进水的主要原因是该村民自己房子的下水道堵塞，有效调解了8年上访的老问题。①

① 《认清职责　当好人大代表》，见宁波市人大网，2017年10月24日。

从这份陈述中，我们能够看到，密切联系选民，通过代表联络站和面对面的交流吸收选民意见，为选民解决实际问题，这些政治沟通层面的行动从人大代表层面都是建立在做好人民的代言人和知心人的基础认知之上的。这样一份作为优秀人大代表履职陈述的文本在地方人大官方网站上进行展示，从一个侧面说明，人大代表的这种身份认知非常符合官方对其的期待。这种期待往往包含两点。一是在价值层面，人大代表是执政党和政府执行群众路线的桥梁，是其治理实现合法性的重要环节。二是在行动层面，人大代表政治沟通者的身份发挥不仅仅停留在了解选民诉求和向政府反馈选民信息的层面，更包括通过自身中间性联系平台作用的发挥弥补政府治理短板，使得选民诉求得到关注和回应，也使得政府治理需求与选民诉求之间形成利益的最大公约数。这一点从这份陈述中的这一事件描述中得以充分看出。居民认为村里修路导致自己房屋进水。人大代表实地调查后发现是居民家中下水道堵塞所致。通过其联络协调，这样一个长达 8 年的上访问题得以解决。在这一事例中，人大代表通过联系选民、实地调研等法定职责的作用发挥而形成对政府治理短板的弥补。人大代表这种以政府和民众共同关注的民生问题为出发点的协调者、沟通者角色的发挥在很大程度上暗合了中国基层治理需求，为政府和民众双方都解决了实际问题。从另一种意义上讲，人大代表的自我角色和身份认知也是建立在执政党和政府的政治性需求之上的。人大代表非常自然地将对选民的回应、反馈和问题解决与做好选民的代言人和知心人联系起来。在人大代表的自我认知中，联系选民、为选民利益代言、替选民办事不仅成为一种符合代表自然身份的价值体现，更重要的是从政治层面符合了人民代表的人民性。这一点不仅使得人大代表作为政治沟通者的身份角色符合政府需求，并使得人大代表在具体政治沟通发挥上具备公共性的色彩。

其次，人大代表政治沟通不仅具备更强的公共性，也更具有韧性和目标性。一是人大代表对沟通公共性的觉知上。这一点比较典型地体现于在那些通过毛遂自荐的方式参与竞选并成功当选的人大代表的行动上。比如，南京的人大代表张卫明在第一次参选的时候，是通过自荐的方式参选的。他主动到选区内的10个企事业单位，4个社区，一个一个走访，记下那些大爷大妈希望解决的事情。还曾跑到选区一个大学的食堂台阶上打出“请选我”的横幅，向老师和学生介绍自己。就这样成为当年竞选中的黑马，成功当选区级人大代表。他清晰地知道自己要当选，就必须比组织提名的代表候选人具有更强的公共号召力。而另一维度，信息技术的迅猛发展让越来越多的人大代表具有公共沟通意识，他们善于运用新媒体在公共空间内采集履职信息。譬如广东省惠州市的全国人大代表黄细花实名注册了新浪微博，拥有35万粉丝。微信流行后，她又开通了实名认证的微信公众号。在微信上输入她的名字就可以

黄细花

下午12:25

么么哒~
在西藏林芝鲁朗国际
回复【】的数字与我互动
【1】黄细花介绍
【2】您的宝贵建议
【3】对人大代表说说心里话
【4】黄细花的点滴分享
【5】请分别回复林芝、鲁朗、感谢、建议、语音给您看文章
【6】进入黄细花的微社区与我交流

图4－12　人大代表黄细花微信公众号的页面

图片来源：黄细花微信公众号。

关注她的公众号。她的微信公众号上设置了“您的宝贵建议”“对人大代表说说心里话”的栏目，并设有专门的《代表履职》《花姐社区》两大板块。通过微博和微信，她不仅将自己每年的代表体会、提出建议等履职情况进行公开的展示，还开通了民意沟通通道。这些年她在全国人大会议上提的建议中，三成左右最初来自网友的提议和互动。她提出的“全面放开二孩”“取消社会抚养费用”等建议，都得到了网友的积极建言和响应。①

二是人大代表的政治沟通更具韧性和目标性。人大代表对政治沟通的态度不再止步于简单的形式化的向政府反映问题和向选民反馈信息，更强调问题的解决，因此更加具有韧性和目标性。一些专业领域的人大代表，往往会持续围绕其相应领域内某一公共问题进行发声。比如，全国人大代表、南京地铁集团有限公司党委书记、董事长佘才高，对城市轨道交通领域立法工作长期关注，围绕此议题长期与有关部门进行沟通。再有一些人大代表，非常明确地认识到自身代表身份存续的关键在于能够为选区民众解决事关其切身利益的公共问题。和一般人大代表相比，他们在和政府、选民的沟通上有着不解决问题不罢休的韧性。比如，前面提到的人大代表张卫明，认为沟通的结果不能仅仅是政府说自己建议或意见提的好，而是要有真的能够解决问题的反馈才行。凭此韧性，他成了南京连任时间最久的人大代表之一。这个过程中，他围绕“南京失地农民的生活和医疗问题”，先后通过调研提出 24 条议案和建议，催生了南京市政府的 4 个“红头文件”。

因此，在改革开放后的政治发展中，人大代表自身的政治沟通意识、沟通效能都得到了提升和展示。其政治沟通具有了较强的开放意识，公共性得到有效提升，不仅同时连接了政府和社会，并且培养了政府和社

① 曹斯：《“网红全国人大代表”履职 16 年　开公众号听民情民意》，载《南方日报》，2018 年 3 月 1 日。

会的公共沟通意识和公共沟通技能。但不可否认的是，改革开放后的政治发展催生了两种人大代表：一种是作为政治精英被政府体制予以认可并赋予代表身份的人大代表；另一种原本是社会精英，但在政治发展进程中，通过人大代表平台发挥作用而成为政治精英。这两类人大代表在各自行动逻辑内都发挥着政治沟通作用。不同的是，前者的行动往往具有更强的体制依附性，对政治沟通在行政上的可操作性要求更高。而后者在履职过程中具有天然的选民和社会代言倾向。在政治信任建构问题上，二者尽管着力点各有不同，但客观讲都在不同程度上发挥了官民沟通桥梁的缓冲平台作用，并使得民众能够从主动和被动两个方向感受到政府对其权益的关注和回应。

第三节　人大代表政治沟通者的身份与积极政治信任建构

作为政治沟通者的人大代表，在不同的场景中，往往是不同的沟通者身份。但毋庸置疑的是，人大代表政治沟通者的身份是具有制度性合法性的，不仅得到了体制的认可，而且获得政府、社会的认可。然而，积极政治信任建构目标下，作为政治沟通者的人大代表不能简单局限于人大代表是人民的代表、人民代言人和知心人、政府和群众桥梁这样的形式化身份认知，更需要他们在行动层面能够切实促进政治行动者进行积极理性沟通达成良性互动和认知关系。尤其强调，他们能够在不断动态的环境中，发展地促动政府和社会形成良性互动和认知循环。从此目标出发，在积极政治信任的维度下，作为政治沟通者的人大代表，诸多沟通身份中，进谏者的身份尤须具有现实生命力和目标承载力。

一、进谏者：实践中人大代表的重要政治沟通者身份

从根本上讲，人大代表的政治沟通者身份实践与改革开放后中国政府和社会关系不断转型过渡息息相关。在政府和社会关系不断调适的过程中，社会渐次具备了主动性和权利意识。但从整体层面，政府对于社会的认知始终难以脱离传统臣民文化形成的认知窠臼，向社会放权与引导形成一个负责任的社会对于政府而言都是具有挑战的。

从现实政治的层面，政府决策支持者这样的一个身份在政府层面依旧具有较大的认可度。但是，比较明显的一点是，中国政治发展朝向现代性的一面已经使得社会不再继续对无条件支持政府决策的人大代表抱以支持和认可。政府和社会沟通维度都低下的“走过场的沉默型”人大代表不能适应和满足政府、社会双方的发展需求。而具有较强社会导向的“选民或公共利益代言人”的人大代表与政府的互动则不可避免地处于一种被防控的位势。与这些状态相对应的是，作为政府决策解释者和进谏者的人大代表在体制内外都具备了较大的作用空间。

而具体到政府决策解释者和进谏者这两种沟通身份，后者在一定程度上更加具备政治现代性的特征。其主要缘由在于，解释者虽然是人大代表对普通选民或民众进行决策解释性沟通，但其行动的主要动因更多来自对上的负责。而作为一个进谏者，人大代表要能够提出确实行得通的建议，不仅需要吃透“上情”，更需要了解透彻“下情”。相对于解释者，进谏者对政府不仅要具备充分的沟通意识，而且要具备较强的监督意识。对选民，作为进谏者的人大代表则要具备很强的互动沟通意识，更能够真正听到他们的需求。因此，在很大程度上，政府决策的进谏者，这一身份的人大代表在现实政治结构中是最能够在官民两个层面进行沟通连接的。

而从实践中，人们也能够发现，在政治沟通层面，无论是制度层面

的正式规定，还是政府实践层面的创新和社会层面的实践促动，进谏者都是人大代表非常重要的制度性身份规定和行动角色指向。改革开放后人大代表作为政治沟通者的政治实践，进谏者的身份发挥最接近政府治理临界最优点。分析来看，一个主要的原因在于：从现实的层面，进谏者身份的人大代表比较能够符合政府和社会两方面的需求。从政府的层面，进谏者的身份定位不仅能够使政府经由人大代表获得可靠的决策信息和民意信息，更能够确保政府和人大代表之间的关系处于一种较为稳固的互相支持的状态。而从社会的层面，进谏者的身份使得选民能够经由人大代表的进谏行为在权益表达和实现上获得影响力和行动空间。因此，从微观层面看，人大代表，尤其是基层人大代表往往扮演了一种以民情诉求传导为基础的进谏者的形象。这种形象在中观层面符合执政党基于群众路线对人大代表作用的考量，顺应了政府治理层面对于决策科学化的考虑，也在很大程度上契合了社会层面民众权利意识提升的需求。

二、作为进谏者的人大代表与积极政治信任

如果我们单独探究作为进谏者的人大代表，其政治沟通者的身份对积极政治信任的建构是否有正向影响，首先必须关注以下几个方面的问题：

一是作为进谏者的人大代表政治沟通的对象是双向指向的。谏言，即提意见和建议。从中国传统政治的角度，进谏者的主要负责对象是君主，沟通对象也是君主。而人大代表作为进谏者，在现代政治的层面，其谏言主要是提供给政府部门，那么其主要的沟通对象必然离不开政府部门。与传统的“谏官”不同的是，人大代表的谏言始终不能够脱离基本的代表者的身份。从沟通对象看，人大代表进谏沟通的对象一面是政府，另一面则是选民。因此，人大代表进谏者身份需要和人民代言人和知心人联系在一起。正如一名全国人大代表所言：“代表的建议要落地结

果，首先必须吃透上情，全面深刻准确把握党和国家的大政方针，理出涉及百姓民生问题的具体政策清单；其次必须摸清下情，真心实意扎进普通百姓圈子里，真情实感走进百姓生活中，掌握他们最真实朴素的想法。”①在实践中，对作为进谏者的人大代表来讲，向政府层面提出谏言的渠道相对健全和畅通，而与社会民众的沟通和提出谏言的渠道则相对较窄。实践证明，要使得人大代表成为有效的进谏者，就一定要从机制层面打通人大代表和选区民众之间的沟通渠道。人大代表社区联络站/工作站、人大代表开放自媒体账号等实践都旨在解决此问题。

与此同时，作为进谏者的人大代表这一群体在政治沟通过程中有相互沟通的一面，同时他们和其他社会精英、政治精英之间也进行沟通。这主要体现为人大代表以代表小组、民主恳谈会等为基础的沟通交流。通过定期的小组活动和民主恳谈会，同一选区或对某一议题有共同关注的人大代表之间在一定程度上进行了信息交换和观点交流。通过和人大代表社区联络站联络员、居民代表这样的社会精英，与政协委员、党代表等政治精英的沟通，人大代表能够从不同侧面获取到专业、真实有效的信息。这些对于其最终为政府和选民提供的谏言的形成具有相当促进作用。

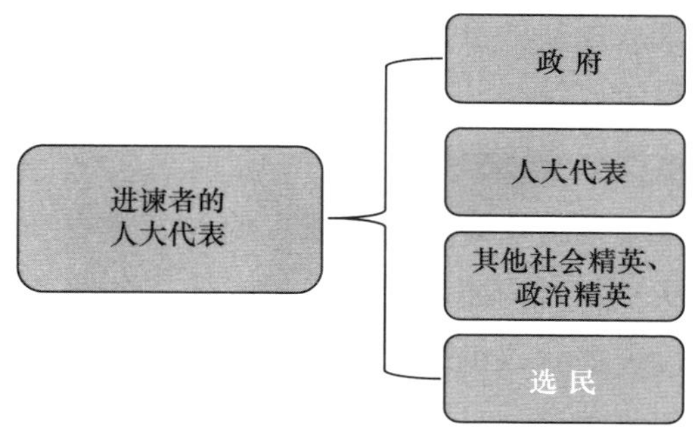

图4－13　人大代表进谏者身份实践中的沟通对象

① 曹斯：《“网红全国人大代表”履职16年　开公众号听民情民意》，载《南方日报》，2018年3月1日。

二是民生议题是作为进谏者的人大代表政治沟通的主要内容。实践中，人大代表建议和提案的主要方向是和选区相关的经济、社会发展问题，以公共性问题居多，其中与民生相关的问题是重点内容。对民生问题的了解和重视，这一点在县乡一级人大代表履职过程中尤其重要。前述人大代表社区联络站和人大代表网络问政、电视问政与人大代表公共预算民主恳谈等实践中，都是通过中间性平台的搭建促使人大代表能够有效获得和回应选民对社区建设、公共设施维护、环保等民生问题的诉求。这些都鲜明体现出民生问题在作为进谏者的人大代表政治沟通议题中的核心位置。

三是公共、公平、正义是作为进谏者的人大代表政治沟通传递的主要价值。对民生议题的极度关注，这一现实意味着作为进谏者的人大代表在和选民、政府进行沟通时，核心价值和话语体系必然具有很强的政治性。从实践看，基本上所有的人大代表提出的议案或建议都是和其选区相关的公共问题。而在公共的话语之下，就是公平和正义的价值话语的体现。譬如近些年全国两会期间，人大代表关注的贫困治理、公共交通运输治理等问题，其背后都牵涉社会公平和正义的实现。由此可见，人大代表的进谏者身份中必然蕴含着执政党和政府所强调的人民性。而人民性这一具有政治色彩的价值话语在现实实践中则更多显现为人大代表政治沟通时对沟通议题公共性的挖掘和对社会公平、正义问题提升至政治沟通议程的重视。

四是持续向政府提建议是作为进谏者的人大代表和政府进行政治沟通的主要方式。从和政府沟通角度看，人大代表的谏言通常以建议的方式提出。和一般代表提建议的方式不同，作为进谏者的人大代表，对政府对建议办理的回复，他们具有更强的目标性。作为进谏者的他们，更明确所提建议背后所涉及问题要得到切实解决的目标，不会轻易接受政府部门的官样回复。如果一次回复没有解决，他们往往会继续搜集社情民意，在同一问题上持续向政府提出建议，或在时机成熟的时候提出议案。但他们提建议并不是直接质疑或反对政府决策。甚至在一些人大代表看来，对政府决策提出质疑或反对是“不配合政府、不通世故”。可以说，一方面，他们在提建议上是较真的，且能够和政府“硬杠”的，但另一方面，他们的这种较真、强硬的态度的出发点又是基于政府治理合理性和效能提升的。在具体的沟通话语中，他们至少能够向政府传递一种这样“为你好”的工作态度和观点。抑或是说，他们能够有效说服政府，他们的进谏对政府而言是具有现实价值的。这无形当中要求这些进谏者具备很好的政治沟通技能。近些年，通过人大代表联络站、工作站、民主恳谈等方式，人大代表与政府、选民之间乃至人大代表彼此之间形成了多向的互动沟通。这对人大代表的政治沟通技能也是一种培训和提升。

从以上四点，人们能够发现，作为进谏者的人大代表事实上越来越多地在获取政府和选民两方面的资源空间支持。通过这种双向的支持获取，进谏者们对政府和选民进行了政治沟通层面的动员和连接。一方面，他们在政府的规制空间内尽可能衍伸自身沟通者的身份特征，对政府提出正向的建议，表达选民对政府的意见和情绪。另一方面，他们通过对选民的联系和沟通，扮演了一个可以为选民说话，帮他们向政府反映和解决问题的角色。这个过程中，政府、选民两方面的政治表达经由人大代表进行了连接。经由这些进谏者，选民感受到自己是被尊重和重视的，而政府则在一定程度上感受到，经由这些进谏者，民意能够被他们掌握，并能够被疏导和控制。因此，在现实政治结构下，作为进谏者的人大代表，其身份设定不仅能够被政府接受，并且能够经由政府设计进行身份确认和实现作用创新发挥。进谏者的身份同时引导了政府，强化了他们对民众的回应。同时他们也引导了民众，激励他们通过制度化的政治表达来影响政府。这种进谏者身份的界定无疑是符合现实意义上积极政治信任的建构目标的。

三、作为政治沟通者的人大代表与积极政治信任：综合视角的分析

如上所述，进谏者的政治沟通身份在政府和选民两个层面得到支持，并在一定程度上支持了转型期中国积极政治信任的建构。而在中国政治现代化发展过程中，这些之前具有较为鲜明体制内官方色彩的进谏者，不可避免地要更加具有社会性才能适应新的环境要求。但与此同时，传统文化和体制惯性下，沉默者、政府决策无条件支持者和解释者的人大代表在很大程度上依旧存在。

问题最终还是落在政府和社会关系互动上。从政府的层面，作为政治沟通者的人大代表，以积极政治信任建构为目的，他们作用的发挥必须依托政府的包容与开放。在此方面的政府创新实践中，我们能够看到政府的政务公开是基本前提。这些政治实践尽管对于政府而言很大一方面是建立在政府对于人大代表政治沟通的工具性价值的认可上，但最重要的还在于政府在这些向社会开放的政治行动中具备较强的信心和对批评、异议的包容性、开放性、建设性认知。这些政治实践至少说明了一点，主导这些实践的政府部门对民众意见不抵触。政府不会将开放性对话中来自社会的质疑和批评看成反对意见，不会将其视为工作的对立面。这也说明政府在很大程度上已经认识到，通过压制或管控的方式管理社会已经不可行，通过自身主动为社会释放某些协商、沟通的空间，建构一种政社沟通的缓冲空间是一种有利的做法。政府逐步意识到，公开、平等、公正的民主沟通虽然不能够直接解决问题，但能够为打造理性互动的官民关系提供契机。只有民众真正参与了政府过程，与政府进行平等对话，他们才能够有机会从理性和感性两个层面体认政府行动的复杂逻辑和现实困难。换句话说，如果没有沟通，民众可能会将指责政府、提要求作为解决问题的唯一方式，而积极的官民沟通则能够让民众意识

到，解决问题不能够只靠提出问题、批评政府，还在于理解问题的复杂性，和政府一起行动，共同解决问题。比如温岭实践中地方政府最开始对民主恳谈定位于思想政治和群众工作层面，在很大程度上就是基于促进民众了解和理解政府工作的层面出发。而在后续的实践中，人大和人大代表作用的积极发挥，又进一步使得人们意识到：这样的实践，可以培养公民精神，培养公民的民主意识、公共意识和社会责任感。这正是积极政治信任所强调和需要的。

而从情感层面，通过主动对人大代表政治沟通作用的启动，政府不仅获取了更多的民意和决策信息，缓解了决策和官民沟通时的信息不对称，更为关键的是为自己塑造了一种类似于“庙堂忧民”的形象。而担负起中间表达和情感传导作用的人大代表则通过表达一种“民忧庙堂”的正面诉求实现了对政府的劝谏。这种对“庙堂忧民”和“民忧庙堂”的价值传递成为人大代表政治沟通的重要前提和目标。

“庙堂忧民，民忧庙堂”的传统政治沟通价值在人大代表政治沟通中的实现在很大程度上是借助于其进谏者身份才得以实现。然而这同时也意味着，在与之相关的政治沟通实践中，一种清晰的界限还是鲜明存在的。这个界限就是人大代表在结构层面只能是党和政府执政体系和治理体系中的一部分，而不能作为独立政治沟通者的身份和形象出现。这种界限的确定使得人大代表必须保证其对于政府治理的有效工具意义，才能够成为一名有效的政治沟通者。

然而，在政治发展中，对于任何一种政治行动体，一种隐含的现实在于，政治行动体自身天然具有一种跳出界限或制约的冲动。而在人大代表政治沟通这一问题上，人大代表本身会有此冲动。因为倘若这一点不成立的话，我们无法解释那些通过选民联合提名成为代表候选人的情形的出现。而且社会发展也往往给人们一种“社会需要政治代言人”的暗示。归根结底在于，社会需求越来越多元化，矛盾越来越复杂，不同层面、不同人群的利益诉求都需要有出口。在这些繁杂多元的诉求之前，两大现实问题直接关系到作为政治沟通者的人大代表与积极政治信任塑造之间达成正向影响关系。

一个问题在于：作为进谏者的人大代表的政治沟通的成效如何保证。这个问题其实又可以分解为两个问题。第一个问题是在人大代表群体中，究竟有多少代表具备与现代政治发展相适应的进谏意识和进谏能力。在实践中，人们能够发现，并不是所有的人大代表都将自己视为进谏者。有相当部分的人大代表仍旧以“不给政府添乱”为自身行动准则。人大代表作为进谏者的政府创新实践、社会创新实践根源于政府和社会的博弈，但离不开观念文化软环境的塑造。譬如，实践表明江浙沪、深圳等地区人大代表开放意识和独立表达选民诉求意识较为浓厚，而在一些传统官本位文化熏陶比较浓厚的北方地区，人大代表独立表达意识相对较弱。与此同时，进谏者的政治沟通技能和技巧问题对于积极政治信任是具有很大影响的。在现有条件下，作为进谏者的人大代表联系选民的广度与深度、为选民表达合理诉求的力度，还有最为关键的是为选民实现合理诉求的能力都是受到诸多条件制约的。在诸如人大代表社区联络站的实践中，人们能够发现，具有沟通力的人大代表除了具备较好的责任心，最为关键的是他们往往具备了解选民真实诉求和真实心理的能力，能够和相关政府部门进行积极有效的沟通。并且这种沟通往往需要具有持久性，需要一直坚持协调和督促相关部门，一直到问题解决，选民满意。而具备这种能力的人大代表往往也不是单打独斗达到目的。政府、人大机构、社会层面的配合和相关制度建设是非常关键的。譬如宁波市对于人大代表工作设有专门的人大代表直通相关部门主管领导的直通车机制，而且对政府部门领导反馈人大代表的时间、方式都有着制度性规定。这种类似于政府部门强制政府官员接受人大代表工作质询、询问并做出实质性回应并解决问题的具体机制建设，在很大程度上使得人大代表作为进谏者的政治沟通行为具有相当的效力。因此，作为进谏者的人大代表如果能够提出切实可行的谏言，并使得自己的进谏具有成效，需要依托的不仅仅是自身与政府、与选民沟通的能力素质，还在于他们能够得到政府方面的支持和相关机制保障。

第二个问题是作为政治沟通者的人大代表是否可以有效满足积极政治信任建构需求。积极政治信任的建构要求政府和社会都具有开放包容的政治参与和政治沟通意识，能够在法治规约下进行积极有效的沟通。社会能够理性参与政府过程，而政府也能够对社会的诉求进行有效回应和反馈。对于转型期中国而言，积极政治信任的建构，其首要需求在于官民有效沟通渠道和平台能够得以塑造并发挥切实的作用。从这一点看，作为政治沟通者的人大代表，无论是作为解释者还是作为进谏者，抑或是作为选民代言人，他们的存在确实保证了政府和社会之间至少是有着一种制度化的良性沟通渠道的。尤其是作为进谏者身份存在的人大代表在获取、表达和实现选民诉求上往往能够得到政府和社会两个层面的资源支持，一种与传统中国政治文化取向有着验证关系的“庙堂忧民，民忧庙堂”的官民理想互动模式在进谏者的身份塑造的成功实践中走入人们的视野。在这个过程中，一种政府有效回应社会、社会理性参与政治的政社关系得以培育和被引导。政府和社会之间进行了一种良性的互动，进行了对彼此都有利的价值传递，这正是积极政治信任的建构所需要的。但这些成功的实践也暗示了另一个现实，那就是积极政治信任的建构必须有利于政府对社会进行治理，尤其应当是有利于社会稳定而不能引发阶层对立和社会不稳定。因此，在人大代表政治沟通者的身份界定上，人们能够看到最终政府的态度占据了重要位势。

然而核心问题是，人大代表目前在政治沟通领域的作为是否能够有效体现社会民众的核心关注，是否能够为政府有效回应民众提供支持。这两个问题既是作为政治沟通者的人大代表在当前和未来中国政治发展中实现自身价值的重要依托，也是积极政治信任建构的一个重要基础。在现实的观察中，人大代表在引导和培育良性政治沟通中的作用显然处在被政府、社会双方共同挖掘的状态。但很明显的是，在位势上，政府更具有主动性。而人大代表作为人民的代表，如何在政治沟通层面真正体现其社会性的一面，则需要进一步强化。

第五章

作为政府监督者的人大代表与积极政治信任

监督政府是人大代表非常重要的职能。在现实的政治过程中，人大代表监督作用的发挥是确保人民主权实现的重要保障和制度支撑。与政治沟通者的身份相似，人大代表政府监督者的身份同样也是在政府和社会两个维度之间进行游移。靠近政府维度，作为政府监督者的人大代表更加趋于是党内监督治理体系和政府层级间监督治理体系的一个重要协同者和参与者。靠近社会维度，作为政府监督者的人大代表更加趋于是社会对政府和政治过程进行组织化监督的倡导者或主导者。

在积极政治信任建构的过程中，作为政府监督者的人大代表，至少在两个层面为前者提供了支撑和基础。一是作为政府监督者的人大代表使得政府和社会之间的沟通互动具备了有效性，为民众参与政府和社会事务提供了价值感和效能感。从这个角度看，人大代表使得政府对社会的回应成为一种具体的政治输出。二是作为政府监督者的人大代表使得政府和社会具备了共同成长的基础。人大代表监督，意味着社会可以在制度化基础上建构对政府的不信任，而政府也能够在制度化的情境下以常态化的姿态回应社会提出的不信任。而需要提高之处则在于，人大代表监督的常态化、制度化在较高的层面上依赖于党和政府对监督议程的开启和对监督度的把握。这要求治理者具有开放、包容、敢于面对理性质疑的观念，能够有效回应社会诉求。

第一节　作为政府监督者的人大代表：正式的制度身份

对政府进行监督是人大重要职能。人大代表是人民代表大会的组织细胞①，是人大监督的直接启动者和执行者，是政治过程应然的监督者。

一、作为政府监督者的人大代表：理论和正式制度层面的共同促动

中国人大监督从理论层面遵循的是马克思主义监督理论。马克思主义监督理论更加注重人民对国家监督权的切实掌握。马克思恩格斯认为："社会起初用简单分工的办法为自己建立了一些特殊的机关来保护自己的共同利益。但是，后来这些机关，而其中主要的是国家政权，为了追求自己特殊的利益，从社会的公仆变成了社会的主人。"② 而资本主义国家议会监督由于阶级限制导致不能从根本上解决人民监督的问题。缺乏真正民众基础的"权力分立制衡"很容易在现实的政治运行中成为不同权力阶层进行利益博弈的工具。因此，马克思主义监督理论逻辑下，代议机关是人民群众直接掌握的立法机关和权力机关。这样一个代表人民主权的部门要成为直接的权力机关，而不是和行政机关、司法机关平等分立的部门。也就是说，代议机关/立法机关产生行政和司法机关，对后两者进行监督。

① 蔡定剑：《中国人民代表大会制度》，法律出版社 1998 年版，第 179 页。

② 《马克思恩格斯全集》（第 22 卷），中共中央马克思恩格斯列宁斯大林著作编译局译，人民出版社 1965 年版，第 228 页。

在这样的理论逻辑下，中国人大是人民的利益代表机关。政府和司法部门由人大授权产生，并接受人大的监督。这种监督是“单向”行使的监督，从法律上讲就是：其他国家机关只有接受权力机关监督的义务，而没有制约权力机关的权力。[①] 抑或是说人大可以单向监督宏观意义上的“大政府”，而后者却不能制约和监督人大。这种监督关系的前提假设是，人大是人民利益的集中代表，是人民主权的代表机关和执行机关。而作为人民的代表，人大代表监督政府是其身份职责的应有之义。并且从具体监督力度层面，人大代表监督政府的权力应当比资本主义国家议员的权力要更大。因此，在正式的制度层面，人大代表的监督职能是受到正式确认和保障的。

从正式制度规定看，人大代表监督活动从时间维度可以分为会议期间和闭会期间两部分。在人大会议期间，代表可以通过质询和询问、提出建议、批评和意见，可以通过行使审议权、表决权、调查权、罢免权的方式对政府计划、行为以及人事等问题进行监督。而在人大闭会期间，人大代表有权通过同级人大常委会或人大主席团提出对政府工作的建议、批评和意见。通过对自己所在行政区域内的国家机关进行视察、专题调研和执法检查等活动，了解其工作情况。人大代表在视察时，可以约见同级或下级政府部门负责人或委托人，向这些单位或部门提出建议、批评和意见。闭会期间，人大代表还可以通过列席本级人大常委会的会议，反映群众意见和实际情况。而从监督权的实质内容看，人大代表监督政府主要权力在于三项：对政府重大事项的审议和表决权；对政府人事的表决、罢免和提出意见权；对政府行为的调查、质询、询问和督促问题解决权。

① 于洪生：《权力监督——中国政治运行的调控机制》，中国广播电视出版社 1991 年版，第 50 页。

表 5－1　人大代表主要政府监督权

对政府重大事项的审议和表决的权力	1. 人大会议期间，参加审议各项议案、报告和其他议题，发表意见 2. 人大会议期间，对同级人民代表大会的各项议案进行表决
对政府人事的表决、罢免和提出意见的权力	1. 参加本级人民代表大会的政府、法院、检察院、监察委员会领导人事任命案的表决 2. 依法联名对同级人大常委组成人员、政府、法院、检察院领导提出罢免案 3. 对同级人大常委组成人员、政府、法院、检察院领导的人选提出意见
对政府行为的调查、质询、询问和督促问题解决的权力	1. 人大开会和闭会期间，提出对政府工作的建议、批评和意见 2. 人大会议期间，依法联名提出议案、质询案 3. 人大常委会会议审议议案和有关报告时，对同级政府或者有关部门、法院、检察院、监察委员会负责人进行询问 4. 县级以上人大代表有权依法提议组织关于特定问题的调查委员会 5. 人大闭会期间，对同级政府和有关单位的工作进行视察，可以在视察中提出约见本级或者下级有关国家机关负责人，可以向被视察单位提出建议、批评和意见，但不直接处理问题 6. 人大闭会期间，围绕经济社会发展和关系人民群众切身利益、社会普遍关注的重大问题，开展专题调研，并就专题调研的问题接受相关政府部门答复 7. 人大闭会期间，参加本级人民代表大会主席团组织的执法检查和其他活动

从构成监督权所需要的“信息获得、强制影响”两大行动要素上看。会议和闭会两个时间区间，代表活动能够分别界定成获得被监督对象的履职信息（审议报告、询问、质询、调研、视察等）和发挥强制影响力（表决、任免、要求相关部门反馈等）两个层面。从监督形式上看，人大代表监督权力最核心的部分在于制度化拥有了可以对政府施加强制性影响和惩罚的关键性权力：政府重大事项的否决权和重要人事罢免权。政府年度工作计划、预算等重大事项都必须通过同级人大代表审议和表决

通过。在“一府两院”主要领导的人选上，人大代表有提名和罢免权。这些对整体政治过程起到关键作用的监督权力是受到正式制度确认和保护的。

在具体实践领域，一个值得关注的现象是：近些年，人大代表在执法检查、询问和专题询问领域的实践有了较为显著的进展。执法检查层面，2010 年修改的代表法在第二十六条中规定，县级以上各级人大代表可以应邀参加同级人大常委会组织的执法检查和其他活动。相对于一般的法律监督，执法检查并不限于以行为纠偏为中心的法律监督，而是延伸至行为以外的政治监督。[①] 以全国人大常委会开展的执法检查为例，检查的主题都是政府和社会共同关注的具有极强政治敏感度的法律主题，譬如网络安全法、大气污染防治法、传染病防治法等。执法检查的目的不在于单纯个案或执法行为的正确、适合与否，而是要从合法性层面考量和检讨发现为什么某项法律不能够得到有效实施，如何能够改变这种状况。通过参与执法检查，人大代表不仅具有了建制化的主动和政府部门进行对话的渠道，并藉由此过程获得了对行政机构的切实影响力。

询问领域，部分地方人大常委会在审议议案的过程中邀请人大代表参与，并采取了“边审议边询问”的方式将人大代表对政府部门的询问权予以发掘和实现。与此同时，专题询问的实践得到积极重视和实践。与询问相比，专题询问是在人大闭会期间，由人大常委会组织的有主题的询问监督。参与人员以人大常委会组成人员为主，但通常都会邀请部分人大代表参加。除此之外，人大代表在闭会期间还会通过人大代表社区联络站、工作站、网络和媒体监督等方式对政府工作进行监督。

从正式制度层面，法律同时对人大代表监督政府提供了明确的保障。这体现在三个方面。一是人大代表履职层面的言论自由受到特别保护。宪法规定：全国人大代表和地方各级人大代表在人民代表大会各种会议

---

① 林彦：《全国人大常委会如何监督依法行政？——以执法检查为对象的考察》，载《法学家》，2015 年第 2 期，第 14 页。

上的发言和表决，不受法律追究。二是人大代表人身自由的特别保障。同样也是宪法规定，人大代表的人身自由非经特别程序，不得被随意剥夺。三是政府对人大代表监督有反馈、回应的义务。《代表法》明确规定，人大代表执行代表职务是受到法律保障的，任何组织和个人都必须尊重人大代表的代表权利。自然，人大代表的监督权是受到法律保护和保障的。比如《代表法》规定，人大代表在会议期间审议议案时提出询问，有关部门要派负责人或负责人员回答。对代表提出的建议、批评和意见，相关政府部门要在交办3个月内答复，难度大的事项要在6个月内答复。人大代表视察、专题调研的报告会经由同级人大常委会转交相关政府部门。政府部门要对代表在报告中提出的问题解决和处理向代表进行反馈。[①] 这些规定都意味着人大代表的政府监督者身份是受到正式制度确认和保障的。

二、作为政府监督者的人大代表：监督的有效性和有限性

首要的一点，必须认识到：作为政府监督者的人大代表，其监督行动是具有效能的。人民主权原则和现代政府公共服务的顾客至上理念都要求政府在执政掌握公共权力的同时必须要给自己权力的行使创设制约方，这是体现执政合法性的必然途径。人民主权原则必然要求人民能够制约执政者。而从现代公共管理学的角度看，政府要成为“受顾客驱使的政府：满足顾客的需要，而非官僚政治的需要”[②]。因此，从理论逻辑上，人大代表代表人民对政府和政治过程的监督是政府取得合法性的重要支撑。这同时也意味着，人大代表应当是有效的政府监督者。这种有

---

① 《中华人民共和国全国人民代表大会和地方各级人民代表大会代表法》，见中国人大网，http://www.npc.gov.cn/wxzl/gongbao/2016－01/25/content_1961357.htm。

② 〔美〕戴维·奥斯本、特德·盖布勒：《改革政府：企业家精神如何改革着公共部门》，周敦仁、汤国维、寿进文、徐荻洲译，上海译文出版社2006年版，第149页。

效性在现实中主要体现于两个层面。

一是人大代表的监督权具有强制性。这种强制性首先体现为：政府过程中的关键议题，都必须经过人大代表的表决通过才能产生实际效力。人大代表的审议权、表决权、任免权就属于此类。其次是，人大代表的监督权是法定的。既然是法定的监督权，当代表履行此项权力时，被监督的政府部门或实体是没有权力说“不”的。

二是人大代表对政府行为的询问、质询和建议、批评等，政府相关部门必须给予相应回应。在质询的程序规定中，被质询的政府部门负责人必须通过口头或书面方式对质询做出正式的答复。其中，以书面形式做出的答复，必须由受质询部门的负责人的正式签署。在询问的过程中，被询问的政府部门则必须派出代表到提出询问的人大代表小组、联组或常委会会议上做出说明，进行答复。而收到人大代表建议的政府部门，必须在规定时间内对代表建议做出回复。在实践中，有地方政府为督促相关政府部门回应代表建议、提升建议办理质量，将建议办理情况纳入政府部门和主要领导年度绩效考评体系中。①

但与此同时，对于作为监督者的人大代表，在现实实践中，其身份的有效性之外还有着有限性的一面。这主要体现于三个方面。

一是在正式的制度层面，人大代表的监督是被规约在一定的范畴之内的。人大代表对政府部门的行为有质疑、询问和督促其修正调整的权力，但不能直接处理问题。这是《代表法》明确规定的。这意味着人大代表对政府的监督，主要集中于问责层面，在职权的划分上，人大代表不能够僭越权力机关代表的职权界限直接代替或干预政府行动。

首先，人大代表会议期间在听取政府工作报告和汇报上更多是了解信息，对政府的实质性约束和监督较少。实践中，对报告的审议大都是

① 譬如北京市政府 2014 年和 2015 年两年连续在政府部门办理人大代表建议的问题上出台规定。2014 年，将代表建议办理作为政府年度绩效考核内容，出台考评细则，2015 年则将代表建议办理情况作为市级行政机关和区政府主要领导述职述廉主要内容。

评介、批评、建议性的，代表或委员们是否应当提意见，提出意见以后，有关部门如何吸收，是否吸收，对此法律都没有相关的规定。换句话说，对于听取报告的法律后果，人大缺乏相应的法律和程序设置。现实中最明显的例子就是没有规则来说明“政府工作报告是否可以不通过?”“如果不通过怎么办?”。尽管在实践中还没有发生过人大否决政府工作报告的案例，但是缺乏相应的规则、程序设置不可避免地会导致人大代表对政府工作报告的听取缺乏原本的监督意义。而且从另一个角度讲，缺乏相应法律后果的设置容易引起争议。

其次，人大代表对政府工作提出的批评和建议的实效性缺乏有效保障。对政府工作提出批评是人大代表享有的基本权利。在人大会议期间，一般有专门的时间让代表提出各种书面批评、意见和建议。这些批评、意见和建议，在会后由人大办公厅转有关部门，促进其改进工作，并答复代表。[①] 中国法律对代表在人代会期间对政府的批评和建议给予了特别保护。比如《中华人民共和国宪法》规定：全国人民代表大会代表在全国人民代表大会各种会议上的发言和表决，不受法律追究。《中华人民共和国全国人民代表大会和地方各级人民代表大会代表法》规定：代表在人民代表大会各种会议上的发言和表决，不受法律追究。日常工作中，代表还可以根据自己的调查和周围群众的反映对政府工作中的问题提出批评和建议，督促其解决问题。这种制度本身比较好地了解并体现了民意，对政府也达到了一定的监督效果。但现实中的问题是，人大代表、人大及其常委会并不具备直接的处理手段，只能将建议和批评等转交有关部门，督促其依法处理。尽管制度要求，政府部门必须对人大代表建议做出回复和处理，但处理的效果完全依赖于所交付的部门的重视程度。如果相关部门或其上级尊重人大权威，通常会依法办理，反之，就会出现有关部门拖延办案、搪塞人大的现象。

---

① 蔡定剑：《中国人民代表大会制度》，法律出版社1998年版，第395页。

二是现实中人大代表监督政府的议程启动是受到限制的。首先，会议期间人大代表质询和询问启动难。尽管《地方组织法》第二十八条规定，“地方各级人民代表大会举行会议的时候，代表十人以上联名可以书面提出对本级人民政府和它所属各工作部门以及人民法院、人民检察院的质询案”。“全国人大会议期间，一个代表团或者 30 名以上的代表，可以书面提出对国务院及其各部委的质询案，在全国人大常委会会议期间，常委会组成人员 10 人以上，可以书面提出对国务院和国务院各部委、最高人民法院、最高人民检察院的质询案”。相比较而言，质询比询问的法律意义要强，所涉及的问题一般都比较重大。代表对质询的不满意是可以导致进一步的法律后果的，比如罢免职务。而询问更多的是介绍、说明的性质，为的是帮助代表或委员了解有关情况，以便于对报告或议案进行审议、表决。而质询是以法案的方式提出的，质询提起有较严格的法定条件和处理程序。但是在现实实践中，质询很难启动。一方面，我国现行的质询制度是把质询当作法案来规定的，这无疑增加了质询提出的难度，也限制了质询功能的发挥。另一方面，人大的会议安排，决定了质询制度的启动困难。代表大会一年只有一次，一次二十天左右，议程几十项，代表人数又多，质询和询问的安排只能占议程很小的部分。在这种情况之下，人大代表很难就质询政府形成实质性行动。

其次，辩论和代表发言审议讨论议案制度难以落地。辩论制度一直未被纳入人大议事规则中。① 但是长期以来，在我国的人大会议上不要说辩论，就连代表发言也很少见。自 1979 年以来，大会发言审议讨论议案

① 对这个问题，中国共产党的第一代领导人曾有相关论述。1956 年周恩来在《专政要继续、民主要扩大》一文中指出：将来在代表大会上要建立辩论制度。就是说，人大代表提出的意见，政府要出来回答，回答对了，人民满意；不对，就可以起来争论。资本主义国家的制度我们不能学，但是西方的某些方式和方法还是可以学的，这能够使我们从不同的方面来发现问题。换句话说，就是允许唱对台戏，我们共产党人相信真理越辩越清楚。我们共产党人要有勇气面对真理、面对错误，有错误就不怕揭露、就勇于承认和改正，见《周恩来选集》（下卷），人民出版社 1984 年版，第 208 页。

的方式几乎没有实行过。只有 1989 年七届全国人大二次会议上，有代表在授权深圳市特区立法权的议案表决时要求大会发言，在得到大会执行主席许可后，有两位代表进行了大会发言，以后就再也没有进行过大会发言。①

最后，人大代表以特定问题调查委员会的形式进行政府监督实质上也是受限的。按照法律规定，县以上人大，十分之一以上代表联名，可以提议组织特定问题调查委员会。但在实质政治过程中，特定问题调查的启动比较少。特定问题调查权在很大程度上处于虚置的状态。

三是从原则层面，人大代表对政府的监督和对政府工作的支持是紧密联系的。从人大制度运行的根本原则层面，人大制度的运行必须与坚持党的领导相统一。这一点决定了人大代表对政府的监督在原则层面必须和对党政工作的支持联系在一起。换句话讲，作为监督者的人大代表是用监督的方式支持政府工作。监督和支持是统一的，监督是对领导干部行使权力的约束，也是对领导干部正确行使权力的制度保护。② 这一原则意味着人大代表对政府的监督，其核心目的在于巩固政府执政合法性，促进政府治理的科学化和民主化。

但在实践中，这一原则具备了两种倾向。一种倾向是，人大代表行使监督权力，能够得到政府的重视和支持。这种倾向的出现，大多在于政府意识到人大代表的监督行动能够为自身的施政行为提供重要的合法性和有效性的支持，并将这种支持付诸治理行动之中。此时，人大代表在监督和支持之间能够达到一种均衡的状态。而另一种倾向则是，人大代表的监督行为，在很大程度上从属于支持行为。此种情形下，人大代表在制度化的监督机制前，很可能是类似于“审议多于质疑”“协商多于

① 杨临宏、陈颖：《西方议会辩论制度及对完善我国人民代表大会制度的启示》，载《人大研究》，2005 年第 4 期，第 45 页。

② 郝铁川、竺常赟：《试论习近平同志关于人大理论和工作的新阐述》，载《学习与探索》，2019 年第 8 期，第 78 页。

批评”这样的形式化行动，而非具体的监督、督促。因此，从这个角度，人大代表作为监督者的身份事实上依旧依赖于执政者理念和行动上的支持。

由此，综合来看，人大代表政府监督者的身份，其有效性一是体现于宏观制度对人大代表政府监督功能的确认和制度化体认。二是在关键的政治节点上，人大代表具有同意和不同意的权力，这种具有“生杀予夺”性质的表决权力是其他形态的政治代表难以企及的。同时，由于在一般性的政治过程中，人大代表的监督行为是确保政府过程具有合法性的关键依据，对人大代表在法定框架内的监督，相应的政府部门有配合的义务，必须进行回应。这些都意味着人大代表对政府的监督必然是有实际效能的。

但是，从中微观的制度细节和现实政治实践看，人大代表政府监督者身份是有限的。这种有限性不仅是指其监督职能必须符合人大自身权力定位，更是指其监督在具体制度配套和执行过程中的有限度和被制约。这些使得人大代表监督政府往往处于一种“软性诉求居多，督而无效”的尴尬状态。而这一事实从根本上说明，人大代表作为政府监督者的身份实现在很大程度上并不是来自其自身认知和能力，更多在于其制度性权力和身份在现实中被真正激励和保证。

第二节　发展中的政府监督者：实践形态

从根本上讲，无论从理论层面还是在现实政治过程中，政府监督者是人大代表非常重要的一个功能性身份。正式制度赋予了人大代表一种积极的政府监督者的身份。但由于正式制度在某些层面的有待完善，人大代表政府监督者的身份也是有限的。这种有限性集中体现于人大代表监督者身份在现实政治过程中过多受制于具体制度细节，尤其是程序性监督机制的不完善。一个显著问题在于，如果同样用与人大代表与政府和社会两个层面的距离来衡量作为政府监督者的人大代表，人们会发现，人大代表在政府监督者层面的身份形态同样折射了中国政府与社会的动态关系。尤其是在中国政府和社会关系不断调整的改革过渡期，人大代表的监督者身份在实践层面同时被政府和社会两个层面赋予了不同的道德性价值和工具性价值。不仅如此，由于现代政治监督关系是以意见交涉、理性沟通的方式实现的①，因此人大代表政府监督者身份与其政治沟通者身份是有着基本的呼应和配合的。

一、党内监督有价值的参与者和协同者

由于政府掌握了公共政策制定和执行的实质影响权，如果政府的监督者对其不能有切实具体的制约，就极易出现监督者提出监督意见而政府没有实质改变的结果。对于人大代表对政府部门的监督来说，同样如此。人大对政府的监督从根本上讲，不仅仅在于其参与的会议、提出的议案、发表的意见和质询数量的多少，更多是在于政府对这些监督行动的接受度和反馈度上。也即是说，人大代表对政府的监督本质上根植于其政治参与的有效性。而这种有效性的达成要求人大代表的监督必须和政府、党的观念和行动进行有效的互动才能产生实际的监督效能。

而对于执政党来说，有效处理好党的领导地位与对党的监督之间的关系始终是影响其执政合法性和执政效能的关键因素。有效的党内监督治理，尤其是对于担任政府公职人员的党员干部队伍的有效监督，是确保党整体成员廉洁、行动高效的重要保证。然而由于党在整体政治体系中的领导地位和中国既有的威权政治传统的结合，仅仅依靠自体监督，党难以进行有效党内治理，很难切实保证党的先进性和纯洁性。党需要

① 孙笑侠、冯建鹏：《监督，能否与法治兼容——从法治立场来反思监督制度》，载《中外法学》，2005 年第 4 期，第 23 页。

借助党外监督元素实现有效党内治理和对政府官员的有效约束。有研究者发现：地方主政官员需要藉由人大监督对地方官员进行监督。[①] 因此，在现实政治运行中，人大代表成为执政党进行党内治理，尤其是干部治理的重要外在协同监督元素。因此，从人大代表现实的政府监督行为看，很多监督实践都是和党内治理以及对官员的监督治理紧密联系在一起的。

这种实践形态的一种标志在于，在人大代表参与或作为主要监督者的实践很多都是在加强党的建设的旗帜下进行的。比如浙江温岭的以人大代表监督为核心的参与式公共预算改革，从其初始的民主恳谈的探索开始，加强党的领导始终是政府持续启动创新实践的中心目标。在参与式公共预算改革过程中，乡镇和市党委始终是领导者，其核心议题在于“有序组织人民群众广泛参与预算协商、讨论决策并不断强化对预算的审查和监督、调动人民依法管理公共事务的积极性、主动性和创造性，保证人民当家作主”[②]。2010 年开始，温岭市委把参与式预算工作纳入对镇、街道的党建考核内容，考核分数为 4 分。[③]显然，在参与式公共预算这样的实践中，人大代表作为主导性的政府监督者，其监督作用的启动和深化主要是党委基于对有效引导和组织群众参与政府过程、强化群众关系的持续化考量。从民主恳谈到参与式民主预算改革，温岭实践的依托主体一开始并不是人大，而在发展过程中，在大党建层面有效强化群众工作的目标考量下，基层党委、政府、政治精英和专家将人大监督和政治沟通的职能同步启动，有效对接到既有的协商民主实践中。在这种逻辑下，人大代表对政府公共预算的监督成为基层党建工作不断强化推进的重要切入点。抑或是说，在温岭参与式公共预算具体的实践中，人大代表通过与群众、政府、专家的多向度沟通发挥了积极作

① Da li L. Yang, *Remaking the Chinese Leviathan*: *Market Transition and the Politics of Governance in China*, Stanford: Stanford University Press, 2004, pp. 276 – 278.

② 王俊禄：《有事好商量，参与协商有力量》，载《半月谈》，2019 年第 5 期，第 38 页。

③ 张学明、吴大器等编著：《温岭探索——地方人大预算审查监督之路》，上海财经大学出版社 2016 年版，第 78 页。

用。而更大层面上，在党委层面，人大代表则是其强化群众工作、促进政府决策优化的党建工作中的关键协同者。

另一个显要标志则是强化对党员干部的监督治理。实践中，人大代表政府监督的直接对象是政府官员。他们大部分是党员。也可以说，人大代表监督的是党领导下的政府和政府官员。譬如人大代表网络、电视问政，其核心主旨在于强化对干部服务意识、责任意识和执政效能的监督。在执政党的党内监督治理体系中，人大代表是一个重要的正式的党外监督元素。对于执政党来说，人大代表在监督层面的优势在于两个层面。一是其身份的正式性。人大代表是制度性的政治监督者，他们虽然是党外监督者，但从根本上讲，他们是体制内的监督者。尽管在本质层面，人大代表的身份具有社会性，有独立于体制的可能性，但在现实的政治结构中，党的领导体系下，人大本身是要接受党的领导的。党实际上对人大代表的产生和履职行为有着强大的影响力，甚至可以说在很大程度上主导设计和规制了他们的行为模式。而正是在这种类似于设计和规制下的可控性，抑或是说体制内的正式性强化了人大代表在党内治理问题上的可控性和可信任性。尤其在全面从严治党成为“四个全面”之一，成为确保党和国家治理目标实现的重要保障后，人大代表在党内治理层面的协同治理作用被明显强化。二是人大代表作为人民代表，是公民选举产生的社会性权益代表者，在社会层面拥有较强的合法性。这意味着在党内治理体系中，人大代表是一个重要的问题收集平台。人大代表联系选民和调研、视察这些履职行动具备天然监督属性，从制度层面为党了解社会声音、监督基层政府和基层党员干部提供了信息渠道。因此，在诸多的人大代表监督行动中，党和政府的支持非常关键，甚至在很多行动中，党和政府就是主导者，譬如，当前比较流行的各种形式的媒体问政，主导方往往是党政部门。武汉市人大代表参与的电视问政、网络问政，其主导部门一开始是党委宣传部门，后转移为纪律部门——“治庸办”，对被问责的当事政府部门的职责已经从简单的针对问题整改即可，变为如果整改不力要追究责任。

二、政府间监督的传导者和倡议者

对所在选区内政府和政府部门进行监督是人大代表的天然职责。但由于人大代表从选举到履职，其身份的地域属性不可避免存在。并且人大通常是以地域为单位组织代表进行团组活动。这意味着，人大代表不可避免地扮演着层级政府间自上而下抑或是自下而上复合性的监督传导者和倡议者的角色。

一种情形是自上而下的，即人大代表基于治理效能使得地方或基层政府能够对辖区所属政府机构及其官员进行组织化的监督。此类监督通常是通过同级人大常委会进行组织，监督组织、监督形式、监督次数等都是提前确立好，以制度化的方式进行。这种监督，一是通过例行性的人大开会、提案、审议政府报告、询问、质询的方式开展；二是通过参加同级人大常委会组织化的调研、视察、执法检查等方式进行；三是通过同级政府或政府部门组织进行的听证会、法院旁听等方式进行。这些监督行为都是人大常委会按照制度组织进行的代表履职行动，都是在人大机关强有力的组织下进行的。这个维度的监督是与政府提升治理效能的出发点契合的。通过人大代表组织化的监督，中央和地方政府得以从制度化层面了解下级政府和政府部门的工作状态和存在问题，并能够藉由诸如民主恳谈会、现场咨询会、询问会、听证会等方式促使政府核心部门主政领导及时回应社会关切。这些实践安排，透露出一种政府间自上而下的监督轨迹。其核心在于政府部门通过人大代表的监督行动强化对下级政府部门的了解和监督，从而提升政府治理效能和对社会的回应度。在这些组织化的监督行动背后，人大代表在很大程度上成为上级政府对下级政府的监督传导者和倡议者。他们让政府发现下级政府的问题并成为政府自上而下层级监督的一种制度化、组织化的助力。

图 5－1　2017 年上海市人代会，政府部门领导现场回应代表咨询

图片来源：徐程：《上海市人代会最后一天　各政府部门现场处理代表意见》，见东方网，2017 年 1 月 20 日。

另一种情形则是自下而上，人大代表基于区域或组织利益使得下级政府、政府部门能够对上级政府、政府部门进行监督。由于人大代表是按照地域进行组织和开展工作的，他们的监督行动不可避免地具有谋求地域或所在单位、组织利益的特点。国外学者加茂具树、奥斯卡·阿尔和中国学者桑玉成等在研究中都发现，人大代表具有代表所在选区或单位、组织提出利益诉求，对政府行为进行针对性监督的行为。此种类型的人大代表的公共观念是建立在区域或组织利益观点之上的。相对而言，他们提出监督诉求的方式较为依赖于组织化行动。通过人大团组会议对符合地方性利益的议案、建议进行讨论、达成共识，对政府形成组织化的压力。更有学者通过对某省十一届人大二、三次会议代表提出的 6 件询问案进行分析，其中 4 件是反映地方问题的询问，并且这种询问往往支持率较高，能够得到整个地方代表团的支持。[①] 这种维度下，人大代表事实上扮演了自下而上的政府监督的中间环节，成为基层和地方政府向上级政府表达诉求、进行监督的中介载体和监督提起者。

因此，此维度的人大代表，作为监督者，在很大意义上成为不同层级政府相互制约的重要载体。从自上而下的角度，中央政府对地方政府，地方政府对直属政府部门和基层政府在具体政治过程中都面临着监督、管控的治理需求。因此，早就有研究者观察到，在中央对地方监控难度加大的情形下，中央对地方的权力制约与监督系统的建立，事实上借助了地方人大的力量。中央领导们试图通过地方居民的参与和地方人大的功能强化，以建立起地方层面的权力制约和监督系统，从而减轻中央的监督成本。[②] 而从自下而上的角度，地方对中央、基层对地方等自下而上向度的监督，也往往经由人大代表提建议、意见等方式进行。

三、社会监督政府的重要倡导者和执行者

人大代表监督行为的另一个实践角度是来自其社会层面的监督者身份。从社会的角度，人大代表是选民利益代表者，对政府和党的监督是他们天然的权力。

现代政治权力授受关系意味着公民可以基于自身合法权益的维护角度对政府进行监督。而这种现代政治的传统来到中国，在很大程度上又和中国传统政治中的民本思想进行了结合。但不同的是，西方开启的现代政治传统是以人本主义为基础的，和中国传统民本思想是有巨大的差别的。人本主义强调人的价值、尊严、创造力和自我实现，但同时也承

---

① 李翔宇：《中国人大代表行动中的“分配政治”——对2009—2011年G省省级人大大会建议和询问的分析》，载《开放时代》，2015年第2期，第148页。

② 何俊志：《中国人大制度研究的理论演进》，载《经济社会体制比较》，2011年第4期，第190页。

认人的有限性。对个体利益和权利的重视是人本主义价值观的基础。而中国传统民本思想则在很大程度上是相对于君本而言的，其核心在于强调明君、贤臣要重民、安民、恤民、富民、爱民、教民等，唯有如此，国家才能够长治久安。传统民本思想很大程度上是君本和官本思想的重要呼应。在改革开放后的政治和社会发展过程中，中国社会产生的政治监督思潮始终处于现代和传统的交集中，民众对政府和党的监督既有基于其作为独立个体自主意识和权利意识的觉醒，也有一种传统的对明君和贤臣的期待。在这种背景下，社会层面对政府的监督在两个维度上进行拓展。一个维度是通过正式的制度渠道和国家机器对政府进行监督。譬如，信访、依法向纪律部门反映情况等。一个维度是依托社会性力量对政府行为进行制约和监督。譬如通过微博、微信等社会化媒体发声、群体维权事件等。第一个维度的社会监督是政府动员的结果，而第二个维度的社会监督则是社会自我动员和自我组织的结果。中国历史上的王朝危机本质上即来自国家动员和社会动员之间的矛盾。尤其当国家动员无效，民间社会动员过度脱离国家层面的控制往往带来统治和治理危机。

而进入现代，中国政治一直在寻找一种可以在国家和社会两个动员体制之间的“连接轴”。毛泽东和黄炎培著名的“窑洞对话”寻求的即此问题的答案，而其最终揭示的一个重要执政规律就是党和政府要接受人民的监督。在现实的中国政治实践中，人大制度扮演了两个动员维度之间的沟通和转换的中轴。而人大代表则成为可以在国家和社会动员两个层面都具有话语权，能够协同或辅助社会监督政府的力量。人大代表监督是整个社会监督支持体系的重要组成部分。在不断的社会发展变迁之下，人大代表已经逐步由之前的国家政策代理人向代表社会利益的抗议者或批评者转变。[①] 在一定意义上，他们是社会监督政府的倡导者，也是

① 欧博文在20世纪90年代通过对若干人大代表的访谈得出，人大代表已经不是之前单纯的国家代理人，更多具有了社会性代表的身份，在一些社会性问题上，他们能够对政府提起“抗议”或“谏言”。

执行者。这主要可以从以下两个维度的人大代表身份实践中看出：

一是具有公共理念的公共批评者或建议者。此种维度下，人大代表具有鲜明的公益性、公共性的特征。他们往往基于公共利益对政府提出意见，敦促政府调整和完善政策。在他们身后有对选民利益的了解和理解，但在更大一个层面上，他们更像一个公益性的人物，能够超越选区或自身所处的区域、组织利益体系对政府行为提出询问、意见或建议。**一种情形是，**部分人大代表在关注自己所在选区或专业领域相关的议案之外，还会选择一些与社会民生有关的公共议题作为提案。此种特征在全国人大代表身上尤其突出。比如，2019 年全国人大会议期间，58 同城的总经理姚劲波提出“建议取消征收社会抚养费”的建议。深圳的全国人大代表张育彪连续多年呼吁政府出台“放开二孩政策”。在各级人大代表的议案和建议事项中，民生领域的公共问题是一个非常重要的方面。这至少说明了两点。一是此维度身份的人大代表关注的问题和政府执政的总体目标和重点关注是一致的，即反映人民群众关注的热点难点问题。这也在一定程度上体现了人大代表政府监督行为从现实体制实践中始终是要体现执政党执政的根本合法性的依托——人民性。这体现了中国政府和社会互动过程中，二者合作的一面。[①] 二是这也在一定层面上反映了，中国社会在从传统走向现代的过程中已经渐进培育了一批具有开放社会所需要的公共视野、公共精神的人大代表。这些代表在对政府的监督行动中已经具备了一定的公共视野和公共关怀理念。

另一种情形是，部分通过高层级政府或政党组织提名推荐获选的“戴帽代表”，他们的职业身份通常是较高层级党政组织的主要官员或专业技术人员，还包括同级人大常委会的组成人员。这些“戴帽代表”通

① 这一点比较鲜明体现于官方媒体对人大代表提案的话语描述中。比如，在浙江省金华市所创设搜狐公众号“金华百姓零距离”关于 2017 年两会人大代表提案的报道中，用到了“代表们围绕‘全面小康、浙中崛起’总目标，按照‘走在前列、共建金华’要求，着眼金华发展，提出了很多建设性的意见和建议，反映了人民群众普遍关注的热点、难点问题”这样的描述。

常通过政党提名被安排到下一级政府区域选举成为当地的人大代表。这种类型的代表在提案时，其视角不会局限于其所在选区利益，却往往和其政务和职业身份所处的区域或组织群体利益相关。这带来了一种现实情形是，此种类型的人大代表在提出自己的议案、建议或批评时，相对于同级人大代表往往更加具有超脱性，视角更能兼顾更高层级政府治理的关切。有学者针对此类代表提案进行统计发现：部分省级机构提名的“戴帽代表”存在提出其他区域事务的建议的现象。[①]

但是，在很大程度上人大代表这种基于公共精神的监督并不能直接作用于政府行为。他们提交的议案、提出的意见更多是关于某个公共领域问题的观点。这种观点通常会通过人大转交给人大专门的委员会和相关部委进行专门的讨论。他们的观点进入立法过程对政府行为发生直接影响尚需要时间。与其他社会性的政治监督渠道，比如媒体监督相比，人大代表此种形式进行的监督较为间接，不会“直接揭盖子”，也较难形成公共舆论对政府施压。但尽管如此，一旦人大代表的这种公共性言论进入政府行动议程，就具备了从一家之言上升为正式制度和具体政策行动的极大可能，这对政策塑造的影响力则是相对直接的。因此，人大代表基于公共关注对政府行为提出意见或建议，这种形式的监督对于政治发展是具有相当正向意义的。

二是基于选民利益对政府进行监督的独立的仗义执言者。此种维度下的人大代表更靠近社会维度。在他们眼中，其代表身份来自社会，基于选民的利益对政府直接提出诉求并不断督促政府行为进行修正是他们天然的职责。他们往往能够在一个利益冲突的压力环境下针对政府行为提出自己的见解，其动力来自他们将自己视为选民的代表，而不是特定利益集团或某些部门的代言人。这种类型的人大代表具有较明显的社会性代表意识，能够主动去监督政府，而不是在政府的动员或规划引导下

① 李翔宇：《中国人大代表行动中的“分配政治”——对2009—2011年G省省级人大大会建议和询问的分析》，载《开放时代》，2015年第2期，第150页。

进行监督。此类人大代表在实践中往往体现为三类。

第一类是选民意识较强的人大代表。此类人大代表往往具有较强的选民意识和独立代表意识，能够基于代表的根本权利和权力对政府提出监督要求。比如，曾担任27年人大代表的北京外国语大学教师吴青在其任内开创了三个第一：第一个手捧《宪法》维权；第一个设立选民接待日；第一个不定期向选民汇报工作。1988年北京市人代会上，她反对政府官员、法院、检察院系统干部参选人大代表，投出大会仅有的两张反对票，并两次弃权。[①] 事实上，吴青一开始并不是主动参选人大代表的，而是当时的海淀区需要一名人大代表，条件要求是中年女性、非党员、优秀教师，而当时的她正好符合该条件。但从履职第一天开始，吴青就跳出了体制传统下的人大代表监督轨迹，更加注重作为人大代表的自主发声和自主监督。

第二类则是通过自主参选人大代表当选的人大代表。他们部分是律师、大学生等知识分子和专业人士，部分是维权人士，诸如城市业主和农民等，也有部分是国有部门负责人或企业主。相对于单位组织或团体推荐成为候选人当选的人大代表，自主参选成功的人大代表对选民的投票更为敏感。并且这一群体人大代表参选本身往往就是基于其影响和改造政府行为的诉求。因此，他们往往能够积极主动与选民联系，依靠其自身的能力或资源在选区进行自主调研，提出相对独立的见解。相对于基于公共理念和公益精神对政府进行监督的人大代表，此类型人大代表的监督行为更为直接。他们对政府提出的问题更为明确，对问题解决的期待更为明显。

第三类则是公民意识和公共责任意识比较强的人大代表。此类人大代表具备较为浓厚的公民意识和公共责任意识。他们的出发点更多来自作为公民的公共责任感和公共监督意识，其监督行为更多基于其代表身

---

① 《冰心之女卸任人大代表落泪　曾因监督招致不满》，见腾讯网，2012年3月1日。

份的特殊性和公共影响力而获得效力。此种维度下人大代表的监督行为有时候还会超越代表履职的正式制度范畴，直接作为公民和社会人对政府行为进行监督。时不时见诸媒体的“人大代表实名举报某某官员”的新闻就说明了此现象。按照《代表法》的规定，人大代表履职中不包括向有关部门举报的职权规定。但类似这样举报的监督权却是属于公民个人的。在这一层面，人大代表身份的公共影响力被重视和获得开启。但总体逻辑上，此维度下的人大代表，其公共性的身份责任意识比较强，一定层面上成为“民告官”的带头人或中间性代表。

四、作为政府监督者的人大代表：与政治沟通者身份的高度重合

对于实现政治问责来说，首要的条件是能够获得关于政府活动的信息。[①] 人大代表监督政府，在于能够打破政府和代表以及代表身后选民之间的信息不对称。因此，对于人大代表而言，其作为政府监督者的轨迹势必要和其作为政治沟通者的轨迹相重合。实践中，人大代表提议案、质询、询问、辩论、视察、调研、参与政府组织的民主恳谈、网络、电视问政等行动，既是进行政治沟通，也是在对政府进行监督。

在具有政府治理指向的政治沟通下，人大代表更倾向于将自身视为有义务和权力对政府提出批评和建议，促使政府行为更加合理的监督者。他们的作用类似于中国传统的谏官，通过采集民意发现政府问题并督促政府改正。这种监督向度下的人大代表与政治沟通者身份中的进谏者身份高度重合。而从社会民众的角度看，人大代表的这一身份意味着民众拥有了正式的监督和影响政府和政府官员的途径。正式制度规约下，人大代表视察、调研、质询、辩论等职能在很大程度上都意味着这一群体

① 马骏：《实现政治问责的三条道路》，载《中国社会科学》，2010年第5期，第106页。

能够像古代的谏官一样对其各自负责的区域——选区内的政府事务提出自己的意见，并要求对方改正。对这一点，从温岭市2015年国土资源局预算民主恳谈中可窥见一二。

表5-2 温岭市2015年国土资源局预算民主恳谈代表意见

基本情况	2015年国土资源局拟安排预算收入35475.29万元，拟安排预算支出35475.29万元。其中公共支出项目30628.62万元，比去年增加167.5%。对于显著增加的公共支出项目这一变化，市国土资源局相关负责人解释说“主要是市土地开发整理中心从2015年度起，作为预算单位资金并入所致”
代表意见（摘录）	（1）2014年国土资源局的收入预算执行率偏低，如土地出让金收入8.11亿元，只完成年初计划数的23%，与编制预算相去甚远 （2）现在村一级搞建设时，宕渣供应严重不足，而另一方面，我市矿山资源储量及矿石生产量有进一步提升的空间，去年的采矿权出让所得收入也只完成年初计划数的48%，希望进一步加大社会用矿的合理需求 （3）土地规划编制等中介文本支出达到数十万元，数额较大，应尽量精打细算，同时建议引入竞争机制，进行招标 （4）国土资源局2014年的“三公”经费执行得较好，节省了20%以上，但这部分预算在2015年却是增加的，这与当前形势不符，建议进一步严格把关 （5）当前房地产市场行情低迷，土地出让时能否尝试多推一些小的地块，以满足中小企业所需

资料来源：张学明、吴大器等编著：《温岭探索——地方人大预算审查监督之路》，上海财经大学出版社2016年版，第89页。

缘于此，在很多实践中，人大代表监督成为政府了解问题，回应群众，完善自身工作的重要渠道。比如杭州市余杭区区长陈如根针对人大代表作为主参与者的全媒体问政提出：“接受问政的各个单位积极面对不足，正确对待评议代表所提的意见，不回避、不遮掩，把发现问题作为推动工作的切入口，要形成问题清单，制定整改方案，及时公布整改结果，回应群众关切，完善自身工作。”①

而与此同时，正如前章所分析，人大代表的政治沟通在强有力的政府治理目标指向的同时也具备了较强的社会性。在这个过程中，人大代表被赋予更多的社会性监督者的身份性质。严格意义上讲，在一个富有现代公共意识的公民视角中，人大代表这种类型的监督者不同于媒体记者，也不同于政协委员。他们是民选的代表，能够天然代表自己进行政治监督。很显然的是，中国社会发展已经渐进孕育了一批具有开放意识的公民和人大代表。譬如，在作者访谈的一个基层人大代表眼中，他的第一身份是监督者，他认为人大代表就是要代表选民监督政府执政。在一次人大会议上，他提出应当为人大代表制作日常监督用的代表证的议案。因此，在人大代表进行的诸多基于社会权益维护的政治沟通中，人们能够看到人大代表对政府行为进行的一些直接针对政府的质疑性话语。这些话语不仅仅是一种建议性质的，已经具备了质问或质询的意味，或者在一定程度上已经具有很强烈的要求政府应当修正其行为的意味。

但无论在政府向度还是在社会向度，作为政治沟通者的人大代表的身份实现都是其作为政府监督者身份实现的基础和核心前提条件。可以说，政府指向下的政治沟通，尽管将人大代表对政府行为的批评或质疑局限在一个对政府决策提供信息支持和回应民众需求、提升决策合法性的维度，但在实质层面，这种向度下的政治沟通中，代表同样实现了对政府的监督。而在社会指向的政治沟通中，人大代表对政府行为的指摘更加直接，并具有独立性。这两种不同指向的沟通，缓解了政府和社会两个层面的官民互动信息不对称。但对于政府而言，社会指向层面的沟通与监督，是有“失控”存疑的。对于政府指向的沟通与监督，社会也有着“不相信”或者“与我无关”的观感。因此，在政府和社会的两个

① 俞杰、陈书恒、沈雯：《第二季全媒体问政启动》，载《余杭晨报》，2018年6月22日。

向度上，无论是政治沟通者的人大代表，还是政府监督者的人大代表，都必须解决好政府和社会两个向度的调和与均衡问题。

第三节　人大代表政府监督者的身份与积极政治信任建构

作为政府监督者的人大代表与积极政治信任之间的关系密切并具有复杂性。积极政治信任要求政府能够有效代表、有效吸纳、有效沟通和有效回应。从一个侧面看，积极政治信任建构的核心是政府能够对民众监督有着积极、有效的回应和反馈。在这样的逻辑下，探讨作为监督者的人大代表与积极政治信任的形塑关系，必然的逻辑依托是，人大代表能够成为民众监督政府、政府接受和回应民众监督诉求的有效中间性力量。

人大代表对政府的监督同样可以通过政府和社会两个维度来体现。当监督更加靠近党和政府层面时，人大代表更多体现为党内治理和政府治理重要的协同者和发起者。而当监督更加靠近社会层面时，人大代表则更多体现为社会监督的重要倡导者和执行者。客观来讲，靠近政府动员的监督者与接近社会的监督者，尽管每一种都不能与积极政治信任产生直接的线性联系，但是每一种形态的监督都在对积极政治信任产生着影响。

一、党内监督治理行动中有价值的参与者与积极政治信任

作为党内监督治理行动中有价值的参与者，这样一个身份从根本上意味着人大代表是党内监督治理体系中的一个重要环节。通过人大代表的信息采集、反馈和提出意见等，党形成对领导干部执政行为的制约和

监督。而人大代表之所以能够进入党内监督治理体系，其主要原因在于这个过程中，人大代表的合法性身份与党的群众路线具有一致性。人大代表协助执政党进行了政治吸纳和政治代表。而这两个因素正是积极政治信任建构所需要的基础性因素。

与此同时，成为党内监督治理的有价值的参与者，这也意味着人大代表和党一同建构政治信任。在诸如网络问政、电视问政、民主恳谈等人大代表参与的监督活动中，群众最直观感受到的是党和政府对民众权益的关注和维护。治官的表象之下事实上是一种比较具有中国特色的爱民、恤民的政治沟通。在此维度，人大代表成为党建构积极政治信任的一个重要环节。

另外，参与执政党监督治理体系的同时也意味着人大代表政府监督作用发挥必须借助于党和政府对其的主动吸纳和作用开启。抑或是讲，“作用党与党作用”是人大代表作为政府监督者的一体两面。在这种结构中，人大代表对政府的监督从机制本身始终处于一种代表选民对政府提起申诉的层面。申诉途径也往往是执政党开启和建构的，并不是人大代表能够基于自身代表职权独立运作的。而申诉问题的解决上，人大代表没有直接的处置权，他们要通过政府主动建构的问题反映和监督机制反复督促有关部门达成问题的解决。譬如宁波白云街道人大代表联络站设有专门的“代表直通车”工作机制，通过此机制，人大代表直接和区政府各职能部门之间建立问题提交和反馈机制。人大代表可以在接收到选民问题的第一时间给负责此问题的政府部门专属负责领导进行电话咨询并持续督促问题解决。在此环节上，区政府主动搭桥，向代表公开不同政府职能部门主要领导电话，并要求这些政府部门的领导一定要重视和接受人大代表的询问。在很大程度上，正是区政府的统一组织和规划，人大代表才能够在接受选民问题申诉的同时促使问题得到解决。此种模式下，人大代表对选民申诉管而无效的问题得到有效解决。这使得选民看到了人大代表的积极作用，并体会到政府对民众福祉的关注。这同样符合积极政治信任建构的需求。

但问题的核心在于，此身份维度下的人大代表，作为监督者的作用发挥，主动性和实效性始终受制于党和政府的主动意愿和议程控制。即使在宁波白云街道人大代表联络站这样相对比较成功和有影响力的实践中，人大代表接受选民申诉的范畴也是被严格界定的。诸如针对公检法部门的维权行为、对政府大的政策决策提出问题申诉等都是不能够被轻易提交给有关部门的。即使在界定的可以帮助协调的问题事项上，联络站的工作人员和人大代表还要必须充分考量这些问题的复杂性和敏感度。这意味着人大代表作为政府监督者要有充分的界限意识。因此，作为党内监督治理体系中的有价值的参与者，人大代表的监督行动在很大程度上是由一个积极的地方、基层党组织和政府设计开启的。这样的行动也在向选民塑造一种积极的政府部门和党组织的形象。这种借由政府主动开启的人大代表监督行动，在一定程度上塑造了一种积极的政治信任关系。这一点从宁波白云街道和深圳月亮湾片区人大代表联络站和工作站的实践中能够充分看出来。然而，不可否认的是，在人大代表参与的此类监督实践中，其影响力的发挥和建构的政治信任关系仍旧是不完善的。从政府到人大代表再到公民，这种自上而下的监督行动开启中，人大代表只能作为党内监督的协同者发挥作用，还不是能够发挥直接和切实影响力的监督主体。

二、政府间监督的传导者和倡议者与积极政治信任

作为层级政府监督行动传导者和倡议者，在这样一种身份行动中，人大代表更像是地方或组织化利益的代表者。此身份维度的人大代表，他们既有政府治理过程中府际间信息互通和互相制衡中间通道的面向，也有为组织化社会利益发声的面向。

但是，从本质上讲，此层面的人大代表更多是偏向于政府层面的政

治监督者，是不同层级政府之间互动沟通、互相回应的一种渠道和平台。在政治信任建构的层面，此种身份维度的人大代表首先扮演了协助上下级政府间认知彼此利益的中间人和利益均衡者。而在此基础上，通过这种上下级政府之间监督作用的发挥，也对组织化的社会利益进行了体现和维护。一定程度上，人大代表不仅是上下级政府之间互相提出要求和互相回应的通道，也是不同层面社会化利益进行互动和均衡的表达通道。实践中，这个维度的人大代表的监督者身份往往很难被民众直接认知和觉察。对于普通民众来讲，这种维度的监督是通过人大机制性程序进行的。其外在表现和一般性的代表监督程序并无太大区别。抑或讲，不同层级间政府藉由人大代表进行互动和博弈，这种政府间围绕权力分配、公共资源和公共决策进行的竞争，往往不是直观呈现的，通常只有专业研究的人们通过代表的活动进行针对性的分析才能够获得感知和相关信息。而对于普通民众而言，他们感受到的，更多是不同层级藉由人大代表的发声和监督这些政治过程形成的政治输出。通过这种输出，普通民众对自身利益在整体意义上政府过程的位势有了一定感知。

因此，从积极政治信任建构的角度，这一维度的人大代表作为监督者，在相当程度上不能直接建构一种回应性政府角色。但不容置疑的是，此种监督身份下的人大代表却在相当层面上建构了不同层级政府之间的互动和回应关系。这对于政府间的信任关系的建立显然是有益的。与此同时，在形式层面，这种政府间利益博弈、沟通互动的情形最终也都要在维护公共利益的目标下进入政治议程。这种类型的人大代表，其监督者的身份尽管是基于政府监督互动的，但其监督行动本身所透露出的利益导向还必须具备公共属性。因此，此种层面的人大代表，作为监督者，他们对于积极政治信任的建构具有积极作用。但相对于积极政治信任所需要的直接回应和互动协商，如果此种身份维度下的人大代表，其回应性更多集中于对其身后组织化利益的表达和维护上，那么这个时候，影响积极政治信任达成的一个重要问题就出现了。这个问题就是：这种介于不同层级政府之间的监督互动，其博弈的利益点是否能够得到民众的认可，其博弈互动过程是否公开和得到民众认可。

而从中国目前的实践看，这种类型的监督互动一是如之前所言很难被普通民众辨别和识别出其背后的监督实质。二是在当前人大制度中，开会制度中的询问、质询、团组讨论、辩论等层级政府间利益监督的平台和通道对外公开的程度比较低，启动的次数也比较有限。公众很难通过直观的方式了解到层级政府之间、不同组织化利益群体之间通过人大代表进行互动的情况。由此，此层面的人大代表，其监督者身份不明显，对于积极政治信任的建构，他们的作用发挥也是比较隐晦的。其具体的监督动作往往隐藏于公众难以一眼窥见的人大会议和各种讨论之中。而其监督行动对于积极政治信任建构最为有影响力的环节相对被局限于决策输出环节。在这一层面，人大代表之于积极政治信任的建构，更大层面上在于其监督结果维度，而非行动本身。

三、社会监督的重要倡导者和执行者与积极政治信任

社会监督的重要倡导者和执行者，在这样的一种身份实践中，人大代表的社会性得到更多的体现。他们成为主动代表社会或根据社会需求向政府提出诉求的代表者。

从逻辑层面分析，这样一个身份意味着人大代表是社会监督政府的倡议发起者和具体实施者。在此层面，作为监督者的人大代表更靠近社会层面，他们是社会监督的重要倡导者和执行者，这种身份有利于积极政治信任建构需要的回应性政府和代表性政府的构建。与此同时，通过人大代表这一制度化群体，自下而上弥散性的社会性监督行为能够具备一定程度的正式性和规制性特征，监督的有序性得以确保。但在另一层面，此种身份的人大代表在促使政府回应和代表民众的同时，也将政府治理存在的问题凸显在民众面前。其行动将不可避免地促使“质疑政府”

政治心理和政治态度的形成。这种矛盾的现状下，政府对民众的回应力和治理绩效将直接影响民众对政府的信任感。

因此，对于作为社会对政府监督的支持者和重要协同者，人大代表对于积极政治信任的建构是一体两面的。一方面，无论是作为社会监督的倡导者，抑或是作为社会监督的执行者，此类身份的人大代表相对于政府和党规制层面的监督者更能够将选民的基本权利的实现放在重要的位置上。此类的监督实践也更加能够将选民置于一种公民身份上，更能够提升民众政治参与的技能与智识，使得普通民众能够用一种平等的心态直面政府官员。这在一定程度上能够消解政府的神秘感，促使民众认识到政府的能力边界及其局限性，从而减少对政府的猜忌和不满。而在另一方面，人大代表倡导的和参与的社会监督，在现实情境下，要经常化地面临着信息不对称、利益立场不一致的问题。这些都对社会方对政府和整体政治体系进行判断的所应秉持的立场和切入点产生了不同的压力和影响。尤其当人大代表监督所反映的诉求或问题，不能够得到政府很好的回应和解决时，抑或是当人大代表过度扮演了一种问题提出者或质疑者的角色，而政府又不能够进行有效回应和问题解决时，政府治理在观点和能力上的短板将不可避免地呈现在民众面前。此时，社会民众在多大程度上将信任交付给政治系统又将有赖于政府在多大程度上将这种监督置于一种制度化的渠道和结构中予以回应和系统化的输出解决。此问题的一体两面，意味着在一个转型的中国，人大代表对政府进行监督的有效性和监督的“度”是非常微妙而关键的。如果作为社会性监督者的人大代表，其监督行为延伸出的民众期待不能够被有效回应与解决，那么就容易形成一种“想信”却“不敢信”的矛盾化的政治信任心理。而与此同时，作为规制一方的政府，在稳定性的驱动下，也极易将人大代表此维度的监督者身份作为一种潜在的政府治理对抗性因素加以约束。而在此种情境下，当公众高涨的参与热情遭受有限参与途径的挤压，或因权力分配不均而导致沟通结果无效时，公众参与未必会带来系统信任的提高。[①]

而在具体的政治信任建构层面，作为社会监督者的人大代表，根据其具体身份设定，其对积极政治信任的影响也是分层次的。

首先，作为具有公共理念的公共批评者或建议者的人大代表，其身份是基于其作为人民代表的角色进行设定的。事实上，各级人大尤其是全国人大担负着概括、综合、吸收的任务，在多元化的利益基础上形成一元化利益，并且代表全体人民维护这种利益。[②] 而作为各级人大的主要组成人员，人大代表是有义务将选民的多元化、具体的利益综合吸收并转化为共识性的利益观点进行公共表达并依据其对政府提出要求。这种利益了解、综合和转化为政策诉求的过程必然蕴含着对政府的监督。因此，人大代表此种监督身份的设定与实现，尽管从表象上看似是代表个人公共意识和公共精神的成熟，但在实质层面，其背后是社会多元化利益进行建制化、有序化表达的一种需求体现，也是中国现有政治表达和吸纳机制的一种内在体现。因此，这种身份下的人大代表，其监督行为首先能够从形式和实质两个层面提升民众对社会公共利益的认知。其次，也能够使得自下而上对政府形成的弥散性无序监督诉求转变为一种有序的制度化表达。这对于提升民众对于整个政治系统的信任显然是具有帮助的。作为公共批评者或建议者的人大代表，其监督行动在形式上比较集中地通过人大开会或公共媒体的正式渠道发声、提出诉求。而其诉求最终是否能够进入人大工作议程并最终影响政府行动、获得反馈和回应实质上还是依托于系统化的制度建制。而从具体的监督的“度”的层面看，此层面的人大代表提出的公共观点或监督诉求绝大部分集中于社会民生领域，并且多是民众关注的热点问题。这其中还有一种现象是，人

① 龚文娟：《环境风险沟通中的公众参与和系统信任》，载《社会学研究》，2016 年第 3 期，第 54 页。

② 邹平学：《关于人大代表行使权力的理论与实践》，载《中国法学》，1994 年第 6 期，第 41 页。

大代表提出的一些观点诉求在很大程度上还是政府本身就关注的改革领域，譬如“取消社会抚养费”“放开二孩”“畅通非婚生子女户口申请渠道”等领域的代表诉求表达和公开倡议，已经在实践层面获得政府的回应。这意味着，此身份维度下的人大代表在监督的“度”的层面事实上也是建构了一种系统化、建制化的“政治不信任”的表达和政治监督通道，是符合积极政治信任建构的内在要求的。

而在基于选民利益对政府进行监督的仗义执言者的身份维度，人大代表的身份更加靠近选民方面，自主性和独立性较为明显。从监督诉求表达层面，作为仗义执言者，此类型的人大代表往往在较强的公益心之外，还具备较为鲜明的权利表达和权利维护意识。他们往往能够对涉及选民权利的问题进行积极鲜明的表达，并且这种表达具有针对性，比较直接表达到“政府不应当如何做”。其话语体系相对而言，更加具有批评和质疑的性质。尤其对于那些不是通过组织提名参选成功的人大代表，他们具备相对更高的选民意识，更需要具有针对性的、直接性的监督来体现他们对选民的负责。但也正因为如此，此身份维度下的人大代表，他们对政府的监督在相对更加直接的情境下，更能够触发民众对政府形成直接的态度。尤其在政府不能够很好回应和解决此种质疑和批评的时候，民众对政府极易形成负面认知。这种情形下，此种身份维度的人大代表与政府的关系往往具有两个可能性。一种是人大代表针对选民问题的某种仗义执言被政府视为撬动自身改革的一种支持性的舆论，从而进入常态化的政府行动议程，并通过此种议程的进行对社会进行了回应。此种情形下，人大代表、选民和政府是多赢的关系。在此种互动下，民众对政府的信任度显然是会上升的。一种可能则是，此种仗义执言在政府看来是一种直接的压力，其背后的诉求和揭示的问题在短时间内难以解决，此时，政府的态度和回应代表监督的技巧、能力起到了非常关键的作用。尤其在一个利益多元化的时代，人大代表的监督诉求不可避免地具有组织化利益代表的意味。政府在应对此种利益诉求的过程中，沟通和平衡的艺术对社会政治信任起到了非常重要的影响。因此，此维度下的人大代表倡导或组织进行的社会监督，相对而言具有较高的组织化利益博弈的性质，更容易对政府治理能力形成挑战，更容易影响到政府的被信任度。

综合分析，作为具有公共理念的公共批评者或建议者的人大代表很大程度上形塑的是一种与政府公共治理目标相契合的系统化信任。这个维度形塑的政治信任，看似仅仅是通过人大代表的某些公益性议案或批评、建议得以建立，但事实上，在人大代表提出这些议案、批评和建议的过程中，他们不仅和社会民众进行沟通互动，也和政府进行了互动。并且其观点和理念，在一定程度上与政府将要进行的政策实践具有相关性。在此种维度上，这两种类型的人大代表监督，不同层面上都具有了政治沟通层面政府决策积极进谏者的感觉。而由此在积极政治信任建构的层面，这种身份维度的人大代表事实上具有了更多的正向连接政府与社会的属性。而作为基于选民利益对政府进行监督的仗义执言者和利益维护者的身份维度，人大代表的监督行动更大层面上靠近社会端，和前者相比，他们很大程度上更接近代表社会对政府提出要求的博弈者。在社会监督者的身份维度，人大代表的两种身份，同样也是在政府和社会两个维度之间进行游移的。与这种游移相对应地，他们对于积极政治信任形塑也是具有不同影响的。相对而言，具有公共理念的公共批评者或建议者的人大代表的监督行动往往更加具有均衡性，通常能够在政府需要或接受的范畴内同时形塑一个具有公益回应性和代表性的政府，也能够在一定程度上形塑社会的公共精神。在这个过程中，社会对于政府的期待与政府实际行动表现往往能够通过此种类型的监督予以引导，两者也藉由此种监督行动得以形成均衡。而这种均衡的达成正是实现积极政治信任的重要环节。这是此身份维度人大代表之于积极政治形塑的优势所在。然而，其劣势也是有的，这在于两点。一点是现实情境下，如果人大代表的公共性批评或建议和政府决策过于契合，在政治信息尚未全方位开放的情况下，会不会引起一种“人大代表的监督诉求是政府决策信息试探环节”的猜测，从而建构出一种“政府言论试探气球”的代表形象。此种模式的人大代表监督，具有了某种仪式感的同时，其人民代表来自人民的形象也会在一定程度上受损。另一点劣势则来自远景层面，如果人大代表提出的公共性批评或建议，尽管最终进入了政府议程，但并未得到很好的解决和治理，政府治理的短板进而呈现在民众面前。此种情形下的挑战在于，当人大代表关于公共的观点和政府议程紧密结合将社会民众对于政府在某项公共议题上的期待提升到一个可以对政府推动此公共领域进行改革的强大的社会支持力量时，政府必须对此公共问题的解决和治理具有一整套行之有效的方案。这对于积极政治信任的建构是非常关键的。

四、作为政府监督者的人大代表与积极政治信任：综合视角的分析

从政府监督者的身份维度，人大代表事实上也具有政府和社会两个维度。从靠近党政维度的监督者身份，人大代表在很大程度上是党内监督治理和执政行为监督治理的有价值的协助者和支持者，也是政府层级间监督的重要倡导者和实施者。而在社会监督的一方，人大代表是社会监督的倡导者或支持者。而现实中，作为监督者的人大代表，其不同维度的监督者身份往往是交叉存在的。与此同时，人大代表政治监督的行为本身的过程还是一种典型的政治沟通的行为。无论是在哪一个维度，人大代表监督都是利益表达和回应的过程。可以说，人大代表政治沟通的过程事实上就是政治监督的过程，而政治监督则是他们进行政治沟通的一种重要结果或效能。

而从积极政治信任建构的层面看，在中国特定的政治结构和政治行动现实中，无论是靠近党和政府维度，还是靠近社会维度，作为政府监

督者的人大代表始终是作为党实现以人民主权为核心的社会治理的价值链条中的关键环节。这一点意味着人大代表的政府监督者身份和政治沟通者身份一样，在一个非常重要的层面上，都是执政党和政府回应民众需求，建构自身与民众利益一致性的重要通道。这一点在很大程度上意味着，人大代表这一群体从价值和工具性两个层面能够成为执政党和政府主动回应社会需求的重要价值载体和实践载体。

其次，在一定层面上，政府监督者的身份实践，人大代表在一定程度上对负责、有效能的政府形象的形塑进行了支撑。相对于政治沟通者的身份，人大代表监督者的身份具备了更强的对政策议程的影响力。从期待性层面，人大代表政治监督者的身份，在政治效能层面能够获得民众更高的期待。抑或是说，作为监督者的人大代表在政治议程中更加具有效能感。而近些年，无论是从政府监督治理维度还是从社会监督治理维度出发，人大代表政治监督效能的被启动和重视的一个重要目的就是要实现政府对民众政治回应效能提升。人大代表对政治过程进行监督，在一定程度上塑造一个责任政府、效能政府的形象。

最后，人大代表作为政府监督者的实践在一定程度上塑造了积极理性的公民。从近些年人大代表的监督实践中，诸如网络问政、参与式预算等都在一定程度上形成了一种民众对人大代表监督职能的认知和确认。但更重要的是，这些形态的监督实践，在很大程度上，通过人大代表的主动监督，引导和教育了普通民众，形成了他们对公共空间的体认，提升了他们民主协商的意识和技能。

以上因素都意味着作为政府监督者的人大代表对于积极政治信任的建构都是具有积极作用的。但在另一层面上，一个关键问题在于，工具化镜像下，人大代表作为政府监督者所映射出的对民众的短期和长期回应性，以及营造出的政治氛围或政治生态，是具有多向度指向的。从靠近政府治理一端的人大代表监督实践看，一个比较显性的指标在于，人大代表能否切实进入政府监督的场景和议程中，有赖于党政部门对其监督行动的条件创设。从实践看，借由党政主导下的机制和平台创设而实现人大代表建制化监督的实践占大多数，也更具现实操作性。在这个基础上，人大代表监督行为对民意的反映和体现不可避免处于一种被政治权威有意识引导塑造的行动结构之中。而经由政治权威塑造后，人大代表政府监督所指向的一种统一而具有鲜明公共色彩的价值表达在一定程度上被淡化。由于人大代表的监督行为经常化处于党政治理结构之中，人大代表社会监督层面的代表者身份的识别性是不够显著的。在很大程度上，在党内监督治理和政府层级监督治理两个维度，人大代表身份的工具性意义强于其价值性表达。抑或是讲，在现实的党内治理和政府治理实践中，人大代表作为中间性的政治监督通道或平台，对党和政府的人民性与公共性进行充分的具象化表达是有其现实挑战的。

这种形态下，积极信任所要求的核心要义——政府的回应性，只有在执政党和政府具有回应意愿时，才能够相对有效地通过人大代表的政府监督行动进行体现。而这个过程中，人大代表的监督行为必须将监督行动置于被党和政府认可的政治结构和政治行动中。这使得他们通过监督行动影响政府回应民众时，其影响方式往往是间接和软性的，往往是一种引导性的举措，而不是直接地、针对性地提诉求。在这个过程中，积极政治信任建构的基础回应性因素的形塑事实上是有限的。

也应看到，作为政治行动者的人大代表在监督行动中也存在一种脱离政治权威控制的冲动。调研显示，人大代表对于自身监督者的身份认知处于上升的态势。尤其是审议、询问、表决、任免这些对政治议程具有决定性影响的监督权力的存在是人大代表身份区别甚至优越于其他类型政治代表的重要依据。在现实中，人大和人大代表不可避免地具有一种扩大这些权力影响力的趋势。而在其寻求监督权启动和影响力扩大的过程中，人大代表监督权的启动和实施，必然要与政务公开和民众知情权、参与权的扩大进行结合。从近些年人大代表监督创新实践中可以看出，诸如人大代表工作站、网络/电视问政、参与式预算改革等监督活动，都是在这样的逻辑下进行的。因此，一种显然的趋势是，人大代表政府监督者身份的实现与拓展必然会涉及民众基本政治权利的实现和提升。这个过程中，政治权威对人大代表作为政府监督者身份的态度——基于对政治稳定和政治合法性的考量而产生的衡量，依旧是非常关键的。而这一现实导致的另一潜在问题在于：作为政府监督者的人大代表，其监督行动不能够脱离责任属性，而成为特权人物。如何保证人大代表的监督是真正基于民意，具备公共属性，而不是没有限度抑或基于私益的作为，这同样是非常关键的。

因此，政府监督者，在积极政治信任的建构上，是一个非常重要的人大代表身份维度。人大代表监督者身份的切实实现是积极政治信任建构的一个重要环节，能够为积极政治信任建构提供保障和支持。在实践维度，人大代表在政治监督层面的具体行动不能脱离党和政府主导的政治行动框架，但同时也必须保持一种与社会监督价值和行动上的一致与融合，能够切实吸纳和反映民众的利益诉求。在政府监督者身份实践与积极政治信任建构的互动层面，人大代表同样面临在政府/执政党维度和社会维度之间均衡的问题。

第六章

作为关键立法参与者的人大代表与积极政治信任

在立法领域，无论是全国人大还是地方人大，都在中国的立法过程中扮演着越来越重要的角色。[①] 而作为立法机关代表，人大代表是中国政治和社会生活中非常关键的立法参与者。这种关键性主要在于作为立法参与者的人大代表自身所具有的代表民众反映民意的代表者的身份。人大代表在国家立法中的特殊身份，意味着他们对于积极政治信任的形塑和建构有着非常重要的作用。

逐步体系化和逐步深化人大代表在立法参与上的广度和深度，此两种需求在政府和社会两个层面是同步存在的。尽管出发点不同，但这种趋势有益于使人大代表在立法这样一个关系国家发展的重大议题上形塑一种建设性的身份，也有利于在这个过程中同步形塑积极的政府和积极的社会。这使得作为关键立法参与者的人大代表与转型期中国积极政治信任的形塑与建构具备了建立正向联系的基础与可能性。但在另一层面，这种正向联系的建立、存续乃至深化须倚重人大代表在立法参与效能和立法民主价值两个议题上作用的深化。而这种作用的深化一方面受惠于政治发展过程中人大代表在立法参与的价值体现，但另一方面则受限于

① 何俊志：《中国人大制度研究的理论演进》，载《经济社会体制比较》，2011 年第 4 期，第 191 页。

代表自身立法参与素能及立法参与机制和环境。

第一节　关键立法参与者：人大代表的重要制度身份

现代法律是民众集体意志的体现，是公民契约。人大代表在立法的过程中代表普通民众，将其利益诉求转化为硬规则——法律。人大代表参与立法过程体现的是民众对立法过程的主导力和影响力。人大代表肩负着将民众意志上升为法律意志的职能和任务。立法参与者是人大代表一个非常重要的制度性身份。

一、作为关键立法参与者的人大代表：正式的制度身份

从正式制度层面，人大代表是具有正式法律身份的立法参与者。人大代表作为立法参与者是有着正式法律规定的。《代表法》明确规定，人大代表出席本级人民代表大会时，可以依法联名提出议案，参加审议各项议案、报告和其他议题，发表意见，并依法对议案进行表决。这其中的核心内容就包括审议、表决法律案和与立法相关的报告和议题。

客观来讲，制度层面，人大立法，包括四个阶段：提出立法议案—审议立法议案—表决和通过立法议案—公布法律。但如果从系统科学的观点看，人大立法是一个动态的政治沟通和利益均衡过程。最终出台的法律是人大在立法层面政治输出的重要成果，但立法行动并不是以法律出台为结束的，相反绝大部分立法行动集中于三个层面：法律出台前的信息汇集和不同方博弈；法律出台时的不同方的博弈互动；法律出台后的执行反馈、调整完善。综观这三个层面，人大代表的作用不仅仅限于人大会议期间代表联名可以提出法律案、可以审议和表决议

案，更在于在立法议案提出、审议、表决通过和法律执行过程中发挥着重要影响力。人大代表在立法层面的此种地位和作用是经由正式制度确认的。

首先，人大代表对于立法议案的提出有着较为重要的制度性影响力。这包括人大会议前和会议中两个阶段。人大会议前，所有的法律案在严格意义上是以立法动议或建议的方式存在。尽管从人大的层面，作为主立法机构，人大每年的立法开端是既定的年度立法计划。但这些立法计划的出台过程中，人大代表不仅具有影响力，并且这种影响力是经由制度认可和强化的。一个典型的信号是，中国共产党十八届四中全会决定中专门提出：健全法律法规规章起草征求人大代表意见制度，增加人大代表列席人大常委会会议人数，更多发挥人大代表参与起草和修改法律作用。而从制度实践层面看，人大代表在人大开会前参与立法包括三项重要工作。一个是联系选民了解基层立法信息并向人大和相关部门反馈；二是通过视察、调研、执法检查、专题询问等闭会期间的监督性的履职活动监督立法和法律执行情况，了解立法信息并向人大和相关部门反馈；三是通过参与各种与立法相关的公共活动（诸如立法听证、立法座谈会等）反映选民立法诉求。人大代表闭会期间与立法相关的履职行动所形成的立法意见、建议最终会反馈至人大和相关政府部门。一旦一个法律动议或某项立法计划要被作为正式的法律案在人大会议上进行提出，那么按照程序，在开会前一个月，法律案会被提交给同级人大代表进行审阅。当人大开会时，人大代表可以通过联名的方式提出法律案。全国人大代表30人以上联名以向全国人民代表大会提出法律案。

其次，人大代表对于立法议案的通过有着重要的制度性影响力。制度规定，人大会议期间，人大代表通过审议、询问、表决的方式对法律案进行监督，对立法过程直接施加影响。尤其是与其他类型的政治代表相比，人大代表对立法有表决权，这是具体而直接的一种影响力。这种权力也表明，法律的合法性是由人大所决定的，人大行动的主体——人大代表的意志是法律合法性的直接来源。

最后，人大代表对于法律的执行有制度性影响力。一项法律通过人大颁布后，对其执行情况，人大代表是有监督权的。这种一般意义上的法律监督通常会通过执法检查、视察、调研以及专题询问等方式进行。在整个立法体系中，这一环节往往又成为某一立法领域下一阶段立法动议的信息准备阶段。

概而言之，人大代表通过会议期间和闭会期间的不同形态的履职活动为国家立法提供信息支持，并对国家立法体系和法律执行情况予以监督。他们是立法建议和立法议案的提起者，是立法过程的重要参与者和影响者，同时也是立法监督者。这些都是通过正式制度予以规定和明确的。从系统化的视角，影响和监督法律的出台和执行是人大代表政治参与的核心政治成果。人大代表的所有履职活动本质上都和立法体系有着直接或间接的联系，它们是立法体系的关键环节。综合来看，人民代表的主身份使得人大代表在立法参与层面具有了一般立法工作者和参与者不具备的道德化和制度化身份优势。人大代表是立法参与的主体，不是一般的立法参与者，他们是关键的立法参与者。

二、作为关键立法参与者的人大代表：身份的外延性

如上所述，正式制度中，作为关键立法参与者的人大代表，在立法倡议、立法参与、立法监督等层面都发挥了相当的影响力。人大代表在正式制度层面，其制度性身份与主流话语体系对其关键立法参与者的定位是符合的。但在另一层面，从立法参与者的角度，与一般立法参与者相比，其身份的关键性或特殊性还在于非正式制度层面人们对人大代表的期待，以及人大代表自身在非正式制度层面的相关行动。这些行动在一定意义上建构了人大代表作为立法参与者的身份外延。这包括三个层面。

一个层面上，人大代表是一定意义上立法开化者的角色。在哲学层面，重要或关键立法参与者是梳理和抽象政治观点，并对民众理念进行影响的人。而作为主流话语体系中的立法主体，尽管不明显，但人大代表的确在一定程度上具备了哲学意义上的立法参与者的身份要义。在党的先锋队代表逻辑下，人大代表将党自身的初心——全心全意为人民服务通过既定的制度架构向民众进行了传导和行动体现。而从代议政治代表的逻辑看，和党的先锋队代表的逻辑一致，人大代表同样传导的是人民主权的观点。尽管在实现人民主权的具体行动方式上，后者和前者不一致，这导致了人大代表这一群体在作为哲学意义上关键立法参与者的时候，在政府和社会两个维度上具有不同倾向的人大代表具有不同的行动逻辑。但从总体上看，无论如何，人大代表的存在至少在主流政治观点层面为普通民众建构了一种我是国家主人的心理认知。而人大代表主导或参与的政治行动，无论具体的出发点如何，也都在向民众传导一种人民主权观念下的平等参与、平等沟通的公共参与的价值。在很大程度上，人大代表是中国政治结构中非常关键的立法层面的公民教育主体。

另一层面上，作为关键立法参与者的人大代表是民众立法诉求的传导者和实现者。现代法治社会要求，法律不是统治的工具，而是社会价值引导和国家治理方略。法律必须能够反映社会需求，因此立法必须能够体现和传导民意。在这个层面，立法参与者必然也是法律的宣传者和动员者。这一点在人大代表身上体现得尤为显著。在立法过程中，人大代表表象层面担任着非常具体的立法信息采集的功能，但在实质层面人大代表担负非常典型在立法层面代表和整合民意的职能。作为关键立法参与者，人大代表参与立法不单单体现于对人大立法的直接影响上，更鲜明体现于他们通过提出议案（事案与法律案）对国家某领域立法形成推动。比如，九届全国人大第五次会议上的1194 件议案中，依法推进信息化和邮政电信发展的议案占了较大比例，尤其是请求规范网络文化、强化网吧管理的议案和言论，直接强化了网络行政立法和行政管制。[①]

同时，人大代表也是重要的立法宣传者。人民对法律的不需要、无需求、不能体现其正功能，才使得立法者不得不采取一切有效的宣传方式，做到家喻户晓，人人明白。[②] 在一定程度上，人大代表担负着解释和宣传国家立法和国家法律的任务。譬如在人大代表社区联络站，通过联系选民工作，人大代表在帮助选民解决问题的同时对立法信息有所了解，也在一定程度上帮助选民了解与问题相关的法律。

三、作为关键立法参与者的人大代表：身份的有限性

行政权力的运行逻辑和立法机关立法逻辑具有天然的区分。行政权力运作必然要借助政府权力的强制力。而立法机关立法则体现的是民众对社会利益纷争解决规则达成的共识，在很大程度上借助和体现的是人民自治原则。在现实立法机关立法过程中，立法权与行政权之间的分立和竞争使得立法权不可避免要受到国家意志的侵扰。而折射到人大立法过程中，则意味着，作为关键立法参与者的人大代表尽管其身份有着正式制度赋予的理想化的一面，但在现实政治运行中，其身份是有限的。这主要在于以下几点：

首先，影响力的有限性。现实的立法流程中，对立法过程最有影响力的往往不是人大，而是党委和政府。首先是党领导立法。党中央可以把全国人大常委会党组的意见、报告以转批、转发形式，迅速将人大立法变为党内文件，或将党内文件变为法律规范。[③] 人大内部党的组织对人大运行的政治领导和组织领导也意味着党主导人大立法进程。各级人大

① 于立深：《行政立法过程中的利益表达、意见沟通与整合》，载《当代法学》，2004 年第 2 期，第 32 页。

② 徐璐、刘万洪：《社会转型背景下的立法者》，载《法律科学》，2005 年第 6 期，第 9 页。

③ 秦前红：《党领导立法的方式和途径》，载《中国法律评论》，2014 年第 3 期，第 223 页。

代表中，党员在人数上占据主导地位。人大会议开始前，党员人大代表都要通过组织了解党中央在立法层面的规划和主要观点，进行统一思想。综合来看，在很大意义上，人大代表提出法律案，体现的是党的意志，而非人大代表自身的意志。

另外，还必须承认的一个现实是，人大代表作为立法参与者的影响力是分层次的。全国人大和全国人大常委会、地方人大和地方人大常委会享有立法权。不同的是，全国人大和全国人大常委会对应的是国家立法权，制定修改的是刑法、民法等国家基本法律，而省、自治区、直辖市人大和设区的地方人大对应的是地方性行政法规。而地方性行政法规从根本上不应当和全国性法律相违背。因此，从立法影响力上，全国人大代表的影响力要明显高于地方和基层人大代表。尤其是基层人大代表，由于县乡两级人大无直接立法权限，他们的立法参与者身份事实上长期被悬置。他们在立法领域的作用和影响往往更多集中于立法信息层面。譬如一项针对上海市人大代表的调查显示：在普通人大代表所提交的立法建议或议案中，最常得到的处理方式是“转由有关机关在制定、修改相关法规或者开展相关工作时参考”，占59.3%；其次为“部分意见建议被吸收到制定或者修改的法规草案中”，占28.3%。“被纳入立法规划或立法计划”和“直接列入人代会会议议程，进入立法程序”的比重分别为13.3%、4.7%。①

其次，在具体立法流程中，人大代表的意志往往被人大机关意志和政府部门意志替代。由于人民代表大会的制度设计，导致出现了显著的权力下沉现象，即立法权由人大沉淀至其常委会，并进一步由常委会下沉至委员长会议（主任会议）以及其工作机构之中，由此出现了由院会中心主义到委员会中心主义的机构权力变迁。② 在具体立法流程中，一名

① 杨寅：《人大代表参与地方立法的现状与制度完善——以上海市人大代表为例的调查分析》，载《上海交通大学学报》，2013年第4期，第7页。

② 王理万：《立法官僚化：理解中国立法过程的新视角》，载《中国法律评论》，2016年第2期，第125页。

人大代表要想提出有效的法律案，必须借助于代表团的力量或得到30名以上的代表的联名支持。这种组织化的提案权事实上更多体现的是党和政府组织化的意志。而即使提出了法律案，还必须经过人大专门委员会尤其是法律委员会审查和常委会委员长会议/主任会议才能够真正进入立法规划。在这期间，与立法提议的相关政府部门的意志被体现并对最终提交审议的法律案内容产生实质影响。人大代表的意志则相应地被专门委员会吸收和分化。因此，很大程度上，人大代表对法律案最终通过与否的影响力是有限的。当最终的法律案出现在人大表决程序中，很大意义上，最重要的部门和组织化利益的博弈工作已经完成，人大代表更多的是象征性地进行审议和表决。因此，人大代表具体所享有的立法提案权对立法进程的影响力是有限的，更像是一种立法建议权或立法倡议权。而人大机关自身的立法官僚则凭借其法工委的制度平台，以及法律体系复杂化、精细化带来的技术立法倾向，借助法学发展带来的知识动力，成为支配与替代人大代表的“实质立法参与者”。①

最后，人大代表对立法过程的监督力是有限的。人大代表提交的与立法有关的建议在很大意义上是一种对政府立法存在问题的看法，可以视为一种完善法律体系的倡议或立法信息支持。这些建议通过人大专门的委员会进行汇总，并提交至相关政府部门，后者进行反馈后最终还是要通过人大相关专家委员会进行汇总和研究。在这个过程中，人大代表更像是政府立法决策的建议者和信息提供者。而在执法检查层面，人大代表的作用发挥从属于党和政府治理目标追求，更像是党督促官员强化某方面治理绩效的协同监督者。总体上看，人大代表在整个立法监督流程中，其实际作用还是集中于信息输入和信息支持层面，缺乏实质的监督动议权。

另外，最为重要的是，作为关键立法参与者，现阶段人大代表自身

① 王理万：《立法官僚化：理解中国立法过程的新视角》，载《中国法律评论》，2016年第2期，第125页。

的立法素质也是有限的。从本质上看，立法是非常专业的事务，需要立法参与者具有法律道德，具备一定的立法技能和经验积累。这一点，密尔早有论述："代表公众的民主议会的缺点就是公众本身的缺点，即缺乏特殊训练和知识。……几乎没有任何脑力工作像立法工作那样，需要不仅是有经验和受过训练，而且通过长期而辛勤的研究训练有素的人去做。"① 而从单纯立法参与者素质的角度，人大代表需要对民众意志有积极的认知和把握。他们应当从基本层面具有联系民众和认知权益的能力。他们要能够在识别民众真实需求和公共利益基础上将民众的意志上升为法律。他们应当熟悉立法流程，深谙法律特质，能够基于理性进行表达和妥协。最终，充分体现公意，努力达臻公义，这是立法的上上之境，有待于立法者的忠诚和公正。② 这需要人大代表具有表达民众意志的道德自持和有效实现公正、公益的能力。这在很大程度上需要两方面的支持：一个是代表自身的道德修养；另一个是建立切实的代表责任机制，使得人大代表切实产生于民众授权并能够受到民众监督，对民众负责。但值得重视的是，在这两点上，现实的人大代表并不能够完全担当起关键立法参与者的角色。

一是从现有人大代表的授权和责任机制看，人大代表不能实现对民众的直接负责。从整体授权机制层面，现实中的人大代表从选举层面，基础性的民众赋权不够充分。在代表候选人的提名层面就不能够实现基本的民众提名，而是单位、组织提名，尤其是党组织提名候选人。这导致人大代表整体政治表达"偏间接化"。另外，在代表的职业结构中，从事基层一线工作的代表不占优势。以全国人大为例，十二届全国人大2987 名代表中，党政领导干部代表 1042 名，占代表总数的 34.88%。这一比例在十三届全国人大期间降低为 33.93%，诸如一线工人、农民工、

---

① 〔英〕J. S. 密尔：《代议制政府》，汪瑄译，商务印书馆 1982 年版，第 74 页。
② 许章润：《论立法者——在政治正义的意义上思考正当法，并论及法律的渊源和品格》，载《苏州大学学报》，2014 年第 3 期，第 17 页。

专业技术人员代表比例有明显提升（十二届全国人大一线工人农民工代表比例比十一届全国人大时期提高了5.18%）。整体上讲，尽管近些年，从全国人大代表人员结构完善开始，各层级人大代表官员、企业家化趋向有明显调整，但在以间接为主的选举体制下，大部分人大代表了解和回应民众诉求的直接性依旧是不充分的。而多数基层工人、农民、农民工和专业技术人员需要的并不是几个和自己类似的人成为代表，而是希望成为代表的人（不管是谁）能够直接回应他们的意志、利益和需求。[①]在笔者进行的人大代表针对性访谈调研中，亦有基层人大代表表示"在很大程度上，基层需要政府官员担任人大代表，需要他们在一线去倾听选民声音"。但无论哪一种观点，综合起来看，都意味着，自下而上层面，现有机制尚不能有效驱动人大代表对民众立法诉求有效负责。

二是从人大代表立法素质和能力总体上还不能够有效满足民众需求。这包含两方面问题。一方面是人大代表整体法律素质欠缺。从整体上讲，人大代表参与立法不需要他们是专业的法律工作者，但需要他们有一定的法律学习和法律事务处理经历。从目前看，有这样相关经历的人大代表比例并不高。2014年，有学者调查显示："在当下有地方立法权的地方人大常委会成员中，具有法律学习背景和法律事务经历的不超过10%。在专门从事立法工作的法制委员会以及为立法服务的法律工作委员会中，这个比例也罕有能超过25%的。"[②] 这说明即使直接具有立法影响力的人大代表，其法律认知和法律服务相关的背景也是比较薄弱的。另一方面，最重要的是，人大代表需要有立法所需要的了解民众诉求并在立法中进行体现和回应的能力。这里面涵盖了政治沟通和利益均衡能力。这事实上指的还是代表联系群众和政府沟通的能力素质。而这一素质，从目前的实践看，尽管能够通过人大安排的各种视察、调研、执法检查等活动进行体现和提升，也能够通过人大代表社区联络站

---

① 赵晓力：《论全国人大代表的构成》，载《中外法学》，2012年第5期，第989页。

② 肖金：《谁才有资格担当"立法参与者"的角色》，载《新文化报》，2014年9月9日。

这样的制度创新进行体现，但从根本上讲，人大代表整体上和选民乃至一般民众的联系互动还是不够。

第二节　作为关键立法参与者的人大代表：身份实践的两个向度

人大代表作为立法参与者的身份实践不仅与中国法治化进程相统一，也与中国特色的政治民主发展相统一。作为关键立法参与者的人大代表是官民政治沟通和社会利益均衡的典型映射者。改革开放后中国国家整体治理法治化、民主化的两大趋势决定了作为关键立法参与者的人大代表，其身份实践基本上是朝着法治建设参与者和立法过程民主价值体现者的两个向度进行的。

一、作为关键立法参与者的人大代表：中国法治进程的重要参与者

从历史的角度看，作为关键立法参与者的人大代表，其身份实践首先是和中国法治建设紧密联系在一起的。1979 年之前，立法层面，人大代表是党领导下坚定的支持者和拥护者，即使在形式上，也很难被允许对党的行动进行质疑或批评。在这种单一依靠党政权威却忽视制度建设的大环境下，法律的作用是被严重忽视的。这种情况下，人大代表的功能更加集中于政治支持功能，而非立法功能。

1979 年，全国人大同时通过并颁布了新的《地方组织法》和《选举法》。新的《地方组织法》规定在县级以上的地方人大设立常委会，《选举法》则规定各级人大代表均采用差额选举的办法产生，并且将直

接选举人大代表的层级从乡镇提升到了县一级。① 这两项法律中的前者提升和拓展了地方人大的主动权，后者则提升了人大代表作为政治代表的民主性。

这之后开启的政治和经济改革，使得国家治理层面对“法”有非常紧迫而现实的需求。人民代表大会在接下来的喷薄而出的大量立法行动中获得了成长。在1982年通过的宪法中，全国人大和全国人大常委会立法权力有着明显的扩大和提升。一方面全国人大有立法权，可以制定它“认为合适”的任何法律；另一方面全国人大有权对宪法进行修改，全国人大常委会有权解释宪法。② 有观点认为，这种变化使得全国人大成为真正的立法机关。也有观点认为，这种变化尽管提升了全国人大立法权的至高无上性，但也使得对人大立法的民主监督陷入无主体的境地。

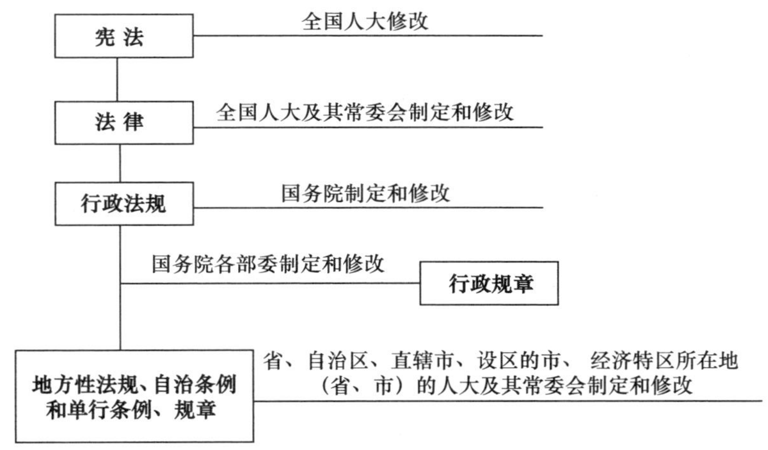

图6－1　当代中国立法体系示意图

① 何俊志：《中国人大制度研究的理论演进》，载《经济社会体制比较》，2011年第4期，第188页。

② 周叶中、江国华：《82年宪法与中国宪政》，载《法学评论》，2002年第6期，第8页。

但无论怎样，1982 年宪法颁布后，地方和部门立法进程有了明显的提升。1997 年党的十五大将“依法治国”确定为基本方略。1999 年的宪法修订中，法治成为确定性的基本原则。在法治成为主流话语的情形下，人大代表作为关键立法参与者的身份在内外两个层面得到认知和重视。内在层面有两种趋势存在。

一是人大代表主动参与立法的意识增强。立法本质上是利益群体进行利益互动博弈的过程，是以社会权利意识的勃发为基础的。1978 年开始的改革进程，很明显提升了社会层面的权利意识。在这个过程中，人大代表所具备的权利意识和权利代表意识的提升是不可回避的。由此，对立法这样一项涉及社会资源分配和均衡的关键政治过程，人大代表对其的认知逐步具备了较强的主动性。在一项针对性的调查中，只有 3% 的人大代表认为普通人大代表不太必要参与立法工作，91% 的人大代表认为普通人大代表有必要参与人大立法工作，并且其中 27% 的人大代表认为这种参与是很有必要的。①

二是人大代表对参与立法具备较强的效能期待。这来自人大代表对其政治身份和他们所依托的政治机构——人大在整个政治过程中价值提升的期待。有证据表明，改革开放后的人大立法层面的效能大大提升，甚至在某些情形下阻止了党内高层官员期待动议的达成。② 而在人大立法和政治效能提升的过程中，人大代表的效能感也不断强化。“人大代表在立法参与中越来越多依赖于自身能力，他们希望人大能够转化为一个有效能的官僚化角色”③。抑或是讲，人大代表通过参与立法这样重要且影响力大的博弈过程强化自身和自身所依托的人大机构和制度平台的政治

① 杨寅：《人大代表参与地方立法的现状与制度完善——以上海市人大代表为例的调查分析》，载《上海交通大学学报》，2013 年第 4 期，第 8 页。

② Murray Scot Tanner, “The Erosion of Communist Party Control over Lawmaking”, *The China Quarterly*, No. 138, March 1994, pp. 384 – 403.

③ Kevin J. O'Brien, & Laura M. Luerhrmann, “Institutionalizing Chinese Legislatures: Trade-offs between Autonomy and Capacity”, *Legislative Studies Quarterly*, Vol. 23, No. 1, 1998, pp. 91 – 108.

效能，同时使自身能够切实嵌入政治过程中，从而提升自身和人大的政治影响力。

在这两种趋势下，作为关键立法参与者的人大代表也是中国法治建设的重要参与者。这种参与事实上根植于法治的本质要义和中国法治的特殊要义两个层面。

从法治本质要义的层面看，法治是“法的统治”，强调法律在国家治理中的至高无上。但其前提条件是：法是良法，是善法。而必须是能够体现公意抑或是代表大多数人利益的才是良法、善法。这里就建构了一种法治和民主相互依存的现实。而在中国法治建设中，人大代表事实上就担负了从政治层面确保出台良法、善法的立法参与者角色。通过人大代表的立法参与，民意能够和党的意志进行连接和沟通，从而使法律从政治层面具备合法性。人大代表通过其政治沟通、监督等行为为法的持续完善提供信息层面的支持，并为法律体系的动态修订完善不断形成压力和促动。

而从中国法治的特殊背景看，依法治国和党的领导之间有明确不可分的联系。法治建设必须坚持党的领导。党也事实上主导着中国法治进程。而立法则一直被视为：“党通过法定程序参与立法和从事立法工作，力争将本党的主张和决定被代表人民意志的国家机关所接受和通过，以至上升为法律。”①立法过程在现实中遵从着民意—党意—法意的逻辑关系。党的意志来自民意。人大代表是民意传递至党的重要环节。而从党的意志上升至正式的法律，人大代表则是关键的决定者和影响者。从民意到党意，从党意再到法意，人大代表在其中都是非常重要的立法决策信息提供者与立法合法性的支撑者。党意和人大代表关于立法的观点必须取得某种共识或进行某种融合后，再经由人大代表的表决才能够具备合法性基础。也可以说，相对于西方国家议员，中国人大代表在法治进

---

① 唐鸣、俞良早主编：《共产党执政与社会主义建设》，人民出版社2008年版，第723页。

程中发挥切实影响力的关键在于：在民意萃取和体现的基础上，他们还必须和党对法的意志达成一致共识。

二、作为关键立法参与者的人大代表：立法民主体现者

民主和法治是当代世界政治发展的两个互相联系、密不可分的潮流。人大代表参与立法，本质是政治民主的一种体现。作为立法参与者的人大代表，其重要的价值在于对法律这一事关国家发展的重要正式制度产生流程的正式性和合乎民意性的体现和确保。而对于现实中国的政治实践而言，立法过程中的民主性元素的体现和话语表达基础性的承载者是人大代表。而在国家和社会的互动中，人大代表在立法层面的民主价值在一定程度上得到党和社会两个层面的期待和认知。由此，围绕立法民主的体现，人大代表参与立法有着诸多可以被称为创新的实践做法。

人大代表参与立法协商。此种类型的立法协商由人大发起或主导，人大代表作为重要参与者参与其中。按照《立法法》第三十四条规定：列入常务委员会会议议程的法律案，法律委员会、有关的专门委员会和常务委员会工作机构应当听取各方面的意见。听取意见可以采取座谈会、论证会、听证会等多种形式。人大主导的立法协商主要指人大通过召开立法听证会、质询、辩论、讨论等方式吸纳各方意见对某项法律或政府规章进行制定、修正或完善。其核心在于人大、公民、社会组织、专家学者、政府部门等立法相关行为体之间就立法议题形成多方位沟通互动，强化人大立法的科学性和民主性。

强化人大代表的参与性是当前立法协商实践的部分趋向。在立法协商的实践中，人大代表的作用被强化和激发，人大或政府部门通过立法流程创制将人大代表吸收至具体的立法环节。人大主导的立法协商的一般模式是以人大常态化立法调研工作为基础的。通常，人大常委会在立

法规划之前主动征求代表意见，并邀请人大代表参与一系列立法调研活动。这是人大立法协商的基本环节，主要是提升人大代表在立法过程中对信息的全面掌握和了解，并使得人大代表对立法的建议能够成为年度立法计划的重要来源。紧接着，在具体的立法过程中，人大常委会在审议法律议案时，要通过各种方式了解人大代表意见。这些实践在很大程度上是确保人大代表对立法的基础性知情权和对立法进程的影响权。而更加具有协商特质的实践则是在此过程中为人大代表参与立法讨论创设机制性平台。这些平台包括人大或政府部门组织的立法讨论会、立法论证会、立法座谈会、立法论坛和立法听证会等。这其中，立法讨论会、立法座谈会、立法论证会和立法论坛等活动的主旨在于听取人大代表、民众的意见。而立法听证会则不仅仅是一种各方面的意见信息交流方式，较之其他形式，立法听证会由于组织程序更为严格和公开、参加人员更为广泛、内容更具有针对性、结果更加具有影响力，因此和政治过程的嵌入度更为紧密。同时，立法听证会针对的立法主题往往和民生关联度大，涉及不同利益群体的切身利益，社会关注度高。2005 年，就修改《个人所得税法》，全国人大常委会进行了历史上第一次立法听证会。这次立法听证会尽管只有一名农民工代表参加，但是从实践意义层面，此种协商形式在立法过程中的采用，至少已经从形式民主层面意味着弱势群体在立法过程中的发声和权益保护获得官方和社会的共同关注。而人大代表在其中尽管只是参与代表之一，但从质的层面，他们在立法听证中的出现和被重视，从另一个侧面体现出人大代表在立法中的重要地位。

从组织上，立法协商在实践中往往会借助人大代表联络站、工作站等中间机构和活动平台。藉由人大代表的基层工作平台将立法协商与基层民主实践进行有机结合。比如浙江省人大通过人大代表联络站，组织省级领导干部中的人大代表（30 名）和全体省人大常委会成员直接就立法议题和基层人大代表、群众进行交流。区级市的人大常委会通过专题讨论的方式组织本单位省级人大代表和基层人大代表、群众进行意见交流。北京市政府在生活垃圾分类的立法草案形成后通过三级人大代表主动征询民众意见。通过人大代表工作站、联络站，人大代表走进社区，召开生活垃圾分类的意见征询会和座谈会，了解不同方面市民的意见。

图 6－2　北京市区人大代表在街道与物业公司、酒店餐饮企业代表座谈交流

图片来源：高枝、武红利：《市领导带头，万名人大代表下基层听民意，合力推动垃圾分类》，见搜狐网，2019 年 9 月 16 日。

人大代表认领立法项目。此项实践主要集中于地方层面。在人大的统一组织下，人大代表依据自己的职业、专业和日常关注点，选择自己有意愿和有能力参与的立法项目。在具体参与过程中，人大需要针对人大代表的选择提供具有针对性、个性化的联系沟通服务和系统化的监督考核机制。而人大代表则需要针对自己选择的立法项目，进行全程跟踪、深度参与。

在组织形式上，和立法协商相似的是，人大代表认领立法项目的实践是人大自上而下组织进行的，主要目的也是提升人大代表对立法的参与力度和影响力度，使立法过程更加民主科学。不同的是，此种形式的实践使得人大代表对立法的参与更加能够和其自身的关注点和专业能力相联系，从而使得人大代表深度参与立法具备了现实可能。

在实践中，为了促使人大代表能够更加深入地发挥认领立法项目的影响力，地方人大在具体的机制配套上进行了创制。比较典型的做法包括两项。一是为人大代表切实参与认领项目的立法过程提供联系沟通服务。比如浙江省人大常委会法工委及其他专门委员会为每位重点参与立法的人大代表配备专门联系人，为代表参与立法提供个性化服务。其主要目的是解决人大代表参与立法过程中的信息不对称、反馈渠道不通畅等问题。二是为人大代表认领立法项目建构专门的监督考核机制。此层面的规制体现了人大代表认领立法项目不是代表随机选择性的动作，而是代表“责任”事务。

立法联系点制度支持人大代表参与立法。立法联系点制度主要是指地方人大在基层设立立法联系点，就立法问题听取民众意见和建议。其出发点，不仅仅在于使立法机关能够及时掌握民众对相关法律、法规、条例的意见，更在于使立法机关能够发现和掌握前瞻性立法信息。此项制度创新最开始的时候是一些地方的人大进行的自主性探索，取得成效后，得到全国人大的肯定和推广。

在具体实践中，立法联系点往往和社区“人大代表之家”“人大代表社区联络站”等人大代表基层活动点和工作机构融为一体。立法联系点是人大代表参与立法的重要支持和配套制度。但其功能主要集中于通过立法联系点这样一个民意收集平台和制度化渠道的设置，将民众关注的立法信息进行收集和反馈。在此意义上，立法联系点事实上和人大代表社区联络站在联系和沟通选民、疏解社情民意和为政府提供行政和立法决策信息方面具有相近的效能。人大代表在其中发挥了同样重要的桥梁作用。

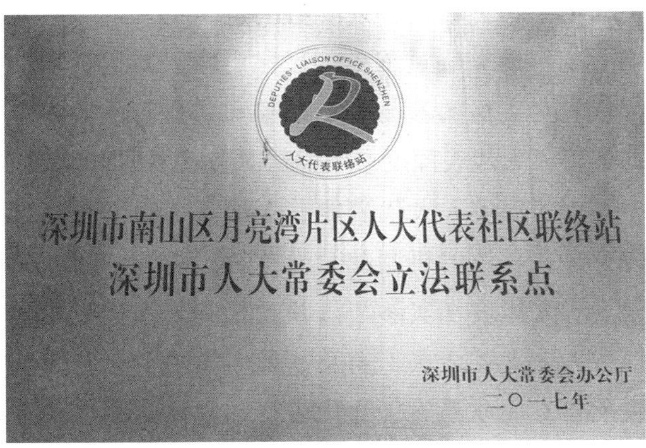

图6－3　深圳市南山区月亮湾片区人大代表社区联络站同时也是深圳市人大常委会立法联系点

图片来源：课题组实地拍摄。

立法助理辅助人大代表参与立法。立法助理制度起源于西方国家议会的实践，主要是指为议员或国会内部诸如常设委员会这样的立法机构配备具有法学背景的专业人士作为助理，辅助他们进行立法。西方国家立法助理中有议员的私人助理，也有国会组织聘请的服务于立法机构的助理。从表面上看，立法助理制度更直接针对立法科学化水平的提升，着力解决的是立法专业化不断强化趋势下立法人员能力不能适应形势需求的问题。但本质上，立法助理制度更着重解决立法民主化问题。这主要源于，一般的不具备法学专业背景的人大代表很难将理性分析民意和通过专业知识将零散甚至矛盾的民意分析、过滤、整理成为具有影响力的立法建议或议案。而这恰恰是具备法学专业背景的立法助理的优势所在。中国立法助理制度前身可与人大立法过程中普遍采用的立法顾问制度相联系。譬如2002年深圳市人大常委会聘请了19名硕士学历以上的律师、仲裁员担任立法顾问。而立法助理制度第一次以正式名称进入人大立法实践则是在2003年。当时的重庆市人大为市人大常委会21位常委聘用了兼职的立法助理。上海、成都、郑州、海口等地方人大后来也进行了类似实践。此项制度主旨在于解决人大立法人员专业性欠缺的问题，通过给人大常委会人员配备法律专业人员作为立法助理[①]，使人大立法在具备民意基础的前提下具备更强的专业性。

在前期实践中，立法助理主要是为人大常委会常委服务，而非一般人大代表。人大常委会常委通常被视为人大代表的代表。但这也从一个侧面反映了立法助理制度实践尚缺乏一定的广泛性。由此，在后面的实践中，部分地方将立法助理实践与一般性人大代表的立法活动进行有机结合。比如，嘉兴市人大将立法助理机制创新和人大代表认领立法项目进行有机结合。但总体上看，立法助理辅助人大代表立法，还只是部分地方人大的自主实践，尚不具备系统化、建制化的特征。

人大代表自主进行立法调研。这主要指人大代表在人大主导安排的立法调研之外通过自己的行动对自己所关注的立法问题进行调研。一般情况下，具有自主立法调研能力的人大代表多为法律从业人士，比如律师、法学专业研究者等。比如广东诺臣律师事务所律师、广州市人大代表雷建威针对“母乳喂养”和公益组织——母乳爱公益服务中心进行立法调研。

通常进行独立立法调研的人大代表对其所持的立法观点能够进入人大正式立法进程有着较高的期待。他们并不满足于了解立法议题的相关信息后只是对政府或人大相关部门进行反馈。相反，他们会充分运用人大代表现有的立法权力空间推动调研的立法问题进入立法议程。比如前面提到的雷建威代表在广州市两会期间将带有母乳喂养立法草案的议案带至会议现场，寻求人大代表的签名支持。因此，从某种意义上讲，能够独立进行立法调研的人大代表，不仅具备较强的公共意识和法治意识，

① 在重庆2003年的立法助理实践中，与人大常委对接的立法助理，主要来自律师、公司法务人员或法律院校。第一名被任命的立法助理是西南政法大学法律专业的博士生。

并且他们的立法素质和能力也是比较高的。相较于一般的根据人大或政府安排进行立法调研的人大代表，他们的立法主动性和专业性都更强。

人大代表与公民、利益群体合作参与立法。此层面的实践主要来自社会层面对人大代表参与立法的主动游说和影响。在此基础上，人大代表借助于积极公民和利益群体对立法信息的掌握和谋求利益的诉求动力提出相关的立法议案。这包括利益群体游说和公民个人游说两种情况。

从利益群体影响立法的层面，市场化的趋势下，不同社会利益群体对人大和人大代表的游说日益成为政治市场化的一部分。这些利益群体主要以民间智库、民间组织、行业协会、商会等为主。2006 年，在民间力量连续三年的推动下，十届全国人大一次会议上，376 名代表联合提交了关于加快修改《中华人民共和国义务教育法》的议案，成为当年会议联名人数最多的议案，并最终促成《教育法》的修改。[①] 甚至 2009 年 3 月 16 日《中国新闻周刊》封面报道即为“游说人大”，讲民办教育集团如何游说人大代表。通常，利益群体游说人大代表分为显性和隐性两种方式。显性方式包括：邀请人大代表参与论坛、座谈会；直接为人大代表提供立法建议。隐性方式包括：通过影响政府官员进而影响人大代表；通过媒体报道形成公共影响力从而影响人大代表。

相对于利益群体游说而言，公民个人游说人大代表立法的情况不是很常见。现实中，游说人大代表立法的公民主要包括两种类型。一是比较积极影响政府决策的公民。比如一名叫熊伟的民间智库发起人长期与全国人大代表合作参与立法。他采用的方式比较具有个人色彩。他会先收集人大代表联系方式，接着主动联络他们，向他们提供自己对某项立法议题的观察和看法。在游说人大代表的过程中，尽管有的人大代表并不喜欢熊伟的坚持，但在不断的接触中，他的确影响到了部分人大代表，使他们按照他提供的材料和建议写出了议案。二是具有公共意识的专家

---

① 孙春艳：《中国民间浮现游说集团　多渠道向人大诉求权益》，见中国新闻网，2009 年 3 月 13 日。

学者。部分专家学者也会在人大会议之前将自己对某领域立法的看法和调研情况发送给人大代表。

三、作为关键立法参与者的人大代表：立法精英抑或政治民主体现者

法律使用理性的方式体现人类的公意，并将这种理性的公意上升为具有约束力的国家制度。因此，在立法行动中，对公意的吸取与理性体现公意是同等重要的。作为关键立法参与者的人大代表在立法参与中同样需要体现这两种理路。在现实的立法实践中，作为法治进程重要参与者的人大代表与作为立法过程民主价值体现者的人大代表，两个维度之间的身份既存在竞争性，也存在一致性。其分歧在于，作为法治进程参与者的人大代表，专业立法技能和素养是其关键立法参与者身份的核心支撑要素。但从政治民主的角度，人大代表更需要具有政治性，能够代表选民进行利益竞争，互动妥协，推动利益共识的形成。在技术要求和政治要求之间，作为关键立法参与者的人大代表往往被要求不仅有充分的能力参与立法，更要能够在立法层面代表选民进行博弈，提升法的民主价值。这也从侧面体现了代议制民主中精英主义模式与多元主义模式的分野。

但从客观层面看，尽管以上两个身份维度之间有分歧，但是，人大代表核心的政治代表者身份决定了政治民主体现者的身份维度最终要优于立法精英的身份。现实中，立法技术性层面，立法助理、立法顾问、各种专门委员会和法制工作委员会中的立法工作者等专业法律从业人士事实上在相当层面作为隐性立法参与者承担了大量的技术性工作。这意味着在实际立法过程中，作为显性立法参与者的人大代表，其身份角色要更加侧重于政治代表功能，即对民主价值的体现上。这事实上也符合中国人大作为人民代表机关的核心定位。由此，从逻辑和现实两个层面

看，作为关键立法参与者的人大代表，法治进程参与者的身份向度要从属于作为立法民主体现者的身份向度。在这个应然要求下，一个现象在于：作为隐性立法参与者的立法工作者在立法过程中事实上发挥着更为主导的作用。而作为关键立法参与者的人大代表和人大、政府部门中的隐性立法参与者之间存在信息不对称。相比之下，隐性立法参与者对立法信息有着直接、近距离和系统性掌握，人大代表反而显得疏离于具体立法信息之外。因此，尽管人大代表参与立法更集中于他们对民意的体现，但无论是立法过程还是立法结果的民主化和科学化的达成都要求他们必须具备一定的立法专业技能。

一个现实的问题在于，人大代表如何能够在立法民意吸取者和技能性的立法参与者身份需求之间达成均衡。一个显然的立法结构性现实在于，当立法的民意通过人大代表下沉至隐性立法参与者——立法工作者的工作范畴时，人大代表对于立法的影响力就更多集中于发声倡议上。更多的立法具体工作集中于立法工作者身上，而关于立法问题的博弈则更多集中于政府部门之间、政府和社会力量之间。即使在人大内部，不同的专业委员会在一定程度上也具有部门利益的色彩。各专门委员会常代表不同部门立场，如农业和农村委员会代表农业部，环资委代表环保部。① 此种情境下，人大代表作为关键立法参与者能够切实发挥作用的场域——人大开会辩论、审议、讨论等环节在一定程度上已经是立法博弈化解的后延阶段。这些环节虽然非常关键，但鉴于人大会期和各种具体代表发言程序、时间的配比，人大代表在会议期间提起和审议法律案更多体现于对于某项立法内容的建议或立法倡议上。关于立法的争论和博弈大部分是在人大会议之外的时间进行的。这也导致人大代表在整体立法博弈过程中，显性的立法参与者身份不能够得到充分的体现。

① 徐凯：《新邮政法与部门立法之痛》，载《法治与社会》，2009 年第 8 期，第 37 页。

概而言之，立法过程是利用不同类型知识的过程，需要通过恰当的程序结合大众参与以及专家的理性分析功能。[①] 作为关键立法参与者的人大代表所面临的现实情境意味着，必须要把公众对立法的参与和监督与人大代表、立法工作者对立法议题的理性分析进行有效的结合。在这其中，人大代表身份和功能是双重的，他们既是公众参与立法的桥梁，同时也是和立法工作者进行互动合作萃取民意、使法律体现公意。尽管相对于立法工作者，人大代表关键立法参与者的身份似乎被掩盖或相对式微，但客观层面，借助于人大和人大代表桥梁连接和监督作用，立法问题核心关联的民主立法和专业科学立法之间达成一种系统均衡的关系依旧是有着理论和现实依据的。

第三节　人大代表关键立法参与者的身份与积极政治信任建构

在逐步深化的实践中，人大代表对立法的参与事实上是具有层次的。少部分具有法律知识、背景和公共意识、公共能力强的人大代表在立法参与中发挥了显性的作用。而大部分人大代表则主要是从联系群众、桥梁纽带的政治沟通维度为政府立法提供基础性信息。在立法参与层面，人大代表依旧更集中体现和展示其人民代表主身份的道德性价值和功利性价值。这使得作为关键立法参与者的人大代表和积极政治信任之间既有了正向契合的基础，但同时也意味着此种正向契合的达成面临诸多限制和现实挑战。

① 王锡锌、章永乐：《专家、大众与知识的运用——行政规则制定过程的一个分析框架》，载《中国社会科学》，2003 年第 3 期，第 127 页。

一、作为关键立法参与者的人大代表与积极政治信任：正向契合

在关键立法参与者的身份实践层面，人大代表与积极政治信任之间有着必然的契合。积极政治信任建构需要的积极的政治沟通、积极的政府回应、积极的公民和政府等核心要素是立法合法性实现的关键支撑。立法合法性实现的两大关键指标：科学化与民主化都是和人大代表作用的发挥相联系的。立法科学化从结果和效用层面提升了政府执政效能，而立法民主化则从程序和过程的层面将民众纳入了立法的核心主体层面，强调了他们在立法层面的尊严和效能，二者都是积极政治信任建构的核心关键面向。而人大代表在这两个要素上的积极作用意味着作为关键立法参与者的人大代表与积极政治信任建构的正向契合。在实践层面，我们同样亦可以发现人大代表关键立法参与者的身份建构与积极政治信任有着契合点。

首先，人大代表对立法的参与和开放性政治沟通有正向契合。人大代表参与立法的一种典型趋势是，人大代表民意代表性被予以重视和体现。而民意代表性的体现直接是通过人大代表政治沟通进行的。现实实践中，无论是传统制度框架体系下的立法调研、执法检查和立法讨论，抑或是新近进行的立法恳谈、立法听证等协商民主实践，其核心都是以强化人大代表作为党的群众路线的官民沟通作用进行的。在这个过程中，人大代表首要的政治沟通作用，体现于他们对于立法的信息支持作用。人大代表通过制度框架就立法问题深入选民和相关政府部门进行立法信息采集，并将这些信息进行梳理、整合，形成议案，使之进入立法议程。这种体系化的信息调研和吸收事实上形成人大代表立法参与下的政府与民众之间的政治沟通。而在另一层面，立法进程中，人大代表的政治沟通作用，还积极体现于他们对民众在立法中的利益关注有着呼应和反馈。

这主要体现于人大代表基于社会关注和自我关注公开发起立法倡议或提起立法诉求。立法领域，人大代表主动沟通客观上体现了政府在立法层面对于民众态度的重视和尊重，也能够向选民和社会传递一种政府致力于进行积极政治沟通的信号。这种态势客观上对于积极政治信任的形成是有利的。

其次，人大代表对立法的积极有效参与有利于塑造积极、有责任、有能力的人大代表形象。从立法效能层面，参与人大立法不仅需要人大代表同时具备法治意识和公共意识，更需要他们拥有很好的立法技能和公共沟通、政务沟通技能。从道德和价值观层面，参与人大立法需要持久的准备，只有平日时刻关注社会民生，才能提出有针对性的立法议案。[①] 而从能力层面，无论提出立法建议还是形成法律案，都要求人大代表具备很好的政治表达和沟通能力，能够认识和把握时机，将立法建议转变为法律案抑或是使得法律案通过并实施。这种积极、负责任且有能力进行立法参与的人大代表群体的形成和存续，是人大代表整体代表力提升的重要依托，对于积极政治信任的建构显然也是有着积极意义的。

再次，人大代表对立法的积极参与和积极负责任的政府形象塑造有正向契合。从政府形象塑造的层面，人大代表在立法过程中的民主角色和专业化角色的塑造，在客观层面，体现了中国在责任政府建构层面的努力。理论层面上，政府通过人大对社会承担责任。而这种责任性在立法层面的体现，人大代表无疑是一个关键的作用环节。而在现实实践中，人大代表在立法层面的确也扮演了一种咨政政府、问责政府的角色。这种角色的作用发挥，在实践中，有一种政府和人大主动规划和导演的色彩，但依旧有利于向民众传递一种有效的政府会积极对选民观点负责的态度。而这一点显然也是积极政治信任的建构所需要的。

最后，人大代表对立法的积极参与和积极公民、积极社会的培育进

① 蓝卉：《20 多个议案是这样炼成的——市人大代表厉明谈代表参与立法》，载《上海人大》，2018 年第 1 期，第 46 页。

程有正向契合。改革开放后，中国进入大规模立法时代。1979 年 2 月—1988 年 3 月的近 10 年中，全国人大起草和制定了百余部法律，为形成以宪法为核心的有中国特色的社会主义法律体系奠定基石。① 这样一个大立法时代事实上是和国家社会关系调整密切联系在一起的。在这个过程中，在《宪法》的总体指导下，经济社会各方面立法的完善对政府和社会的边界和行动进行了规范。而人大代表在其中从最初的举手代表渐进发展到有一定独立意识和独立立法能力的立法参与者，他们的成长不仅与社会和公民个人成长联系在一起，并且也从正面刺激和推动了社会和公民的成长。人大代表参与或主导的各种立法协商活动从客观层面为社会民众形成民主意识和民主习惯营造了培训和演练场域。而人大代表基于立法而形成的公共性发声则在一定程度上向民众传递了一种立法层面有人代表自身权益的政治效能感。人大代表这些行动尽管总体上不能够简单说具备显著的政治效能，但不可否认的是，他们和整体社会的开放和权利意识的提升有连接，从实际层面回应了社会的呼声，并从一定层面上推动社会在民主参与层面更具效能感。

二、作为关键立法参与者的人大代表与积极政治信任：现实挑战

作为关键立法参与者的人大代表与积极政治信任，二者在实践逻辑上有着应然的关系。现实实践也表明，二者之间有诸多契合点。但另一面，作为立法参与者的人大代表现实中面临着事实上的身份挑战。这种挑战的存在使得人大代表难以发挥出作为关键立法参与者在政治结构和过程中应有的功能。这也导致作为立法参与者的人大代表和积极政治信任的建构之间存在一种直接或间接的负导向关系。

① 章文、申欣旺、舒琳：《1979 年后我国大规模立法回顾：民告官开始有依据》，见新浪网，2010 年 11 月 25 日。

综合来看，作为关键立法参与者的人大代表在立法专业化和民主价值体现层面都存在不充分和不到位的问题。这两大问题挑战的存在很大程度上为积极政治信任的建构带来负面影响。而究其根本，作为人民代表的人大代表，即使作为关键立法参与者，其核心身份也是从政治层面体现立法合法性的立法参与者，而非专业立法技术人员。因此，作为立法参与者的人大代表，其身份核心更多落在立法民主价值的体现者层面。而也正是在此层面，作为立法参与者的人大代表和积极政治信任之间有着应然和实然的联系。而现实挑战也在于此，人大代表立法存在民主价值体现不到位的问题，这为积极政治信任的建构带来挑战。这种挑战主要来自以下四个现实：

现实一：立法官僚化的现实导致人大代表在参与立法层面的身份功能不够突出。在改革开放后大规模立法初期，立法主导权更多被政府部门掌握。而随着立法进程的加速进行和社会权利意识的提升，作为民意机关的人大在立法过程中逐步朝主导位势迈进。但是立法主导权向民意机关的回归与转移，并不能简单等同于“庶民的胜利”——在缺乏充分民主条件下的民意机关的自我强化，仅是意味着立法权由行政官僚转移至立法官僚手中。[①] 在既有立法架构下，与立法议题相关的政府官员、人大机构各种立法工作者等直接主导了法律起草和修改。与此同时，人大代表中各层级党政干部比例始终占据比较大的比重。2018 年两会全国人大代表中党政领导干部代表的比例尽管相对于此前的 34.88% 下降到 33.93%。但是从实际影响力和静态结构上看，近些年，各级人大代表职业身份有所均衡，党政代表比例下降，农民工、妇女等弱势群体代表比例上升，但在客观层面，掌握立法影响力的传统强势力量：党政领导代表和专业技术代表仍旧占据过半的比例。并且，从既有现实影响力看，各个地方人大代表团的团长和关键发言人都是由党政主要领导担任的。

---

① 王理万：《立法官僚化：理解中国立法过程的新视角》，载《中国法律评论》，2016 年第 2 期，第 122 页。

在代表团组实际议事过程中，党政领导干部掌握着核心话语权。这一层面的现实意味着，立法进程在很大程度上由立法官僚所主导。与此同时，整个立法结构中，“执行机构直接掌握着各种资源，熟悉政府运作过程，而且在人大代表中占据很大份额，因此相对于议事机关处于强势，人大反而成了支持执行机关决定合法化的辅助机关”①。这样看，现实中，立法官僚和官僚机构形成了事实上的主导。相形之下，人大代表对立法的直接影响力并不显著。这就从根本上决定了民众很难对人大代表作为立法参与者的身份有直观的认识和深层次的认可。这意味着作为立法参与者的人大代表目前还难以通过具体的立法参与强化民众的政治效能感，也意味着他们的立法参与行动对公民的影响和培育是有限的。

现实二：人大代表参与立法的公开性和回应性不够。作为关键立法参与者的人大代表事实上面对的是一个不是非常完善的民主环境。尽管实践中的一种趋势在于强化人大代表在人大立法工作中的桥梁纽带作用，但对于政府而言，人大代表的功能性身份更多是党和政府领导下的关键立法参与者，其作用发挥更多是基于自上而下的组织化行动。因此在立法实践中，人大代表关键立法参与者的身份一种层面比较趋向于是政府意志和关于立法看法的信息咨询者和批评建议者。另一层面，社会利益多元化和开放化的现实和需求下，人大代表在立法过程中势必逐步具备独立意识和更强的具象化利益代表意识。社会现代化发展的基本趋势要求作为立法参与者的人大代表要给予民众更多的立法公开、透明性的行动信号，要求他们能够更好地回应选民的立法诉求。矛盾即在于，在立法的程序结构中，人大代表作为立法参与者的身份并不能充分体现政治代表身份属性所要求的公开性和回应性。无论是人大代表参与立法调研、立法听证和立法讨论，抑或是人大会议期间提起立法议案，绝大部分行动都是在官僚体系组织和主导下进行的，并不可避免带有官僚体系封闭

① 杨雪冬：《地方人大监督权的有效实现》，载《公共管理评论》，2005 年第 3 卷，第 39 页。

性行动的特征。尽管近些年，人大代表立法公开性的呼声和具体行动有很大提升，但是在人大立法整体权力下沉至官僚体系的现实约束下，人大代表立法公开性始终处于相对式微的状态。而公开性的式微与回应性的式微是联系在一起的。抑或讲，在人大代表立法参与过程中，他们对选民的联系和诉求反馈还不足以支撑起他们人民代表的积极角色。尽管在主流话语和制度设计中，人大代表是党和人民群众联系的桥梁，但这种桥梁的作用在立法层面更加集中于从形式和表象层面体现人民主权。

个中缘由，一是在于人大代表对于履职言论尺度的自我衡量。尽管法律规定人大代表有言论免责权，但在现实中，传统集体主义政治文化中的“不随意质疑权威”或组织化压力下，抑或是自身标准期待下，人大代表对于自身言论尺度是有一定之规的。比如一名职业为律师的人大代表会表示：“在实际操作中，我作为律师，于程序和实体的界限分得比较清楚。对于一些实体性的问题，我就不能随便表态。因为当事人所反映的是一面之词，没有经过调查取证 ，我不可以下结论。”① 二是人大代表在立法过程中制度化回应选民的制度平台（诸如立法听证、立法讨论等）大部分都是在行政部门主导下进行的，具有“抵触质疑建议”封闭型沟通的因子存在，形成的普遍问题在于“联系群众不够深入”。三是对于人大代表对于民众的回应反馈，没有明确具体的制度化、程序化要求。诸如人大代表社区工作站/联络站的立法联系点和立法协商实践，尽管部分实践在沟通程序方面具备了系统化建制，但是在整体人大代表沟通联系选民、回应选民层面，依旧缺乏具体、细致明确的程序支撑。这导致人大代表在参与立法过程中对于民众的回应缺乏深度和广度。四是由于会期、代表人数过多等因素，人大代表在会议期间的直接公开性、回应性的立法表意行动受到诸多限制。曾有专业人士对人大代表在人大会议期间发言和参加讨论互动时间进行了一个分析：中国全国人民代表大会

---

① 曾雪敏：《陈舒：以法律的理性履行代表职责》，载《人民之声》，2004 年第 12 期，第 24 页。

有代表近3000人，每年集会一次，每次会期平均17天，除去2个休息日，还有15天。按每天开会8小时计，一次会期约7200分钟，近3000名人大代表每人仅拥有2.4分钟。去掉大会的报告时间，每人拥有约2分钟。人均2分钟参加大会（尽管代表们在分组会上的发言时间要多一些，但这些发言很难与其他分组的意见形成整体意见，影响大会的进程）讨论、审议、质询、询问、表决等活动，显然是远远不够的。而用于法案讨论的时间就更少了。①

现实三：人大代表参与立法的过程的协商、妥协机制不够成熟。从《立法法》的规定和精神来看，中国立法有着非常厚重的科层制组织基础。而科层制的影响意味着立法过程中不同意见之间的交换和利益妥协，很难具备一个开放式的运作环境。立法过程中的博弈往往都依托于官僚科层体系进行，受行政权力影响比较明显。对权力依附的另一面势必是社会权利在立法过程中话语权的式微。尤其中国立法历来重视稳妥、稳定的渐进式风格，部门立法往往在人大立法之前进行。由此从直观层面看，人大代表参与立法尽管从立法应然逻辑上看具有直接影响力，但并不尽然会给民众营造一种这样的立法参与现象。他们的立法参与，与行政部门、立法官僚比起来往往是间接的。

这个过程中，人大代表参与立法所发生的利益博弈和妥协，绝大部分是通过人大组织的人大代表活动的程序性环节进行的。这具体包括了人大会议期间的各种代表表意环节、会议之外的调研、座谈、听证等形式。但这些相对正式的立法参与渠道，不能够现实地为多数民众提供一种就立法议题直接进行立法对话的体验和经验。尽管近些年在开放式立法的倡导下，人大代表在立法协商民主的实践有所强化，但可观察到的是，仅仅依靠自上而下的这种实践，人大代表还不足以有效促使民众对自身立法诉求形成一种有效理解，也无法对社会和政府之间的关系形成

① 王晓民主编：《议会制度及立法理论与实践纵横》，华夏出版社2002年版，第100页。

有效影响力。

现实四：人大代表参与立法面临着偏见掩盖公益的局限性。国家立法的目的是体现公共利益和公共意志。鉴于普通民众无法从职业化、专业化的层面将自身意志与其他人的意志进行互动，使自身意志上升为公共意志，因此，需要人大代表这样的政治代表通过制度化、专业化渠道对民意进行采集、汇总和整理表达。前提假设是，人大代表是民意的代表者，他们能够从公平、正义的角度对民意进行萃取和整合。但人性具有自私和自我的一面，人大代表也不能脱离这样的现实。在现实实践中，人大代表作为社会人的身份与其政治代表的身份具有天然的矛盾与纠结。这造成了一种现实，如果制度不能够进行有效优化，将很难避免人大代表以公益之名将自身偏见或私益、宗派利益予以实现。典型实例是几起令人震惊的代表贿选事件。比如 2013 年辽宁省两会期间全国人大代表的换届选举，当选的全国人大代表中有 45 人拉票贿选，涉案省人大代表 523 名。类似此种事件说明，应当作为人民代表的人大代表并不能够被当然期待为具有“公共”趋向的代表，在现实环境下他们是一个个具有私益的“人”。如果对人大代表作为人本身的自私和自我性不进行认知和约束，单纯把他们视为可以藉由上诉或控告影响立法的“青天”，那么最大的危险是，作为公众人物的人大代表以公益的名义掩盖了追求和巩固个人私益的狭隘目标。

这四种现实挑战，在很大程度上制约了人大代表作为关键立法参与者的身份实践。而从积极政治信任建构的角度，这四个层面涉及的现实问题：人大代表作为关键立法参与者，其对选民立法诉求公开回应的式微、参与立法互动博弈的式微、公益名义下个人私益的追求，这些不仅涉及了积极政治信任建构所需要的核心问题：公开有效政治沟通下，有效政治互动和政治回应的实现，并将会间接影响到这个过程中政府与民众政治素养和政治认知能力的共同提升。抑或讲，在人大代表有限的立法参与者的身份之下，其作为权力接近者和影响者的身份被相对重视并发挥实际效力，但作为民意表达者、维护者的身份则是相对式微的。这种情境下，作为关键立法参与者的人大代表在更现实的层面上成为法治和民主价值体现环节的一种工具性“权力游戏参与者”。而一旦现实的制度结构不足以使得人大代表摆脱此种带有权力投机性质的非制度性身份，那么人大代表在立法过程中不可避免地成为权力或强势利益团体的附庸或工具，而非民意代表者。

由此，作为关键立法参与者的人大代表从其身份的公共性和被认同性层面有着隐性化特质，在此基础上，他们在立法参与中回应性、公开性的不足，以及形成并建构的沟通、妥协机制的不足，乃至形成最为民众所担心甚至诟病的“立法偏见”问题，这些综合起来，构成了本应作为关键立法参与者的人大代表与积极政治信任建构之间的另一现实：作为关键立法参与者的人大代表要在积极政治信任建构上发挥积极作用，就必须解决好作为关键立法参与者的民主体现力问题。

三、作为关键立法参与者的人大代表与积极政治信任：综合视角的分析

作为关键立法参与者，人大代表与积极政治信任的主要连接点在于立法过程中人大代表与民众的沟通互动和对民意的萃取、提炼与统合。立法的严肃性和专业性同时也形塑了人大代表参与建构或引导建构建设性政治沟通的能力。抑或是讲，通过关键立法参与者的身份实践，人大代表政治沟通者、政府监督者的身份才能够具备切实深化和有效提升。作为政治沟通者和政府监督者的人大代表，其与积极政治信任之间的联系在作为关键立法参与者的人大代表身份实践中有着具体体现。与此同时，源于法律是一国政治、社会公平正义的基本捍卫和保证，是基本政治信任的制度化保证，作为关键立法参与者的人大代表，其身份作用的发挥对一国政治信任起着基本的保证作用。

但在另一层面，从积极政治信任建构的层面，作为关键立法参与者的人大代表，尽管从一个最现实的层面将政治沟通者、政府监督者的身份进行了融合体现，但从根本层面，作为关键立法参与者的人大代表在实践中面临着诸多现实挑战。这些现实挑战主要在于，由于公众参与程序的任意性及其“恩赐”性质，很难指望行政官员在规则制定过程中认真对待公众的诉求。① 人大代表参与立法同样摆脱不了行政主导的倾向。这导致在现实实践中人大代表参与立法，并未能将政治沟通和监督层面所蕴含的积极政治信任的元素进行充分体现和发挥。这使得借由人大代表所体现的立法的民主价值和联系群众的价值性表现存有局限。这就意味着，尽管从积极方面讲，人大代表的立法参与能够为积极政治信任的建构提供平台和实践路径，但从现实的角度看，人大代表在立法过程中进行的民意萃取并不是充分有效的。

另一个深层面的挑战在于，中国社会在整体上依旧还未建立一种普遍深入的法律信仰。法律精神也尚未深入普通民众意识之中。在矛盾冲突解决上，民众对权力和既定习俗的期待整体上高于对法律的期待。在整体立法进程中的政治沟通和政府监督结构中，人大和人大代表尽管是重要环节，但其作用发挥始终难以和党政部门相匹敌。这样，在积极政治信任建构层面，由于自下而上对权力的严密精细监督尚未达成，控制和规范社会的法律在执行过程中却可能撕裂民众习俗秩序，形成对民众的伤害与新的不公平。因此，如果当政者对此缺乏系统完整的认知，不能够将人大代表关键立法参与者身份与政治沟通者、政府监督者的身份进行切实的统合，那么积极政治信任的建构将无从谈起。

---

① 王锡锌、章永乐：《专家、大众与知识的运用——行政规则制定过程的一个分析框架》，载《中国社会科学》，2003 年第 3 期，第 127 页。

第七章

作为利益协调者的人大代表与积极政治信任

资源和财富配置不均是困扰中国政治发展的一个重要问题。在政治现代化发展过程中，经济社会发展所依赖的资源尽管因为生产力的发展有了前所未有的提升，但本质上，人类社会资源的配置却始终处于相对不均衡状态。中国在转型发展过程中同样面临此问题。改革开放40多年，中国社会主要矛盾已经从人民日益增长的物质文化需要同落后的社会生产之间的矛盾转化为当前的人民日益增长的美好生活需要和不平衡不充分的发展之间的矛盾。利益协调和利益均衡问题显然已经成为中国发展的关键议题。这直接关系到民众对执政党和政府的认知模式和认知映象，与积极政治信任的建构息息相关。

人大代表本质上是多元利益互相均衡的中间桥梁，这决定了他们也是政党之外的重要利益协调者。人民主权的原则要求人大代表能够真正代表人民的利益。人大代表之所以具有政治上的合法性根本上是源自他们能够从整体层面表达和维护民众的利益。作为利益协调者的人大代表，他们通过政治身份所赋予的制度性平台和途径主导或参与公共资源配置的讨论，并最终对公共资源配置形成影响。本质上，这种讨论的过程既是利益协调的过程，同时也是积极政治信任建构的必需途径。然而，从效能角度看，人大代表有正向利益协调者的身份体现，也有负向利益协调者的身份体现。这决定了：作为利益协调者的人大代表和积极政治信任建构之间的关系同样是复杂的。

第一节 人大代表：改革开放催生出的利益协调者

有效协调各方利益是改革转型期的关键问题之一。建立利益均衡机制的基础是形成利益表达机制及能够容纳利益表达的制度安排。① 在中国政治结构中，人大代表是民众进行利益表达和协调的制度化渠道。他们不仅在基础层面为利益协调机制的形成提供支撑，并对利益协调效能形成一定影响。在中国政治经济社会转型发展过程中，与西方国家议员最大的区别在于，人大代表不仅要代表具体的选民利益，更要代表整体意义上人民的利益。因此，相对于西方议员针对不同选民群体利益所发生的议员之间的、议员和其他政治行动体之间的多元化的利益协调，人大代表最终需要在人民这样一个整体性的群体概念下进行利益协调。但并不能因此就认为人大代表不具备利益协调的身份功能。现实的情形是，越来越多的研究表明，人大代表已经逐步发挥着利益协调的功能。人大代表前三个功能性子身份——政治沟通者、政府监督者、关键立法参与者的实践过程同时也都是利益协调和利益均衡的过程。从本质上讲，人大代表政治沟通、监督政府、参与立法，其最终目的都在于协调和均衡不同利益体间关于公共利益的认知和行动方向，使他们能够在尊重彼此利益的基础上协同合作，实现动态的利益均衡。

一、人大代表的一种隐性身份：利益协调者

很大程度上，在公众的视野中，人大代表利益协调者的身份并不如

① 孙立平：《利益均衡：和谐社会的基本含义》，载《发展》，2005 年第 3 期，第 15 页。

政治沟通者和政府监督者此类身份鲜明和容易理解。但事实上，人大代表作为政府和民众之间的桥梁，本身的角色定位已经赋予了其利益协调者的身份定位。而在实际的政治过程中，从人大代表选举到具体履职，人大代表都已经被注入了利益协调者的身份特质。这包括两个层面。

第一个层面在选举层面。在人大代表选举层面，首要的现实在于，即使在出现竞争性选举的今天，人大代表候选人的确定和最终当选者的确定都必须同时符合党的意志和选民的意志。墨宁就发现地方人大代表选举其实是党组织选拔干部和选民投票选举代表相结合的过程。① 这意味着人大代表在产生伊始，就是党组织意志和选民意志融合的体现。此情境下，绝大部分人大代表在获得代表资格前就需要具备将党组织、政府对公共利益的认知与选民对具体利益的认识进行协调的意识和能力。

第二个层面也是核心层面，即人大代表获得代表身份后的履职层面。在利益多元化的现实社会形态中，人大代表逐步显现出代议机关代表逻辑下的多元利益互动中的利益协调功能。部分人大代表能够通过自身履职行动对不同利益进行协调，使得具有冲突的利益各方能够达成一定共识，利益相容或利益均衡。如果说第一层面的利益协调是基础性的，那么第二层面的利益协调则是实现第一层面利益协调的必然要求。因为党对全体人民根本利益的代表意味着必须要处理好整体性和多样性的关系。抑或讲，党真正代表人民的利益，必须要处理好公共利益统一性和具体利益个性之间的关系。而人大代表就是处理好这种关系的应然主体，通过人大代表联系选民，党和政府得以对社会不同利益方的具体利益进行了解和确认，并能够通过人大代表的政治沟通协调好不同利益主体之间的关系，形成共识。

实践中，1978 年改革开放后，社会发展的现实趋势则使得人大代表作为利益协调者身份逐步显现。这主要在于“新的现代产生问题时，它

① 参见何俊志：《中国人大制度研究的理论演进》，载《经济社会体制比较》，2011 年第 4 期，第 191 页。

首先会作为新的集团和团体而表现出来”[①]。改革开放前，计划经济为主的时代，社会利益是经由执政党以权力命令和支配的方式自上而下层层分配，依托和型构的是一个高度同质化的社会结构。这种社会形态形成和发展的前提假设是不同群体之间利益不存在冲突。而市场经济则认可在利益和目标不同甚至是冲突对抗的，但地位（相对）自主、权利（相对）对等的角色之间，通过同意、交易与交换展开合作。[②] 因此中国现代化过程中，市场经济的兴盛尽管赋予了人们通过平等交换和竞争获得财富和社会地位上升的机会，但社会利益分化亦成为现实。1988 年中国共产党十三届二次全会直接指出：“在社会主义制度下，人民内部仍然存在着不同利益集团的矛盾。”而党的全国代表大会——党的第十九次全国代表大会则明确了中国社会发展不平衡的现实，强调指出：中国社会主要矛盾已经转化为人民日益增长的美好生活需要和不平衡不充分的发展之间的矛盾。[③] 改革开放 40 多年，中国社会已然具备了多元化、异质化的特征。这种多元化、异质化折射于政治领域，带来了改革转型的复杂性，也使得政府官员、政府机构公共性的体现愈加复杂化。政府部门、官员等掌握公共资源、公共权力的群体和组织产生了自身的特殊利益或拥有某些特权不仅成为公众关注的话题，也成为影响官民信任关系的重要因素。

在代议机关代表逻辑和外在环境的共同作用下，人大代表作为利益协调者的复杂性也逐步显现。具体的履职过程中，人大代表不是单独的个体，他们必须与选民、人大常委会委员、人大机关工作人员、政府部门工作人员、社区工作人员、一般社会民众等各种人群进行互动，还需要和其他人大代表以及诸如政协委员、选民代表这样的政治代表进行互

① ［日］辻中丰：《利益集团》，郝玉珍译，经济日报出版社 1989 年版，第 26 页。

② 张静：《个人与组织：中国社会结构的隐形变化》，载《探索与争鸣》，2019 年第 6 期，第 13 页。

③ 《习近平在中国共产党第十九次全国代表大会上的报告》，载《人民日报》，2017 年 10 月 28 日。

动。每一种人群身后都不可避免地牵涉到某一群体或部门具体利益认知和考量，即使是人大常委会成员、人大机关工作人员、政府部门工作人员，也不可避免地有部门利益考量。而一般选民和社会民众的利益，则更为具体、分散和多元化。利益分散、多元化的现实意味着民众对于基层社会提供的利益回应和调节渠道有更加现实的需求。在这种情境需求下，原本担负此项职责的单位伴随着市场的发展而逐步不再发挥作用。此种趋势下，人大和人大代表这样的类似于隐性的制度化利益调节渠道逐步显现出其优势。

而一个不可回避的问题还在于，人大代表个人作为理性人，他们对自身利益考量是事实存在的。人大代表中绝大部分是兼职代表，同时拥有社会职业身份和人大代表两个身份。比如，企业家参选人大代表，往往离不开人大代表这一政治身份能够给其企业带来的诸如免税、监管放松、贷款优惠等潜在利益的考量。获得人大代表的政治身份，还可以提升企业家本人的政治影响力，从而为企业发展提供更多的软实力和隐性福利。类似这种现实意味着，市场经济的发展使得人大代表的身份具有越来越多的利益附加值。藉由人大代表身份或通过接近人大代表获得对公共权力影响力，这两种利益判定方式，无论对于普通民众，还是对于利益组织，在市场经济法则的催化下，都具有很强吸引力。

客观来讲，市场经济原则下，人大代表作为可以影响甚至决定公共权力运行方向的政治行动体，其自身的利益协调价值不可避免地在现实政治过程中得到体现。而事实上，人大代表的这种利益协调者的身份定位，主要是从两个维度进行的：一个维度是作为党的群众路线的重要环节，另一个维度则是作为理性选择下的利益沟通者和调和者。

二、作为利益协调者的人大代表：党的群众路线的重要环节

在基本的代表逻辑维度，人大代表是作为党重要利益沟通和利益协

调机制——群众工作中的一个环节出现的。无论是代议制代表的逻辑还是党的先锋队代表的逻辑，最终的依托点都是人民主权，都需要体现民众在整体政治过程和政治结构中的权利和地位。群众路线是党工作的制胜法宝。从群众路线的维度，党的政策必须来自群众，代表群众的利益，要实现这一点，必须使得党的政策都能够“从群众中来”，而政策是否能够顺利落地和执行更离不开群众，因此，还必须“到群众中去”。“从群众中来，到群众中去”看似只是一种工作方法或工作过程，但实际上却是党和群众进行政治沟通和利益协调的重要环节。

在群众路线逻辑之下，政治代表的天然属性使得人大代表成为党群众路线的关键环节。抑或是说，在党执行群众路线的时候，必然需要启动人大代表这样一个角色去联结不同群众，使可能有着不同利益取向和观念趋向的群众能够有一个了解政策和进行利益互动、调和的平台或中介，同时也需要通过人大代表这样的政治行动者去了解群众对政府执政的基本认知、意见和需求。

这首先体现为人大代表在基层利益回应和调和体系中功能的开启和强化。在单位这样的组织作为基层利益回应、利益传输和利益调和功能逐步式微的情形下，相应的角色和功能一部分被转移到社区居委会、农村基层政权等基层自治组织身上。而类似于人大代表、政协委员、律师、居民代表等群体的同类功能也不断被挖掘和启动。这其中，人大代表作为制度化的政社沟通者和政府监督者，他们被赋予更多的回应诉求、利益表达和调和的功能。在基层群众路线实践中，人大代表是作为群众工作的一个衔接桥梁存在，被嵌入基层群众路线的整体工作环节中。大量具有人大代表身份的基层党组织书记、社区工作者、政府部门领导扮演了“群众知心人”与“矛盾化解人”，抑或是群众意见诉求采集提炼人、反映人的角色。而在基层社区中，人大代表工作站或联络站经常与社区活动中心、党组织活动中心相互融为一体，并在工作层面相互支撑。这样，人大代表除了是一名政治沟通者、政府监督者，抑或是关键立法参与者，更重要地，他们还是基层社会利益的传输、表达、交流和回应通道。

另一层面，人大代表不仅从价值层面为不同利益群体之间的利益沟通和利益调和提供了合法性来源，更重要的是从实践层面为多元化社会利益协调的实现提供了具体的支持。这包括两个方面的支持。第一个方面是信息采集和具体表达方面，即人大代表对多元化利益现实从信息层面的了解、梳理、表达。第二个方面是人大代表对利益互动和调和提供一定的现实支持。通常，人大代表在第一个方面的作用比较容易理解，但在第二个方面的作用，往往是隐性的。但这一点，的确存在。从现实实践看，无论是人大代表作为主体的协商互动，还是人大代表作为普通参与者的协商互动，在这个过程中，公共资源的有限性和利益主体多元性的现实都决定了人大代表群体的民主素质和协商技能是群众路线价值目标实现的重要支持。比如，在某部委对接收的全国人大代表建议的分析中，具有比较明显组织化、个体化利益倾向的建议通常不会超过整体建议的三分之一。超过三分之二的人大代表建议都是和公共利益相关的。这说明全国人大代表在针对性建议时是比较具备民主所要求的公共精神的。与此同时，一些人大代表本身就是比较具有公共沟通经验的政府官员、律师或知识分子，他们本身就具备了利益沟通和利益协调的资源支持或技能。在此维度，有两个比较典型的例子。

一是被称为“人民代表大会制度的活化石”的全国人大代表申纪兰与西沟村发展之间的案例。从第一届全国人大到第十三届全国人大，申纪兰一直是全国人大代表，是少数从“文革”前成长起来一直延续至改革开放后的政治明星。申纪兰鲜明的底层意识和群众意识是使她能够获得长久群众威望和官方认可的重要原因。而这两种意识是通过她为西沟村向政府进行资源争取和协调进行体现的。1985 年，平顺县和西沟村第一家村办企业就是申纪兰协调争取，“跑”资源“跑”来的。她能够身体力行，冒着冬天的严寒步行十几里到县里寻找钛合金厂急需的材料。在全国两会期间，她能够带着地方领导到国家相关部委，为地方发展争取政策和资源支持。她不介意自己的“面子”被地方借用。她身上的政治价值、商业价值和社会价值为地方和西沟村的发展赋予了极大支持。在她去世后，西沟村的党支部书记和村委会主任都有相似的担忧。在媒体的采访中，西沟村党总支书记郭雪岗有了些心理准备：“老人家走了以后，实打实地说，中央和省一级的领导，可能来西沟就少了，另一个就是，咱们西沟去太原、去北京办事，可能就比较困难了。”申纪兰离世后，村委会主任赵爱亮开始隐隐有些担忧：“申主任健在时，我们上下关系协调，跑项目，包括县里边的、市里边的领导们，都有个依靠。”[①] 在这一案例中，连续担任全国人大代表的申纪兰的“面子”和她的底层亲和力相结合，使她能够协调好上下利益，为地方和西沟村争取到发展资源。与此同时，这一案例也能够使人们切实发现，在中国，人大代表身上所蕴含的实实在在的政治和商业价值。

二是人大代表参与为主的基层参与式公共预算的实践。这样的实践，其核心依旧是基层党和政府密切联系群众的一种方式。按照何包钢的观点，参与式预算是“通过公开透明的机制实现了公民赋权，试验还为社会资本的建设以及地方政府和公民之间的互信做出了贡献”[②]。在这一实践中，人大代表—政府—民众三者之间对有限的公共财政资源分配的互动协商，使得不同群体的民众对有效公共财政资源的分配认知获得妥协和调和，最终提升了政府公共财政资源分配的合法性。这一价值目标的实现，表面上依靠的是地方政府和人大对官民协商的引导和推动，但更深一层体现的是执政党群众路线的基层实践。在温岭的实践中，一个关键点是基层人大代表在辅助实现执政党的群众路线过程中，被积极引导或激励，扮演好了基层社会利益表达和利益协调的公共角色。比如，有

① 高伊琛：《申纪兰的遗产》，见《南方周末》微信公众号，2020 年 7 月 24 日。

② 何包钢、徐国冲、毕苏波、霍龙霞：《中国公民参与式预算：三种不同的逻辑》，载《领导科学论坛》，2018 年第 23 期，第 93 页。

的人大代表可能并不明白什么是利益代表和利益协调的技能，但在实践中却学习并展示了这种技能。比如，一位叫吴笑菊的人大代表，从2006年起，连续三年在参与式预算过程中提出“改造老城区道路”的预算修正案。这其中，她从一名不会写议案的代表蜕变成一位熟悉议案撰写和提出的人大代表。而且，比较写实的是，她能够在议案第三次提出并进入人大无记名投票表决环节被否决的情况下，不放弃，依旧在每次的民主恳谈会上将此议案所关注的核心议题提出来，最终使得政府在2009年将老城区道路改造纳入整体预算案中。这个案例很显要一点在于：基层人大代表民主沟通和互动技能的提升使得基层政府对民众利益的认知有了积极的重视，并在行动上最终做出了积极的改变。

三、作为利益协调者的人大代表：理性选择下的利益沟通者与调和者

转型政治的现实也意味着，部分人大代表是作为理性选择的利益沟通者与调和者出现的。也就是说，他们作为利益协调者的身份选择不只是单纯基于党的群众路线价值实现下的角色安排，也是基于对于自身行为和角色在开放社会中的理性选择。

转型带来的一个基本的现实在于：政治和社会的变化和发展使得不同层面的政治参与者对人大代表这一政治群体产生了新的期待。在政治过程中，尽管局部利益仍需要服从集体利益，但政府并不再避讳个体利益和局部利益的存在。尤其在中国这样一个特殊的国家里，地方政府的合法性既来自下层民众，也来自中央政府的认可。① 央地关系的协调发展中，一种既可以协调基层民众利益关系，又能够调和官民关系，还可以协调地方和中央关系的多方位、多向度兼容调和不同层面利益关系的中

① 王浦劬、王清：《制度变迁模式新析：利益均衡与制度替代——以当代中国城市户籍制度变迁为验证》，“21世纪的公共管理：机遇与挑战”国际学术研讨会论文，2008年，第7页。

间机制的构建是非常重要的。而在这个层面上，人大代表是为数不多的能够具备这种居间表达、协调的制度性群体之一。尤其伴随着民众权利意识和政治参与意识的提升，人大代表的代表性更需要在局部利益或具体利益诉求的回应和解决上有所体现。

在多重利益协调的期待下，人大代表必然需要在代议制代表逻辑下的利益代表身份和党的先锋队代表逻辑之下的利益代表身份进行协调。一方面，毋庸讳言，在整体层面，人大代表是党领导下的政治代表，他们的行动必须服从于党的执政意志。然而，在转型过程中，在选民委托层面，代议制代表逻辑下人大代表的利益代表者身份要求必然有所提升。在这两种身份逻辑的张力之间，有研究发现，国家和社会改革和转型过程中的人大代表的行动标准具有一定的灵活性。① 诸多议题下，尽管人大代表对于选区或选民利益的代表最终要回归至集体利益上，但人大代表的确不再是单纯的参与者和举手赞同者，他们有了更多发言的空间和独立影响力。这首先是从人大代表的活动依托——人大本身的变化开始的。代议机关和权力机关的特性决定了人大不同于官僚机构。官僚机构遵循科层制，听从长官意志行动。而人大从根本上需要对选民负责，这正是领导和长官意志难以企及和完全管控的领域。也是在这种特殊现实下，其他行动主体对人大代表乃至人大代表对自己都有了更加复杂和多元化的期待。对于政府而言，他们更期待人大代表是政府代理人，但也可能期待人大代表能够成为某种意义上的选民代表，借此来制约监督下级政府和官员，或借由他们向更高层级的政府反映自身诉求。对于一般选民而言，人大代表应当是他们真正的利益代表，但亦有可能部分选民也会对人大代表作为政府代理人抱以期待，因为后者的身份意味着人大代表对政治议程有着更大的影响力。

① 欧博文在《人大代表的作用：代理人与进谏者》一文中提出此观点。何俊志、陈钊、陆铭等在 2008 年至 2010 年也研究观察到，企业家、律师、知识分子等人群开始逐步进入人大代表选举和代议过程中，间接支持了欧博文对于人大代表行动标准灵活化的观察。

这种情境下，一是部分人大代表逐步意识到自身行动环境中具备了作为利益协调者理性选择的空间。对一些人大代表而言，他们发现选民和官员对自己的期望，既不完整也不充分，无法用来规范他们的行为。① 在很大意义上，政府和选民都存有希望人大代表在身份角色层面具有更强的沟通意识和利益调和功能的要求，但这种要求往往是不充分和明确的，要隐藏于政府指令畅通、治理效能提升和选民具体利益实现的目标之下。在这种复杂却不充分的角色和功能期待面前，传统的服从于计划指令下的人大代表，这样的身份角色已经渐进不能够符合政府、社会双方面的期待和人大代表的自我期待。灵活性地突出自身在政府与社会之间的桥梁作用，并且有策略地调和政府和社会、社会不同利益群体之间的利益关系，既能够满足政府对于其官民沟通桥梁的治理身份定位，也能够满足选民政治表达和维护利益的期待，同时也能够凸显自身价值。所以，对于社会转型期的部分人大代表而言，以利益协调者的身份出现成为比较符合他们理性期待的行为选择。

而在另一方面，部分利益主体开始将人大代表作为利益表达和实现的渠道或途径，这时候，人大代表这一政治身份和具体的组织化利益有了直接的关系。譬如为了降低或者规避发展当中形成的制度阻碍以及来自政府方面的政策变化性，为了保护自身的利益，民营上市公司的高级管理者会主动通过成为人大代表参与政治，为自身更是为企业谋取一个政治地位，提升公司在政治方面的位置。② 客观而言，无论是居于主动抑或是被动，这一过程中，人大代表身份必然逐步具备理性经济人的成分。这包括两方面的含义。基本面是，人大代表成为不同组织化利益的政治传输者的同时，还成为这些个体化的利益的协调者。而在其之上，另一

① 〔美〕欧博文：《人大代表的作用：代理人与进谏者》，载《复旦政治学评论》，2012 年第 6 辑，第 20 页。

② 王成方、林慧、于富生：《政治关联、政府干预与社会责任信息披露》，载《山西财经大学学报》，2013 年第 2 期，第 72—82 页。

层现实还在于，这种利益协调者的身份选择是人大代表基于自身利益衡量而进行的理性选择。这其中，党和政府的意志、治理思路是作为人大代表的行为判断和选择背景出现的，是促动元素之一，但并不能成为决定代表行动的唯一因素。人大代表的履职行动未必是按照政府的预先设计或规划的，更多是在现实行动中，衡量自身和其他行动主体利益的结果。

第二节　作为利益协调者的人大代表：正向协调或负向协调

利益集团理论和集体行动理论在强调多元化、组织化利益的存在符合政治现实理性的同时，也强调狭隘的组织化利益过度影响政治过程是不利于政治发展的。利益多元化情境下，不同的利益组织在实现本组织利益的过程中，其行为必定是具有排他性的。其他组织的利益在其面前必然是被排斥和受限制的。通常来讲，利益组织为维护和实现自身利益所进行的排他性行为是具有客观理性的。但确保公正的前提是在公共政策过程中，掌控公权力的政府能够在公正、平等的制度体系下对不同利益组织进行有效引导和规制，确保利益博弈的公平性。这是一种正向的利益协调局面。而相反，如果政府抑或是与政府有密切联系的政治代表，其权力运用方向发生偏移，政策有偏袒，就破坏了公平竞争的原则，形成负向的利益协调格局。

在多元化利益互动现实中，作为利益协调者的人大代表，在实际身份功能发挥层面，也不可避免地存在正向协调和负向协调两个维度。

一、和谐社会目标下的正向利益协调者

正向利益协调，强调利益互动过程中，不同利益组织能够在追求个

体利益的同时认知和尊重其他方的利益，在公平公正环境下进行利益互动，达成共识，进而维护和实现社会公共利益和国家利益。要实现这一点，政府必须在承认社会存在不同利益基础上对不同利益组织之间的博弈行为进行规制，在局部利益协调基础上形成一般性利益协调。转型期的中国承认了存在多元利益的现实，并由此在主流意识形态领域提出了和谐社会的建构目标。和谐社会的核心目标在于打造一个和而不同的社会。抑或是讲承认多元不同社会群体的存在，对不同利益进行调和、协调进而实现公共利益最大化。

在人大代表参与的政治行动结构中，不同行动主体的利益考量是不同的。具体的政府部门可能在公共利益之上对部门利益有一定考量，政府官员则可能对个人利益有考量。而对于人大代表而言，除却对公共利益和与之相关的个人政治价值、社会价值的考量，他们同时也要考量自身的具体利益。而选民以及社会中的个人或组织，则相对直接，提出的往往是相对具体和直接的个体化利益诉求。在这种情境下，作为利益协调者的人大代表，核心的身份目标是促使这些不同的行动主体在不同的利益目标下求同存异，达成一种正向的有利于公共利益实现的利益均衡。

现实中，最普遍的情形是党和政府在加强群众工作的目标下，通过机制设计，促使人大代表作为正向利益协调者出现。在这种组织化的体系内，人大代表的职责一是尽可能激发不同行动体对于公共利益的认可，促使他们以公益为根本的行动目标。具体来看，理性选择视角下，政府、政府部门、政府官员和人大代表在应然层面和理性层面都有着公共利益或公共价值的考量。公共性的实现是政府、政府部门、政府官员和人大代表实现政治价值、政治利益的基本依托。但不可否认的是，在实际的利益协调过程中，公共利益的确认和达成共识则是建立在不同利益群体之间基于具体利益进行的互动上。主要的互动发生在政府部门利益、官员自身利益、人大代表个人利益和选民个人利益、选民组织化利益的博弈上。组织化正向利益协调的结构中，人大代表不仅要能够促使不同选民个体和选民的组织化利益能够彼此之间形成一种稳定的均衡状态，可以彼此体认、达成妥协，还要能够促进这些具体的多元化的利益能够和党政部门确认的公共利益有着内在一致性，形成互相体认。这带来一种集体利益优于个体利益的认知。比如全国人大代表、格力集团董事长董明珠在接受记者采访时有这样一段问答：

记者：你更愿意站在全局的立场去思考问题？

董明珠：反正我觉得作为一个人大代表不能代表自己的利益，而更多的是应该站在全局。

记者：要以大局为重？

董明珠：那当然。

记者：以国家的利益？

董明珠：每一个人都要以大局的利益为重。①

但上述现实并不意味着，在党和政府规制的范畴内，人大代表不能够对政府提出要求。这种实践模式，意味着在组织化的利益协调格局中，人大代表往往会被主导方——党和政府塑造为一种结构性的正向利益协调者。这种结构意义上的正向利益协调往往具有以下特点：

1. 人大代表主导或参与的正向利益协调遵循的是局部利益首先要服从党执政规程所认知的公共意志的规则

前提假设是，政府的行动始终是代表和维护民众公共利益的。政府要通过人大代表的功能发挥了解政府公共政策在不同人群中的反馈，并通过他们将政府政策良好的意愿传递给民众，借此调和官民双方的利益认知。比如人大代表视察、调研、询问、质询、问政等带有民情信息采集和表达的实践都是在此类政治目标下进行的。人大代表参与民主恳谈

① 董明珠：《人大代表不是为个人利益跟政府博弈》，见凤凰网，2013 年 3 月 10 日。

这样的创新性活动也往往在此类目标下进行。在党政部门看来，一种普遍的逻辑在于，通过人大代表的利益表达和调和，使得政策目标的良好出发点和美好蓝图能够被民众认知和体认。

2. 人大代表主导或参与的正向利益协调能够使政府在垂直型组织利益协调模式上拓展扁平化组织利益协调

人大代表的介入，使得原本以政府为中心的自上而下垂直型利益协调模式具有了扁平化拓展的可能。在整个政府行动逻辑中，人大代表的根本作用在于，其密切联系群众的桥梁作用不仅能够为政府决策提供信息支持，更重要的是能够调和不同利益群体在公共资源分配使用中的利益冲突。这样在政府自上而下的利益协调目标下，人大代表有了利益调和者、矛盾解决者的利益协调角色功能。这体现在官方话语体系中，人大代表是执政党和政府利益协调最基础的环节重要组成部分。人大代表要“接地气、聚民情、汇民智”①，还要能够“解民忧”，要能够解决基层群众困难。

此类实践通常侧重发挥人大代表民情传达基础上的利益协商互动能力。比较典型的案例是人大代表主导或参与的各种类型的协商民主实践。以人大代表社区工作站为例，在比较成功的实践中，社区人大代表不是作为唯一协商主体出现的，相反，他们通过自身的利益传导和协商作用发挥，将社区公共空间内不同利益主体的利益诉求进行了公开性的利益沟通和整合，形成一个系统化的利益行动体互动协调体系。比如在深圳某社区人大代表联络站的行动中，居民 、社区基层组织 、上级政府和辖区单位的利益通过人大代表工作站联系起来，利益各方都能理性地发出自己的声音，同时也对其他方的利益进行考虑，即尊重其他方的合理利益诉求。② 在此类实践中，作为主导方的政府事实上在传统自上而下垂直

---

① 《习近平对地方人大及其常委会工作作出重要指示》，见新华网，2019 年 7 月 18 日。

② 杨波、黄卫平：《协商民主：和谐社区的现实选择》，载《探索》，2007 年第 1 期，第 66 页。

利益互动的基础上建构了一种扁平化的利益协调格局。这其中，人大代表作为重要的利益传导者和调和者，使得不同利益方（包括政府）能够在平等的位势上展开协商对话。

3. 人大代表主导与参与的正向利益协调使得弱势利益体和强势利益体具备了动态协调的基础

一个层面上，国家统合之下的人大代表参与建构的基层扁平化利益协调机制，其现实意义在于从机制层面使得弱势利益群体和强势利益群体一样拥有途径被公共权力关注。那些平素里政府治理关照不到的基层区域，是弱势群体谋生之地。扁平化层面的利益协调机制的建构本身就是为弱势群体政治表达和利益维护进行实现。这种扁平化的协商合作网络的建立使强势利益群体和弱势利益群体在政治影响力上达成动态协调更具可实现性。弱势利益群体和强势利益群体一样拥有途径被公共权力关注进而获得政治影响力。这对于利益协调的稳定形成无疑具有积极正向作用。

而在另一个层面上，人大代表提出的立法与政策主张和议案本身就是利益表达和协调的过程。在这个方面，人大代表对弱势群体利益的伸张，更是从决策输出的层面直接在改变“弱势群体表达无门”的现象和问题。在近些年媒体关注的“农民工欠薪”“大城市蚁族”“放开二孩”“罕见病患者医疗保障”等社会议题的政治表达中都能够看到人大代表的身影。譬如中国罕见病患者达 2000 多万人，他们的日常用药难以进入日常医疗保障体系。在罕见病用药立法层面，有全国人大代表连续多年进行呼吁，希望罕见病患者用药能够进入医保体系。此类关涉特定弱势群体的议题在进入政治议程前，人大代表不是唯一的呼吁者，但由于他们拥有制度化的政治表达途径，因此他们得以持续进行有影响力的政治表达。相对其他类型的政治代表，人大代表这种持续的有影响力的表达，对于弱势群体权益的实现具有正向意义。

4. 人大代表主导或参与的正向利益协调使不同行动体公共素养和政治参与技能得到提升

借由人大和人大代表的作用，政府和社会两者都能够在政治沟通技能和公共精神上得以有所建树并获得提升。比如在人大代表主导的协商民主实践中，政府和民众双方沟通互动技能和公共精神得到共同提升，形成双赢的局面。政府在这个过程中能够更多回应和认同社会需求和自身执政目标的一致性，促使某种程度上责任政府的形成。不同层级政府之间也能够借由这个过程形成监督和制约：上级政府得以强化对下级政府的监督，而下级政府或政府部门也能够通过同样过程对上级政府提出诉求。政府执政的正当性得以强化和被关注。而民众利益协调的过程中，能够在明确和申明自身权益的同时认知到他人利益存在的正当性，从而培养其理性参与意识和公共精神。

而另一层面，比较具有现实意义的是：人大代表这一群体得到正向引导并得以提升公共素养。一种现实在于：在组织化的正向利益协调过程中，政府需要向社会和人大代表开放政治过程。在此过程中，人大代表及其被代表的群体政治参与技能和公共精神会得到渐进培育。比如有研究表明：企业高级管理者兼有人大代表或政协委员的政治身份，这种政治联系的存在能够显著提升企业的财务表现，并且能够在此基础上促使企业更好地担负起社会责任。并且这种政治关联的级别越高，企业社会责任表现越好。①

另一种现实则在于，在组织化的利益协调过程中，政策企业家型人大代表在利益协调过程中得到培养并发挥作用。与一般的代表相比，有政策企业家特质的人大代表更有政治参与意识，更加关注公共议题或某领域社会问题，愿意并有能力承担参与政策过程的成本与风险，具备一

① 张川、娄祝坤、詹丹碧：《政治关联、财务绩效与企业社会责任——来自中国化工行业上市公司的证据》，载《管理评论》，2014 年第 1 期，第 139 页。

般性政治参与者所难以具备的建构公共政策议题并使之进入政治过程的意识和能力。他们了解政治运作现实及其背后的逻辑，能够在认清这些因素的基础上运用它们，并在长期坚持探索基础上使自身的政治主张通过组织行动进入公共政策过程。在现实中，这样的人大代表通常可以从三类人大代表身上找到痕迹。第一类是官员人大代表之中。通常这类人大代表本身就是某问题领域的政府决策者，对相关政策出台有热情和责任意识，并且他们有条件有能力持续跟踪某一方面政策议题，了解最新政策动态和不同方利益认知。第二类是具有专业知识并持续关注某方面公共政策的人大代表。这类代表通常是某方面公共政策领域的专业人士，对相关领域的政策有独立认知并有一定的影响力，能够持续关注和推动相关领域政策制定。第三类则是和某方面公共政策出台具有利益关系的人大代表。这类代表往往与某领域公共政策制定有一定利益联系，但能够基于公共利益进行沟通、协商和妥协，将自身利益置于公共利益实现的范畴之内。

二、狭隘利益抑或低效参与主导下的负向利益协调者

不可否认的是，在执政党的执政图景中，人大代表作为正向利益协调者的身份设定具有组织化动员的属性。但与此同时，客观现实在于，在愈来愈开放的社会中，政治结构的开放性和人大代表的独立性，都是一种必然的趋势。在这个过程中，正向利益协调发生的同时，负向利益协调也在发生。相对于正向利益协调，负向利益协调的发生是利益协调系统发生偏差的体现。其典型的外在表象是执政者/政府不能站在公共的立场提供制度引导，公共利益在分配过程中被少数人或群体垄断。其突出体现为政治发展过程中的政治腐败问题。转型时期，人大代表和其他拥有一定公共权力的政治行动体一样，都面临着政治腐败的风险。其核心表现为人大代表自身的公共价值发生偏离，将自身公共身份作为一种可

以兑换利益的公共权力资源进行交换。

人大代表行动失控、产生偏差的一个体现就是，人大代表和权力腐败挂钩。最突出的现象是：人大代表身份的经济性被过度阐释和发挥，成为权力腐败的一部分。典型现实在于人大代表身份本身所蕴含的权力属性和他们接近权力的显著特质。人大代表是拥有权力的政治人，这种权力本身在现实中就意味着经济利益。研究发现，政府官员类政治关联会降低企业的财务绩效①，但企业管理者的人大代表身份却会提高企业的财务绩效。其主要原因在于人大代表身份能够降低企业运营的成本。比如，有研究证实了在政府对 IPO 市场进行严格管制的新兴市场中，券商的政治联系在 IPO 市场中的重要性。② 另外，在很多人眼中，拥有人大代表身份，企业在税收层面会少被政府监管部门“麻烦”，在贷款、规划等关系企业发展等重要问题上也会受到政府的关照。毋庸置疑，人大代表是能够接近权力的人。尽管人大不是公共权力的直接掌控者，但人大代表中间却包含大量掌握公共权力的政府官员。拥有了人大代表的身份，就拥有了接近和影响权力的机会。甚至在一些人眼中，人大代表参与各种履职活动，是一群有不同领域资源的人在共享信息、拓展人脉、交换资源、构建关系网的过程。人大成为某些人眼中可以进行权钱交换的“俱乐部”。综合来看，负向利益协调往往发生在人大代表进行过度偏向于功利层面身份实践的时候。也就是在他们的视野中，人大代表的身份是换取自身利益的筹码。这个逻辑循环下，人大代表易成为政治腐败环节的一部分。近些年，一些地方出现人大代表选举的集体贿选案。2013 年辽宁省全国人大代表选举贿选案中，45 名当选的全国人大代表存在贿选问题，参与投票的 619 名省人大代表多达 523 名代表牵涉其中。甚至人大机关的主要领导干部在其中扮演着“掮客”

① 张川、娄祝坤、詹丹碧：《政治关联、财务绩效与企业社会责任——来自中国化工行业上市公司的证据》，载《管理评论》，2014 年第 1 期，第 139 页。

② 赵刚：《券商的政治联系及其经济后果》，南京大学博士学位论文，2013 年。

的角色。[①]

这种情形下人大代表成为一种显性的政治腐败者，其利益代表身份上的集体性与个体性发生显著分歧。人大代表代表特定群体利益，并且这种特殊利益在人大代表行动中体现的价值要绝对高于其他群体利益价值和公共利益价值。在这种行动结构中的人大代表还可能会通过和其他类型的政治代表、政府官员、企业家等资源掌控者进行结盟，垄断某项政策议程的入口和讨论通道，具有明显的权力寻租性质。因此，此类利益协调层面的人大代表，由于他们本身就与特定利益群体有着直接甚至是密切的利益关系，不仅他们的当选本身可能就是一种隐性政治腐败和政治不公的产物，而且他们的履职行为本身更是在固化和扩大这种腐败和不公。在这种类型的人大代表进行的利益协调中，他们很难体现民主参与所应当具有的技能和素养，既不能有效表达一种公正的政治观点，也不善于在尊重其他利益群体利益正当性基础上进行有效沟通和互动。

如果说人大代表成为显性的政治腐败者是一种极端的负向利益协调现象，那么现实中另一种似乎不那么极致的负向利益协调则是隐性的。这种隐性的负向利益协调体现于两种情况。一种是人大代表具备良好的公共精神，但却不具备公共利益协调所需要的能力和素养。事实上，在一个多元化的时代，利益协商和利益协调是一门科学，不仅需要人大代表具有良好的公共精神，更需要他们具备公共协商技能和艺术。如果没有这种能力，而单凭一种良好的公共精神，人大代表也是无法发挥出正向利益协调的作用，甚至会“好心做坏事”。另一种情形则是，人大代表是绝对的“举手代表”，他们看似在响应政府公共决策，但实质上并未有十分有效的代表行为。这两种情形下，人大代表的政治参与都处于一种低效甚至无效的状态。而在多元化的利益协调过程中，这两种类型的代

① 辽宁人大代表的贿选案中，辽宁省人大常委会副秘书长、办公厅主任李会永在被组织处分后还依然在人大会议期间为十余名参选全国人大代表的候选人进行拉票、传递消息，影响十分恶劣。

表行为，在显性层面，并无太多的负面特征，但从质的层面分析，“盲目政治参与”抑或“低效政治参与”在很大程度上都无法使得人大代表真正像代表，进而使得在某些比较关键的公共利益问题上，人大代表的正向协调作用难以体现，甚至产生了反向作用。

三、成为正向利益协调者：谁在主导？

客观而言，改革发展过程中，部分人大代表已经渐进具备了较为显著的独立意识和自我意识。在经济社会发展过程中，部分人大代表在多元化政治发展趋势下逐步产生了促进多方沟通协商的意识，并且一定层面上具备了沟通协调的能力。此种维度下，人大代表的利益协调者的身份呈现往往基于自我价值实现，而不单单是利益权衡或理性计算。或者说，一定意义上，部分人大代表在促进利益相关方沟通、协调上具备了基于公益实现而进行利益协调的自我责任认知和冲动。

然而从现实层面，作为利益协调者的人大代表，无论正向抑或负向，其功能性身份形成有赖于两点：一点是党群众路线实现体系中切实把人大代表作为重要的中间性环节；另一点则是利益多元化趋势下，社会对一个制度化的利益互动协商渠道的渴求和理性包容沟通政治氛围的同步打造。这两点在实践中具有重合性。譬如，人们能够看到，在一些地方的政治实践中，人大代表利益协调者角色的切实发挥是群众路线和社会进步的共同结果。但在一个更大范畴下，这两大出发点也意味着人大代表在利益协调者的身份实现上面临冲突和调适。

从形成路径上看，群众路线的维度，执政党通过自上而下的沟通、引导、激励建构了人大代表的利益协调者身份。而社会进步则是从自下而上的角度建构人大代表作为理性人的利益协调者身份。在一定程度上，一项政治议题，当政府的导向和社会民众的导向具有相当大的一致性时，作为利益协调者的人大代表往往可以成为群众路线和社会需求指向的重合点而发挥重要的连接和协调作用。而一旦在某项议题上政府和民众认知出现分歧，那么人大代表有怎样的行动表现？客观现实是：尽管中国政治和社会发展在理性化和包容化层面有提升，但总体上人大代表依旧是以执政党的帮助者的身份出现的。[①] 这一基本位势决定了作为利益协调者的人大代表一定要服从于执政党群众路线的工作方式和治理逻辑。而这同时也意味着，当政府和社会对问题的认识存在分歧时，人大代表将更多地作为政府政策的解释者和矛盾疏导者的角色出现。因此，在缺乏确切的人大代表为选民负责机制的情况下，作为利益协调者的人大代表，要发挥一种正向的作用，相当大层面上依赖于政府/执政党对其身份的设定和规划。在这个基础上，社会公共精神和人大代表自我成长基础下参政能力提升更加不可或缺。

其一，现实角度，党和政府在群众路线的维度对人大代表利益协调者身份的现实设定和引导是首要决定因素。组织层面，人大代表要严格遵循民主集中制的原则进行组织和活动。坚持党的领导是人大和人大代表活动的基本遵循。人大代表所提出的议案、进行的调研、视察、询问、质询等履职行动都需要以公共利益为基础将自身所了解的系统化的选民诉求与利益相关方诉求进行沟通、协调互动。这其中政府既是重要的利益相关方，也是人大代表提出诉求的直接对象。脱离了党和政府，人大代表在利益协调层面的作用很难有积极的体现。因此，在现实政治结构中，人大代表作为正向利益协调者的身份实现是和党治国理政紧密联系在一起的。这事实上意味着，这种身份的实现在很大程度上在于执政党赋予人大代表作为正向利益协调者的身份规划和机制运作。

另一个挑战性在于，执政党所规划的治理体系中，群众路线实现之下人大代表的桥梁身份设定。这样的设定一方面要求人大代表应当以人民的利益和意志为活动准则，同时要反映原选区选民或者原选举单位的

---

① Kevin J. O'Brien, *Reform without Liberalization: China's National People's Congress and the Politics of Institutional Change*, New York: Cambridge University Press, 1990, pp. 782 – 794.

意见和要求。这在一定程度上赋予了人大代表作为正向利益协调者的身份愿景。但另一方面，桥梁的身份设定的前提假设是：人大代表具有应然的正向身份和公信力。借由身份的正向意义和公信力，人大代表可以自然地沟通调和不同方利益。此间挑战在于，如何确保人大代表真正具有公信力。实践中，在桥梁的角色愿景下，人大代表进行正向利益协调的程序性、具体化机制支持并不充分。这导致人大代表政治参与，在很大程度上更多主要是作为提供信息支持的咨询者的直接形态出现，抑或是作为执政党监督治理的关键环节或执行者的形态出现。而作为代议机关代表的利益表达和协调功能则在一定程度上作为隐性身份出现。

其二，社会公共精神的提升则是一个缓慢的过程。要求社会层面对人大代表在利益协调层面有着理性和具有公共意义的预期，需要一个改革与社会性话语表达、社会关系和传统文化不断进行结合的漫长历史过程。转型期改革必须保证：从行为动机层面人们在个体利益表达和实现层面，拥有不需要依靠人大代表和公共权力进行排他性利益结盟的有效选择。此时，转型改革和公共精神的塑造才是有效的。这要求在经济、政治层面都建立强有力的负责任的具有真正执行力的制度对社会中人们的行为进行引导。人大代表利益协调作用的正向作用发挥需要依托于强有力的制度建设。否则，人大代表利益协调者的身份实现容易陷入无序化的状态，代表背后的自由意味要么被少数强势利益群体利用而导致更加极端的人大代表身份腐败，要么导致多数人无序参与的“平庸之恶”。

其三，人大代表基于公共精神进行正向利益协调的能力和素养提升是一个系统命题。这个问题的解决不只与人大代表相关，更与政府改革、制度建设和社会层面观念转变同步相关。在多元社会现实下，人大代表正向利益协调技能和素养的提升无疑需要制度层面具备更为明确的引导力和说服力。要让人大代表能够真正在为选民负责的基础上形成一种对公共利益负责的行动理念和行动方向，就必须确保从选举到具体履职层面，人大代表行动选择中，上述行动是符合其个体期待的理性选择。

因此，多元利益协调过程中，人大代表要成为正向利益协调者，客观意义上是一个系统性的过程。人大代表能否发挥正向协调者的功能和作用不是政府/执政党、社会民众和人大代表的良好意愿所能够决定的。尤其在转型期，正向的利益协调必须是动态的，能够在社会发展中不断动员不同利益群体基于公共精神进行政治参与和利益互动。在政府、社会、人大代表三方中，政府/执政党的主动作为，尤其是制度建设层面的切实行动是非常关键的。

第三节　人大代表利益协调者的身份与积极政治信任建构

通常意义上，正向的利益协调和积极政治信任之间存在契合点，能够从正向角度促进积极政治信任的形成。而局限于狭隘利益或垄断性利益实现的负向利益协调则会消解积极政治信任。但即使如此，人大代表利益协调者身份实践和积极政治信任之间的关系依旧存在多种可能。

一、正向利益协调者的人大代表与积极政治信任：契合与挑战

作为正向利益协调者的人大代表，其身份实践过程中蕴含的支持因素和积极政治信任的支持要素中有着一定的契合。现实实践中，正向利益协调的行动集中体现于人大代表主导或参与下，利益表达与协商渠道得以开放，不同利益主体能够在协商互动基础上达成有效的共识。这样一种身份下的人大代表，其身份功能的实现不能单一依靠于政府/执政党、社会、人大代表中的任意一方，但却要求三方在改革发展动态过程

中有共同的正向发展和提升。政府、人大代表、社会三个层面公共精神的共同提升是基础性支撑元素。

正向利益协调的过程中，即使只是单纯局限于群众路线的维度，前提也在于政府对人大代表利益沟通、协调作用的认可和信任。而正向协调的达成，实践表明，同时还需要利益互动的各方——政府、社会中各相关利益行动体、人大代表——之间具备协商互动的技能和理念，具备公共精神。与此同时，在人大代表主导或参与的正向利益协调建构过程中，政府、党委都不是绝对的主导者，它们在一定程度上将部分权力或公共资源下放给社会，给予社会不同利益群体一定的讨论和协商的空间。这其中人大代表作为主要的政治表达、政治沟通中间平台或是作为参与者参与到整个利益协调过程中来。在实践中，几方合力构成了最终的正向利益协调。而正向利益协调达成的这些要素也是积极政治信任建构所需要的基础性要素。

尽管如此，但是现实实践的另一面则在于，作为正向利益协调者的人大代表，其身份的实现和实践，政府的主动赋权是第一步，发挥了必备而关键性的作用。譬如在温岭人大进行的参与式公共预算改革中，人大代表审议之前，当地人大多次邀请专家为人大代表进行相关技能培训。这些直接表明了政府的一种态度：希望人大代表成为官民良性沟通的通道，并借由人大代表主导的协商互动提升群众对政府预算决策的认可度和信任度。因此，在正向利益协调过程中，由于政府的开放态度和赋权是第一步。在此基础上，在具体的利益协调过程中，政府和人大机关对相关利益方共同参与的议事规程、方式的规划和引导，更是十分关键的。往往是党政部门和人大共同扮演了利益协调过程的规划、设计的角色。这样在整个利益协调过程中，政府和人大机关是提供制度依托和程序保障的。这意味着正向利益协调的过程是可控的。但在另一面，则意味着“何种议题可以进入人大代表利益协调的议事平台？”“人大代表利益协调所涉及的公共资源或利益可以开放到什么程度？”这两个关键性的前提，在很大程度上，并不是社会和人大代表所能决定的，其主动权依旧在政府手中。

这些都表明：纵然在人大代表主导或参与的实践中，人们看到诸多正向利益协调的实现从目标到手段都和积极政治信任的建构和实现有着重叠。但依旧不能轻易认为，人大代表正向利益协调者身份的建构一定和积极政治信任的建构具有绝对的正向关系。其挑战主要在于以下三点：

一是政府主导的情势下，人大代表作为利益协调者的身份实现的广度和深度始终是有限的，由此，始终无法确保积极政治信任要求的开放性、责任性政府能够在一个积极的轨道上建构发展。即使是正向的利益协调的结果，在政府过度主导和掌控的情形下，无法充分确保政府为人大代表正向利益协调者身份的建构提供足够的制度依托和持续性保障。由此，人大代表介入或主导的利益协调实践，是否具有动态发展和历史性拓展的可能性，始终需要打一个问号。如果只是单一时空存在的正向利益协调，而不具备持续性、拓展性，这意味着人大代表主导或参与的不同利益群体之间的沟通合作并不具备发展性。那么积极政治信任的建构只能局限于一时、一地。

二是人大代表主导或参与进行的正向利益协调是否能够打破受传统政治文化深刻影响的政社互动模式，进而促成一种以公共观点为中心的政社合作与政治认同模式。中国传统乡土社会所形成的政治文化比较崇尚中央的威权和亲缘关系、乡土关系等所形成的关系网。这导致中国社会群体会在无意中寻求一种权力的庇护，不同利益组织之间亦缺乏具有自治特点的协商互动传统。

但在文化层面，可以肯定的一面在于：改革开放 40 多年来，人大代表在利益协调层面进行的实践，代表了一种具有中国特色的公共合作文化模式的变迁。从政府/执政党治理层面，人大代表的功能化行动，既是党的群众路线的关键环节，也是有序引导下公共参与的重要支撑点。进一步讲，在执政党的引导下，人大代表的实践在很大程度上将自上而下的群众路线与自下而上的公共参与进行了有序的结合。通过人大代表这一群体的作用，政府/执政党一方面可以督促政府机关和部门中的干部能够真正俯下身去倾听群众的呼声，能够回应群众，同时理解和发挥群众的智慧。另一方面，通过人大代表代议功能的发挥，使公众获得表达的空间，能够参与和影响决策。这种上下互动结合的利益协调模式在很大层面上使中国政治发展具有了现代的色彩。社会在获得协商空间的同时，公众公共参与和协商互动意识也逐步被培养。这些都是非常有益于积极政治信任建构的。

另一方面，尽管这种自上而下和自下而上相结合的模式在一定程度上为正向利益协调和积极政治信任的形成提供了结构性的框架，但在很大程度上，此种结构性的政治互动框架的实践和发展仍具有相当的局限性。在较为强大的传统文化惯性下，相对于“有事找政府”，在表达和维护自身利益诉求层面寻求人大代表的帮助，对于普通民众而言，他们并不具有这样的思维惯性。在一定层面上，人大代表正向利益协调的实践，或者使得部分民众对人大代表有了一定的期待和关注，但这种期待和关注是有限的。这种有限性来自传统政治文化的思维障碍，事实上，也更直接来自人大代表在既有政治结构中的利益协调身份功能的有限性。譬如，在一些典型的人大代表社区联络站/工作站的实践案例中，人大代表对选民的回应和帮助他们协调解决的问题是有明确界限的，多集中于政府公共服务层面的问题。履职能力较强的工作站/联络站现实所依托的不单单是人大代表，更直接发挥作用的是工作站/联络站的日常工作人员以及政府部门主导建立的人大代表和不同部门主管领导之间的带有强制监督色彩的回应反馈和工作督办机制。而现实问题则在于，即使是人大代表工作站/联络站这样的工作，也很难说进行得很深入。在有些地方，代表工作站/联络站的实践并不深入，群众认可度不高。譬如有的地方的代表工作站/联络站曾被倡导建在政府办公场所里。而实践中影响力较大的工作站/联络站无一不是设在社区层面。由此可见，制度缓慢变迁下文化和观念惯性，事实上是处处存在且有体现的。

三是如何真正使得民众通过人大代表的正向协调作用对政治过程产生持续理性、总体正向的认知。问题核心在于，人大代表的正向利益协调作用要能够使得政治行动者对政治过程形成动态的积极认知。这种期待意味着不仅人大代表在持续的利益协调行动中，能够始终支持或促进政府做出具有正向公共价值意义的行动，更意味着人大代表能够在一个动态的利益互动中，支持民众形成一种理性积极的政治参与观念，能够使民众整体上对政治过程形成平等、公平、正义的正向认知。从这样一种政治认知传导意义上，人大代表事实上要始终能够在政府和民众之间进行有效的政治传递和政治表达。这样一种价值传递的作用实现，客观上还是一种制度变迁和文化演进相互促进的系统化过程。

在现实的实践中，利益协调过程中，尤其是比较有实践力的正向利益协调，事实上都在政治价值传导层面，人大代表成功发挥了执政党/政府治理体系所赋予他们的桥梁作用。这同时也易使普通民众产生两种认知倾向。一是人大代表更多是政府自上而下治理的一个中间性依托力量，而非民众自身可以依托的真实利益代表。二是人大代表对选民利益的沟通和协调服务，更可能为履职顺利或再次顺利当选而完成一项工作，而非对选民需求进行回应和协调维护。然而，转型发展过程中，社会民众不可避免的权利意识的深化，使得他们对人大代表对选民具体利益的代表性具有更加强烈的现实期待。此种情势下，人大代表在利益协调过程中要具备正向的价值传导性，就必须要求从意识形态和制度层面对人大代表的集体/公共属性和选民代表的属性之间的统一性和分歧性进行良好的解释和引导。同时，还必须让民众相信，人大代表的行动不仅有利于社会共识和公益的形成，而且他们的这种行动最终是有益于国家整体发展表现的，能够从整体层面给大部分人带来福祉。

二、负向利益协调者的人大代表与积极政治信任：相逆下的问题预警

成为负向利益协调者无疑是人大代表一种坏的身份实践结果。从本质上讲，人大代表这样一个身份的政治代表成为负向利益协调者，意味着政治腐败。在中国转型发展过程中，少数人大代表成为负向的利益协调者，主要表现在他们中的部分人成为权力与利益结盟垄断政策过程的中介或掮客，促使政治不公的产生。在负向利益协调形态下，人大代表成为狭隘垄断性利益的代表者，而非公共利益之下选民的代表。这种身份体认无疑会加大民众对政府和整个政治过程的疏离感和不信任感。尤其会加大民众对政治不公的体认，在政治行动上促使他们与政府产生对立情绪，于积极政治信任建构而言，这是毋庸置疑的负向因素。

但现实中在任何一个国家政治生活中，代议机关代表和任何政治代表一样，既存在正向利益协调者，也存在负向利益协调者。甚至同一个人大代表，在不同的议题上，所发挥的利益协调作用很可能是相反的。从理性经济人的角度，人大代表自身腐败抑或是在协调行动中过度注重自身狭隘利益都不是不符合逻辑的事情。而能引起人们反思的是，如何规制和引导他们不成为这样的利益协调者。通过具体情况的反思，促使负向利益协调出现的情况减少，从而提升人大代表在利益协调层面和积极政治信任之间的契合度。很大意义上，负向利益协调者的人大代表在现实中的存在是对积极政治信任建构中几个重要问题的预警。

一是确保负向利益协调行动不成为人大代表行动的常态化选择。这事实上要求负向利益协调方向的行动不能成为人大代表的结构性选择。制度层面要明确：人大代表负向利益协调的行为成本高于收益。这从根本上在于人民主权从文本走向切实的实践。通过切实的机制，人大代表要成为基层民主的切实支撑者。人大代表从产生到具体履职，要具备真

正的身份效能，成为普通选民利益表达者抑或是群众路线中真正的群众利益表达者。人大代表这个群体要成为避免强势权力对民众合法权益随意性侵害的制度性屏障。

二是正视人大代表身份的特殊性及其由此而产生的投机和寻租的行为。尽管人大代表绝大部分以兼职代表为主，并且没有专门的津贴和工资待遇，但这些并不妨碍代表身份为个人带来的荣誉感、社会影响力以及潜在福利。人大代表身份的特殊性本质上在于他们能够接近公共权力并对公共权力产生直接或间接影响。人大代表成为负向利益协调者的情况，多是和其身份特殊性之下的投机和寻租行为有关。但某些潜规则，譬如地方政府针对人大代表在税收、贷款等层面的优惠，尽管从出发点层面是为了提升人大代表履职积极性，但不可避免地使人大代表的政治身份具有投机性和寻租性。这些现象一旦被放大，对于普通民众而言，人大代表易沦为如政府官僚一般享有特权的政治人，而非可以选择信赖的利益表达者和维护者。因此，人大代表享受到的制度性“特殊福利”及其进行的利益表达和协调行动，应当是有标准和尺度的。西方国家对议员接受捐款、开会议事等都有着明确的限定和约束。议员参与公益活动的年报酬被明确限定有最高标准，议员个人与企业或法人组织签订的合同或发生类似经济联系都需要向专门的管理机构提交报告接受监督和审查。在确保议员言论自由前提下，对议员言论表达在大的方向也有具体的标准。而相比较之下，中国对人大代表的“人设”具备太强“好人预设”，制度层面对人大代表特殊权力身份和经济人身份所隐藏的“恶”没有予以完善的规制和预防。而在无法确保人大代表自身“善”的情形下谈积极政治信任，这显然会成为虚置的命题。

三是降低人大代表在利益协调层面“好心办坏事”的概率。无论是作为政府调适和社会利益认知的一个关键环节，还是作为社会不同利益主体之间互相表达、认知和调和利益的中间体，人大代表群体自身的政治技能和素养都是关系到利益协调不走向负向的关键因素。如何确保人大代表在具有积极政治参与的前提下，理性而具有技巧地进行政治参与，在利益协调的过程中不盲目、不极端，这是确保转型过程中人大代表不进入负向利益协调者行列的重要条件。

三、作为利益协调者的人大代表与积极政治信任：综合视角下的反思与启示

作为利益协调者的人大代表与积极政治信任，二者之间的关系具有复杂性和多元性。总体层面，不可否认的是，人大代表在整体改革发展过程中对于社会利益协调和政治信任的建构起到了作用。这个过程中，人大代表主导或参与进行的正向利益协调中具有非常多的和积极政治信任建构相契合的元素。但与此同时，在未来的政治发展中，这种正向利益协调者的实践形态能够在多大程度上持续为积极政治信任的建构提供要素支撑抑或使既有的契合元素进一步深化和拓展，这些问题都没有现成的答案。而负向利益协调者情形的存在并不是人大代表身份建构的偶然失败现象。这种负向协调身份的存在是一个系统化制度建构匮乏的表现。作为负向利益协调者的人大代表的存在尽管从其实践形态本身和积极政治信任的建构是相逆的，但当前所发生的负向利益协调多是具体事件，并不是系统性的政治溃败。这种作为偶发事件出现的现象作为一种警示，需要引起当政者的重视。作为提示和反思意义上存在的负向利益协调者的身份实践，在某种程度上使得人大代表在利益协调中成为积极政治信任建构的一种提示因素或风险预警群体。

另外，作为利益协调者的人大代表，身份是否能够被政府和民众接受，这也是不能回避的重要问题。人大代表作为政治沟通者、关键立法参与者、政府监督者的功能性身份于政府和民众而言，都是相对比较直接，显性化，较容易被民众接受和认知的身份。而作为利益协调者的人大代表，其身份实践相对隐性。且在中国传统的集体主义和国家主义政

治文化主导下，利益协调者的身份定位潜在强调了个体利益的存在，这意味着其身份从正统性层面必然要被嵌入集体利益实现的框架下。鉴于政治文化和群众路线意识形态下的政治结构主导，人大代表作为利益协调者，必须要体现其对公共利益的贡献。但与此同时，市场经济的发展使得民众包括人大代表都逐步具备了个体化的权利意识。这种情形下，人大代表所担负的利益协调使命，在很大层面上已经不仅仅是配合党和政府的利益整合、协调行动进行的辅助性行为。长远来看，人大代表基于自身主动意识和独立意志进行利益协调的行动不可避免成为现实。这意味着以积极政治信任建构为目的，人大代表利益协调者身份的建构必须从下列启示中获得反思。

启示一：人大代表和执政党在利益协调层面的价值整合需要被重视。在转型期的中国宏大的历史性政治发展进程中，党是整合协调不同群体利益的主要政治力量和政治代表。人大代表更大层面上是国家合作主义架构下，党依托的对民众进行政策和意识形态解释和规劝，对不同政治行动体之间的利益分歧进行疏解缓冲的中间渠道和制度载体。人大代表对政治治理的积极作用尤其体现于在利益协调过程中他们对政府和社会民众之间的利益认知分歧进行疏解，抑或在某种意义上意味着代表政府对社会民众进行安抚。此种情境下，人大代表和执政党/政府在政治结构中往往被视为一体的。人大决策的正当性、合理性与执政党决策合法性之间高度结合。而挑战在于，从实然层面，人大代表具有自身的独立性，会不可避免地遵从具体化的利益代表和利益互动逻辑。而执政党利益协调遵循的则是广义层面上的公共利益的原则。在这样的结构下，人大代表对执政党既有着事实上的“履职空间和履职效能依附”，同时也逐步具有了独立行动的空间和作为“代议士”进行政治表达和利益协调的意识和行动。面对这样的人大代表群体，执政党不仅需要强化人大代表在整个治理体系的合法性支持和咨询支撑作用，更需要从制度和价值两个层面建构一套系统化具有说服力的体系，使得两者在利益协调层面能够从价值层面具有一致性。这显然需要在意识形态和制度建构层面进行探索。

启示二：要使得人大代表能够切实成为国家与社会之间联系和矛盾缓冲平台。国家和社会之间沟通不畅和变形几乎是所有类型政治不信任产生的基本原因。人大代表作为国家和社会之间联系的关键纽带，只有真正发挥其沟通和协调作用，才能够实现正向利益协调作用，为积极政治信任建构提供支撑。而在另一层面，人大代表还应当是国家和社会之间潜在利益冲突的缓冲平台。这两大目标行动的真正挑战在于，主流话语体系中的官民沟通桥梁——人大代表能否切实把这种角色功能发挥到位，并能够让民众对其角色和角色背后的政治关怀和公平、公正的价值得到有效感知。客观判断是，通过人大代表的行动，党和政府的权威得到很好的塑造和传递。但与之相对应的党和政府权威树立之下对社会的切实关注，人大代表传递和塑造则相对不足。究其原因在于，政治权威对社会的关注和责任形象的真正树立，并不能仅仅依靠自上而下的政治动员和形象树立，更多是通过上下互动、信息沟通和传递进行的。这需要执政党/政府能够和民众有共情。相对而言，人大代表在利益协调层面尽管发挥了较为积极的利益沟通和协调作用，但更大程度上，这一群体是作为政治动员主体的一部分发挥作用的。尽管在各地的创新实践中，人大代表作为社会群体间独立性沟通渠道和平台的作用有发挥，但在质的层面，人大代表依旧尚未充分将其制度化沟通和利益协调角色履行到位。

启示三：制度建设具有紧迫性。部分人大代表在利益协调层面的负向表现，无疑暴露了转型期社会整体利益整合和协调机制的不完善。由于人大代表对党政部门在履职层面的依附，这意味着，官僚体制的一些弊端不可避免地会传导给人大代表这一群体。譬如中国传统官僚体制的等级制、过度依附权力、政商结盟等劣势都不可避免在人大代表这一群体中有着体现和折射。与此同时，经济快速发展过程中，人大代表自我意志和行动空间的社会化拓展，又意味着市场经济的交换因素会对其行为形成直接影响。可以说，在一定程度上，同时作为政治人和经济人的人大代表，在具有原生善的品质和人们对其良好期许的同时，也带有天生的劣势。而源于后天的环境变迁，人大代表具有了经济人的特征，这使得他们在具有更多自主性和活跃性的同时，在利益协调层面也具有更多不确定性。对人大代表利益协调层面的这种不确定性和天然劣势，价值引导固然重要，但更重要的制度建设更具有紧迫性。这种制度建设在具体层面涉及人大代表相关的制度建设，这包括人大代表“选举程序的透明化、公开化”（尤其是对于贿选的限定和处罚要明确具有建制）、“人大代表监督政府行为各种相关机制的更加具有常态化、可操作性”、“人大代表与政府之间的政治表达和反馈机制建设”，等等。其核心在于通过切实的制度确保人大代表能够真正深入基层群众一线及真实的社会生活中去，使民众能够真实感知政府藉由人大代表行动所释放出来的责任和善意。而在宏观层面则是与转型改革过程中总体国家的制度建设息息相关。尤其在政治参与制度建设层面，如何更加公平有序地引导各个群体进行政治参与，树立人大制度和法治权威，防止强势利益群体垄断或强势干扰政策议程是非常重要的。

第八章

总结和展望：多元有限身份下的人大代表与积极政治信任

在最开始的章节中，我们总结出积极政治信任型构的关键五要素：有效的政治代表、政治沟通、公共监督、中间地带和制度设计。在现实中，我们可以发现，人大代表事实上具备了连接和建构这五种不同要素的身份和身份实践能力。其核心原因在于作为重要政治代表者的人大代表的人民代表身份赋予他们对不同政治行动体（尤其是政府和社会之间）制度化的连接力。由于这一中间群体在规范层面和事实层面的存在，党和政府为自身行动建立了体制化的公共监督和内在纠错机制，更大意义上为公共治理行为建构了一种合意、合法的面向。而最为基础的，人大代表不仅是制度化的政治代表、政治沟通、政治监督和中间地带的主导者和建构者，他们也是中国互惠型政治市场的促动者与参与者。这意味着人大代表有可能从一个诱致性制度变迁的层面引导转型期中国形塑积极政治信任。基于此，人大代表在执政党执行和深化群众路线中的作用不应当仅仅是基于政治治理辅助者的工具化群体，他们自身所具有的政治价值以及能够引导塑造的政治价值更应当被激发和深化。而也正是源于以上所述，积极政治信任视域下人大代表身份建构无论是现在进行时抑或是未来进行时都需要使其子身份具有建设性并能够系统性融合，形成支撑人民代表核心身份的合力。

第一节　人大代表与积极政治信任：契合点的进一步探析

以政治发展为目标，积极政治信任的形塑和建构最终是促进建构一个良善、能够切实代表多数人利益的、积极活跃的、系统化的政治治理体系和治理形态。中国自改革开放以来的政治信任建构实践说明，相对于传统政治信任形态，一种符合中国政治现代化发展目标的积极政治信任形态借助于政治发展需求而有着渐进发展。究其根本，积极政治信任的建构最终需要建构一个积极的代表型、回应型的责任政府，形成一种积极沟通、官民共同参与、公共精神共同成长的政府过程。在这一过程中，中国的实践则进一步说明：积极政治信任的建构，必须适应中国治理复杂性的特点，能够激励和促进中国治理体系的系统性建构，不断强化不同治理主体和治理元素之间的协同化、互补化的效应。以这样的角度看待积极政治信任建构的五个元素，有效政治代表和政治沟通是基础，这二者衍生和支持了有效的公共监督、中间地带，并不断激励和提升制度建设的水平。

在现实层面，中国政治和社会治理现实要求这五个层面应当是同步、协同性发展。这共同指向了新的三个现实：现阶段中国积极政治信任的建构，需要过程与结果并重、要形成和倚重于一个互惠性的政治市场、形塑和建构制度化不信任机制。在满足这三个需求的过程中，人大代表是非常重要的“公约数”。无论从三点中哪一点出发，人大代表都发挥着重要的作用。

一、政治信任建构的过程与结果并重

现代化进程中，伴随着人们的第一需求从生存转向生活，质疑或批评权威往往成为人们价值体系中的一部分。在中国政治现代化发展过程中，民众对政府和政府官员这些以往具有权威色彩的政治符号的认知更为理性。较之于传统，民众对政府运作背后所依托的政治体系的价值、结构、运作程序都具备了更多的理性思考的意识和能力。在中国政治和社会转型过程中，单纯关注政治信任的结果已然是不可取的，政治信任建构的过程是十分重要的。过程的因素不仅影响着政治信任的高低，还影响到政治信任建构的形态，并最终影响到政治发展的形态与效能。因此，从单向度地重视结果向将过程与结果同等视之将是中国政治信任建构的必然趋势。因此，从政治发展意义上讲，积极政治信任的建构就是将政治信任的建构从侧重结果转向结果和过程并重。相对于传统政治信任，积极政治信任不仅重视政治信任的结果，即政治信任度高和低的问题，更加重视政治信任建构过程及其对整体政治发展的影响。

而这一点体现在中国政治信任的建构发展中，一种明显的信号在于，自改革开放以来，中国政治信任的建构除了倚重于传统政治信任所习惯的意识形态宣传和说教模式，非常明显地，政府动员民众方式与官民沟通模式发生了变化。在既有的动员模式下，党和政府逐步意识到，在一个开放的市场环境中，群众工作的社会基础发生了变化，工作模式也随之改变。在这个过程中，群众的个性需要被重视和尊重，基层思想政治工作的首创性和主动性需要被启发和引导。作为集体的群众和作为个体的群众，其利益的调和均衡需要政府通过不断的开放性沟通予以实现。

因此，在现实的政治实践中，中国政治信任的建构不由自主地带有积极的色彩。民众对于党和政府的体认尽管具象化地体现为后者对于前者政治表达和互动空间的重视和行动过程塑造。这期间，在市场的驱动下，政府对民众的行动空间松绑，促使社会自我组织性有了一定的提升。但与此同时，放权社会之后的政府又逐步意识到：对放开之后的社会民众，政府如果没有行之有效的制度化途径进行组织、引导和调适利益，那么政府面对的很可能是一个松散无序的很难建立起切实政治体认的社会。在组织分化的趋势下，国家如何对个性化、异质化的不同社会因子进行整合成为新的问题。问题之下，必然的回应是：政府对社会进行再组织。而这种再组织和计划经济时代自上而下全权式管理与管制是不一样的。由于单位体制的瓦解，基层社会利益平衡的传统载体作用式微。基层社会对公正的需求的表达和实现途径面临重新建构的挑战。

在此种情形下，政府要建构起民众对自己的信任，就必须建立起新的利益吸纳和利益协调机制来回应和均衡不同社会群体的需要。此时，政治信任的建构必然依靠两点：一是积极的政治吸纳与整合，二是积极的政治沟通。前者为多样化、异质化的社会群体提供了有序的利益统合通道，而后者则保证政府对多元利益需求能够进行有效的回应。而在这两个关键点上，人大代表都发挥了非常关键的作用。

一个层面上，人大代表作为国家和社会之间的连接者是国家吸纳体系的重要组成部分。改革开放后，国家中心主义的政治体制结构迫切需要建立起新的政治吸纳机制。这其中，人大制度被塑造成了新的政治吸纳机制。在既有的单位机制解体后，对体制外的社会力量，政府必须建构起新的吸纳机制。而人大、政协这样的制度成为吸纳不同社会群体进入政治结构、调节政治均衡的重要机制。这其中作为国家权力机关代表的人大代表，来自不同区域层级，并涵盖了体制内外两种人群，从客观上促进了国家中心主义代表机制下多元利益整合式微问题的缓解。另一层面，人大代表是国家回应不同社会群体的重要机制性载体。通过人大代表的制度性政治参与，不同群体的声音得到倾听和表达。这对于中国社会基础平衡的实现同样非常重要。这两个方面在官方的表述中集中体现为“人民群众能否畅通表达利益要求，社会各方面能否有效参与国家政治生活”[①]。由此，实践中，人大代表成为群众政治表达和政治参与

① 习近平：《在庆祝全国人民代表大会成立六十周年大会上的讲话》，见新华网，2019 年 9 月 15 日。

的重要中介和桥梁，是国家统合社会的重要工具性载体。也因此，改革开放后，人大代表在中国政治信任的建构中，起着非常重要的积极作用。

二、建构一个互惠型的政治市场

相对于传统政治信任，积极政治信任的建构更多依靠公共政策形成过程中的正向价值的体现和传导来实现。在积极政治信任视野下，传统政治信任建构所依赖的核心价值塑造依旧重要，但其塑造和传导方式已不依赖于意识形态的强制灌输来实现，而是在国家政治文化和民众习俗基础上更多借助于一种互惠型的政治市场的形成和持续塑造。从实践看，中国改革开放很大程度上以国家权威为中心向社会赋权。这种赋权和放权为中国社会打造了一个不断成长的公共领域，但更重要的是促成了一种互惠型政治市场的形成。

这种互惠型政治市场在一定意义上是一个有限的政治市场。因为这种互惠型的政治市场不完全等同于公共选择理论的“政治市场”。这个市场的产生并不是依托于选举竞争所产生选民和公职候选人之间的利益交换和委托关系，而是依托于不同层级政府、政治精英、公民以及社会利益团体之间政治网络的形成和政治网络对政治资源的重新提取与组合。相对于公共选择理论所强调的理想化的“政治市场”，中国这种“有限政治市场”的有限性体现于政府权威的不可动摇和政府对政治过程始终如一的主导上。但这种主导并不是绝对、僵化的主导，而是在政府渐进放权和动态性政社互动中的“抓大放小”。其运行的重点目标在于实现党和政府权威主导下政治过程的稳定和治理的高效。而要实现这一目标，首要的任务在于确保参与各方的互动不是零和游戏，而是互惠型的互动，是共赢或多赢的。因此，一种互惠型政治市场，也可以称为“有限政治市场下的多赢治理”状态，将是转型期中国政治发展的重要目标。

在诸多制度化的开放性、吸纳性的政治元素的共同作用下，互惠型政治市场形成的有效公共产品，不仅仅是最终的政治输出——公共政策，更多指向公共政策形成的整体过程。在很大程度上，公共政策形成的过程以直观的形式促使民众建构起对政府的体认。这意味着，积极政治信任的建构过程中，官民开放性互动和与政治发展紧密相关的制度化建设最终是要建构一个政府和民众都能获益的政治发展结构。这种互惠型的政治市场，其形成有赖于公共决策过程中开放性、制度性政治沟通、不断完善的政治监督和持续有效的利益均衡来实现。其实现需要应对的核心问题是：政治参与扩大前提下的政治稳定和政治效能的统一问题。在这之下，一个既定的目标在于政府必须为民意表达、整合和行政对民意的吸纳提供强有力的制度载体。此种维度出发，互惠型政治市场具有三个特点。

一是不同层级政府之间形成互惠的政治市场。在中国基本的央地关系中，中央政府要通过向地方的分权和放权赋予地方政府发展经济的主动性，并使得地方政府能够从一个自下而上的角度为中央政府分担社会治理、稳定民心的任务。中央政府主要执掌选拔官员的权力，以及监督、考核和奖惩官员的权力（简称“治官权”），至于实际管治各地区民众的权力（简称“治民权”）则交给所挑选的地方官去行使，只要地方官不违背中央政府所定大政方针，均可以因地制宜地行使其治民权，灵活地处置所管辖地区的民众事务。① 在这种分权体制下，中央政府得以将责任和压力分解至地方层面，而地方政府也由此获得发展经济和社会治理的行动空间。地方官员藉由其在经济和社会治理上的表现获得一定进行实践创新的自主权和民意基础，这些最终也会影响到他们晋升的资本和机会。而事实上，地方政府层级关系也遵循着类似的准则——上面管“帽子”，

① 曹正汉：《分散烧锅炉——中国上下分权的威权体制及其稳定机制》，第十届中国制度经济学年会论文集，2010 年，第 61 页。

下面管落实。

而不同层级政府之间，尤其是中央和地方政府之间互惠型政治市场的达成，必须借助于相对独立且具有权威性的制度化监督、沟通载体的存在。而在此态势下，人大作用发挥被提上日程。而人大代表对地方政府和官员的监督以及程序化的政治表达则为不同层级政府间互动性双赢性政治市场的建构提供了一种具有活力的具象化的政治沟通和监督行动体。上级政府要藉由人大代表这样的中间机制来实现对地方的监督制约和政情、民情信息的了解。单纯依靠府际间政务信息的传递和掌握官员人事权并不足够。而下级政府也需要倚重于人大代表这样一种相对独立于政府的政治行动体的参与来为自身施政行动提供政治基础。单纯的以权制权并不足以确保中央、地方和基层多赢。在这样一个既需要倚重于经济发展效能，又需要为经济发展赋予民主、稳定色彩的大环境下，人大和人大代表作用的启动往往能够给各级政府提供一种能够对上也能够对下负责的合法性行动框架。以人大为平台的公共预算协商民主实践、人大代表社区联络站的实践、人大代表网络和媒体问政的实践，尽管有社会力量的驱动，但很大程度上也都是各级政府基于治理效能考量的主动选择。一个比较典型的例子，2008 年温岭新河镇公共财政预算民主恳谈时，塘下片代表曾提出，希望增加 100 万元投入塘下中学的校园建设。镇人大讨论后，认为涉及数额太大，不打算列入预算修正案，将另作专项处理。听到这个消息之后，塘下代表团集体离席表示抗议。镇长和党委书记也离席去劝阻。离席的双方，在镇政府大楼前再次展开激烈的讨论，继而又被拉回会场。尽管大多数人赞同财政预算应倾向教育投资，不过最后的全场表决中，对塘下中学增加投资建议并没有通过。但在激烈的讨论之后，没人对这个表决结果有异议。

二是政府和社会之间形成一个互惠的政治市场。这一层的政治市场主要体现于一个具备渐进权利意识和自我组织能力的社会与地方政府之间进行的双赢式互动。对于政府尤其是地方和基层政府而言，社会化的治理导向，一方面有利于缓解基层利益多元化带来的稳定压力。另一方面则有利于地方政府在政绩层面做到经济发展和社会治理、政治稳定同步强化。终究而言，单独在物质财富上寻找政治资源是十分忌讳的事，必须找到与财富增长同步的社会稳定机制与民主建设成就来加以衬托。[①]而对于社会民众而言，在一定层面进行政治参与，不一定会有立竿见影的利益实现的效应，但进行了表达和沟通。这种和政府之间的“交往”在一定程度上使得社会民众具备了政治效能感，提升了他们的政治参与技能和公共意识。

而在此层面，作为政府和社会之间桥梁的人大代表无疑为政府和社会之间互惠型政府市场的培育、建构和实践提供了支撑。对于地方和基层的政治精英而言，通过人大代表这一平台和载体打破政府和民众之间的隔阂，让双方能够在人大代表制度化作用发挥下进行交流互动，不仅仅是单一执行了群众路线，实现了群众观点，更重要的是能够发现真正的民情，缓解甚至化解官民矛盾，提升地方官员的行政效率和责任感。而在关键的可控性和稳定的角度，从人大和人大代表的角度做治理创新的文章，不仅有合法性依据，能够得到中央和民众的支持，还能够在比较大的限度内保证地方政府对地方治理创新的主导力和控制力。官民共同参与的模式下，政府将决策行为的压力部分分散到人大以及其背后的社会领域。在这种背景下，行政决策成本和决策阻力大大减少。在温岭公共预算协商民主的实践中，人们看到，原来政府开展每一项工作都需要耗费大量的人力、物力去研究、宣传和发动。召开恳谈会以后，存在的问题和解决的措施当场就说清楚了，决策制定、执行的阻

① 萧楼：《载体：通向制度抑或回归事件——“民主恳谈”个案与东南沿海的有限政治市场研究》，载《开放时代》，2003 年第 6 期，第 88 页。

力都减少了。[①] 在深圳月亮湾片区人大代表社区联络站的工作实践中，同样是借助于联络站的工作，民众针对政府的诉求得到了表达，不满情绪得到了疏解，官民矛盾得到有效缓解。

三是在政治行动者之间形成一个互惠的政治市场。这主要体现为，在不同层级、不同领域的政治行动者，尤其是政治精英之间形成一个互惠的政治市场。改革开放以来，政治行动者之间的政治市场主要存在于不同层级政府官员之间、政府官员与社会性政治精英之间。这其中不同层级政府官员之间的政治市场主要是通过政绩、人事晋升等元素进行体现和交换的。而政府官员和社会性政治精英之间互惠型政治市场的形成主要依赖于开放政治环境下后者对前者的政治表达和监督。这其中，类似于人大代表、政协委员这样的力量不仅仅是作为官民沟通中间性元素存在的，还从一个监督的层面为官方的政治行动者提供了“对立面”。他们的作用发挥对于政治行动者之间行动的合规性、有序性、有效性的实现是非常关键的。在一定程度上，这样的中间群体是形成一个互惠性政治市场的基础。

在一个综合层面，对于人大代表这一政治群体来说，他们不仅是这个互惠型政治市场中的行动各方的连接者，也是其中的受益者。毋庸置疑，代表选民问政、参与公共政治沟通不仅仅是人大代表政治身份的体现，更重要的是提高了他们进行公共政治沟通的自信和技巧。对于地方人大代表而言，其政治身份的实现必须与公开的政治沟通联系起来。而显然，在中国地方人大“橡皮图章”的角色式微之下，乡镇人大职权更是长期虚置。基层人大代表在公共政治沟通时往往缺乏主动性和积极性，角色体认和沟通技巧也乏善可陈。但在改革过程中，人大代表直接参与政府决策，地方人大成为政府公共决策决定者和监督者，这些都激发了代表履职的积极性。在温岭和上海等地的改革中，人们可以发现，地方

---

① 贾西津：《中国参与式民主的新发展——浙江温岭民主恳谈会创新模式分析》，见选举与治理网，2007 年 7 月 3 日。

人大代表在公共政治沟通中的主动性和技巧都有了明显的提升。人大代表不仅积极参与政治沟通，而且在沟通中表现出越来越高的自信。在温岭的改革中，人们就发现，经过11年民主恳谈和4年公共预算改革的历练，“人大代表们不只能对政府花钱的打算说三道四，还可以对政府花得如何指手画脚了。这些从土壤里成长起来的草根代表们，终于对民主有了习以为常的较真与自信。在整场恳谈中，没有一次因领导发言而鼓掌，也没有一位代表因不满而离席”①。也能够看出，在一个互惠型的政治市场的建构、形成过程中，人大代表获得政治参与渠道，逐步体现价值，获得成长，进而促进了有限政治市场的进一步开放和行动体之间互惠、多赢局面的形成。

三、形塑和建构制度化不信任机制

转型期中国政治信任形态逐步从感性信任走向理性信任。在整体政治信任形态发生变化的背景下，制度化不信任机制的存在和发生作用对于政治信任的型构是非常重要的。制度化不信任本质上是一种政府监督机制。通过制度化的政府监督机制，使得整个政治制度体系内，不信任的声音能够得以表达和被政府与社会倾听，由此为公民塑造一个透明的制度环境，并以此来捍卫和保障公民的权益。因此，制度化不信任，最终是确保为公民提供一个可以信任整体政治制度的环境。从根本上讲，制度化不信任机制是作为现代政治发展的风险防控和矫正机制存在的，其产生的逻辑来自现代政治理念对权力天然的防范和约束。制度化不信任产生的根本出发点并不在于促进民众对政府的信任，而在于通过限制和约束政府权力来实现人民主权。在政治实践中，制度化不信任机制对于政治信任的作用，核心逻辑不仅在于其对政治行动的纠正和补救，更

① 王婧、沈茜蓉：《温岭：“参与式预算”的民主样本》，见中国新闻网，2011年1月20日。

在于前者的启动使得民众对政治过程具备了真正意义上的影响力。通过制度化不信任机制，民众对政治体系和政治过程的质疑被制度化引导至政府过程中来。这种机制的确立，有助于打破后发国家转型过程中行政体系开放性匮乏和公民参与扩大化之间的矛盾。这个过程中，制度化不信任机制引导民众建立一种基于积极理性参与的政治效能感，这事实上就是在建构一种积极政治信任的状态。

现代政治实践表明，制度化不信任机制的激活不能是无序的，必须通过权威性制度化的平台和载体进行才可以。通过权威性制度化的途径，社会对政府权力的监督被有效吸纳至政治结构和政府过程中，而非处于一种政治过程外的无序的矛盾对立状态。换句话讲，通过制度化的不信任表达和观点回应、问题处理，民众对于政府的批评和质疑能够被转化成制度性的政治发展的正向刺激和督促力量。但是，制度化不信任机制的启动，其微妙之处在于，通过制度化设计科学民主吸纳民众意见，约束和修正政府行为和政治过程，这些行动一定是和整体政治结构和政治制度乃至政治文化相适应并融为一体，一定是整体的启动，是“自然”“有度”“有序”的。类似于议会弹劾、不信任动议这样对政府存续具有质的影响力的制度化不信任机制就像是悬在政府头上的“达摩克利斯剑”，不能够随时随地被使用，这样决定性的不信任机制一旦被频繁启动，不仅会使得民众在政治对峙中对政府乃至整个政治体系的信任心理崩塌，更会从质的层面导致整体政治发展的合法性和有效性受损。而制度化不信任机制的另一层面——理性的批评、质疑，不同于政府的声音与观点却一定需要制度化地渗透于政治过程中来。只有通过制度化的途径容纳多样化甚至相互冲突的异议，分析这些观点，促使政府做出符合实际情况的决策，并藉由其培育和锻炼一个负责任、具有公共意识的社会，才能够有效促进政治发展。

在中国政治结构中，人大是承载制度化不信任机制的核心载体。人大代表是制度化不信任机制的主要启动者。从功能的角度，尽管中国人大不能够对政府提起不信任动议，但人大掌握着政府的财权、主要领导的人事任用权和罢免权。这从原则层面意味着，人大可以对政府表达不信任并对政府失信行为进行矫正。而这种权力落实在人大代表身上，具象化体现为人大代表拥有制度性监督政府的权力。这一群体不仅可以在人大会议期间对政府工作进行审议、讨论和决定，还能够在闭会期间通过法定程序询问、讨论、批评政府工作。人大代表对政府的制度化不信任机制的建构，事实上是为党和政府建构了一个积极的“对立面”。他们对政府的监督权，不是单纯的法定，而是来自民众授权。这意味着，通过人大代表启动的监督行为，无论是对政府重大决策的监督还是对政府日常工作的监督，不仅具有制度化基础，更重要的是具有合法性基础。人大代表的监督从情与理层面对于政治行动者来讲不是突兀的，是应接受的。

事实上，从近些年的政治改革实践中，也能够发现，人大代表作为制度化不信任启动机制得到了执政党和政府的重视。诸如人大代表工作站/联络站、人大代表列席人大常委会会议、人大代表专题询问等实践都说明了这一问题。在党强化自身建设，抑或是说自我革命的同时，作为制度化不信任启动机制的人大代表在一定程度上成为党从外部强化自我革命的一个重要途径。人大代表在其中的角色功能，在大多数实践案例中都能让人们感知到类似于有限度的“忠诚的批评者或建议者”这样的角色符号。在党反复强调自我革命的大的语境下，人大代表的这种身份符号显得更加鲜明。而这同时也使得另一个关键的问题浮出水面，那就是，人大代表在制度化不信任机制运行上的作为，很大程度上依赖于党政部门主动赋予人大代表参与政府过程的作为空间和机制保证。比如，从人大代表工作站/联络站的实践看，比较典型的具有效能的实践，都离不开政府赋能。宁波白云街道代表工作站的实践、深圳月亮湾片区代表联络站的实践都说明，人大代表联系选民、监督政府工作要能够落到实处，必须是政府能够重视人大代表的作用，并主动将人大代表的工作引入政府能力建设中去。

第二节　积极政治信任视域下人大代表：身份需求的进一步解析

从积极政治信任建构的角度看，对信任建构过程的重视，意味着人大代表不仅要成为有效的利益代表者和有效的政治行动连接者，还必须能够支持一个互惠型政治市场的形成和存续，能够从反馈层面强化制度化不信任机制发挥积极的正向作用。在这三个层面，人大代表身份设置和身份实践都与转型期中国积极政治信任的建构有着直接的契合。这些从一个正向层面证实了人大代表与转型期中国积极政治信任建构之间的正向关系。

但必须关注的是，实践维度下积极政治信任视域下人大代表身份建构，是复杂并且具体的，无论是单一维度的子身份还是系统层面的子身份都必须体现和服务于人民代表的主身份。这意味着，在政治行动结构层面，以积极政治信任建构为目标，人大代表身份实践必须处理好党的先锋队代表逻辑和代议制代表逻辑之间的关系，形成二者之间有效的衔接。具体到现实政治实践中，以积极政治信任建构为目标，人大代表的身份实践必须是实实在在有效并发挥作用的。

由此，重新审视作为人民代表的人大代表的四个子身份：政治沟通者、政府监督者、关键立法参与者、利益协调者，能够发现，在积极政治信任建构的过程中，人大代表身份建构须具备两大特点。

一、人大代表子身份在有限性的同时具备建设性

客观来说，人大代表不同层面的身份功能都具有有限性。从实践层

面看，人大代表在政治沟通、政府监督、利益协调和立法参与层面的身份功能都是有限的。

这种有限性，核心体现于人大代表在人民代表主身份下的各种子身份的功能开启都有赖于党和政府对相应政治议程的开启和提供相应的制度供给。这样一个现象背后所依附的主要逻辑在于，人大代表的代表性在现实中要服从于党和政府的治理逻辑。这一点首先为人大代表的身份实践设置了一种边界。与此同时，人大代表自身理念和素质、社会文化等元素也决定了这一群体进行的代表实践在成效层面势必是有限的。这些都决定了在人大代表不同子身份的身份实践中，其身份具有有限性。这种有限性意味着，无论是作为政治沟通者、政府监督者，抑或是关键立法参与者，还是利益协调者，人大代表的任一身份功能都必须服从于现实政治结构和政治权力框架，有赖于党和政府对其身份功能所属政治议程的开启和提供相应支持、保障。与此同时，人大代表群体政治参与素质的欠缺同样也使得他们在政治沟通、政府监督、立法参与和利益协调层面作用发挥是有限的。

但在另一层面，这种身份的有限性并不能够成为人大代表在积极政治信任建构中缺位或不断式微的正当理由。其主要原因在于，积极政治信任与其人民代表的核心身份都要求人大代表的身份在有限性的同时必须具备相当的建设性。究其原因，首先在于，积极政治信任的建构逻辑要求人大代表应当成为有效的政治行动连接者和沟通者，成为有效的代表者。而在此基础上，宏观制度对于人大代表作为代表者的设计，从选举到实际履职，是有相关制度机制支撑的。作为代议机关代表和国家权力机关代表的人大代表，从选举到具体履职是有着宏观制度规制和保障的。这就使得在现实过程中进行积极政治信任所要求的身份实践，人大代表并不缺乏宏观制度为其提供行动依据。其身份实践有限性的主要问题则集中于中观、微观制度和体制机制引导和行动保障缺乏。

这样，我们就可以从全新的维度去理解积极政治信任建构视域下人大代表子身份实践的有限性。这包括两点。首先，这种有限性的形成和存在来自两个方面：一是党和政府是否能够从理念层面重视人大代表不同层面的子身份实践，并赋予其行动空间；二是在中观、微观层面是否能够赋予人大代表不同层面子身份实践以具体制度引导和行动保障，令其具备确定性、建制化、可持续化的特点。其次，这种有限性应是“弹性”有限，即其另一端是建设性。

具体而言，积极政治信任要求人大代表在政治过程中是一个活跃的具有正向参政意识的群体，他们的参政活动是具有建设性的，能够体现人大代表人民代表的主身份。

这可以体现为：在参与目标上，人大代表在多元主体间建构和谐，而非建构分化；在参与行动上，人大代表能够在法律框架下进行政治参与，而非无序和僭越法治，具备政治参与技术和能力，能够有意识主动参与政治过程。他们的政治参与具有切实影响力，能够最终促进参与主体之间共赢的状态的实现。这种标准很大程度上提示我们：实践中，人大代表在任何一个层面的子身份都需要是建设性的身份，能够基于政府和社会两个维度促进权力和权利之间的关系均衡，切实促进不同利益行动体的互动合作。

1. 建设性的政治沟通者：进谏者身份被重视和体现

要达成有效连接政府与社会这一目标，很显然，人大代表首先需要是合格的政治沟通者。而从政治沟通者的身份实践角度，人大代表的身份可以被解构为政府和社会两个维度。

在靠近政府的维度，他们是政府决策的支持者、解释者或进谏者。其中，政府决策的支持者、解释者更加贴近于一种政府主导设计下的官民沟通桥梁的身份体现。尽管从沟通表象看，人大代表政治沟通者的身份实践并不非常活跃，但现实政治条件下，人大代表在政府层面，业已具备了政治沟通者身份实践需求。从政府维度，单纯、无条件的支持性的沟通者在实践层面对于政府治理而言，并不是最优化的一种人大代表身份选择。政府更需要的是一种在沟通层面能够不仅充当群众思想政治工作者的人大代表，更需要一种能够充当政府“耳朵”，将真实的群众和选民对政府治理的观点反馈至政府。与此同时，诸多的实践也表明，在政治沟通层面，地方和基层政府也非常重视人大代表沟通作用的发挥，以此强化群众工作的有效性，达成缓和官民矛盾的目的。在这种情境下，政府有意抑或是无意，在实践中会激发出人大代表进谏者——对政府工作进行一种建设性的批评或建议的身份角色。这一点也从根本上符合执政党所确立的自我革命的政治品格。作为进谏者的人大代表成为执政党和政府的共同现实需求，从而获得了现实的身份实践性。

而从社会的维度，人大代表则可能是从社会利益出发对政府进行进谏的人大代表，也可能是具有选民或公共利益代言者身份认知的人大代表。这种类型的人大代表对待自己的身份更趋于从社会沟通需求出发思考自身的身份定位，而不是政府自上而下安排的沟通身份。这鲜明体现了人大代表对自身社会代表性身份的重视。社会维度的进谏者的人大代表，他们更加倾向于从选民和社会需求的层面思考政府行为存在的问题。这种社会性观点的强化意味着部分人大代表具备了更多的主动参政意识和代表意识。

因此，政府和社会维度两个层面下的人大代表在履行政治沟通者的身份职能时，尽管利益出发点不一样，但二者都发挥一种类似于官民沟通桥梁的作用。从中延伸的观点则是：现实的实践层面，这种类桥梁化的沟通者的身份要具有建设性。这意味着人大代表更能够通过他的表达和具体参与在政府和社会之间、不同社会群体之间形塑起一种常态化沟通的氛围，增进群体间凝聚力。这要求人大代表在政治沟通者的身份设定上，更能够趋向于进谏者的身份界定。这不仅是因为进谏者的身份是政府和社会共同需要的一种沟通身份，更因为进谏者的沟通身份相对而言具有更加现实的政治影响力，更能够现实地撬动问题被看到和得到解决，更能够促进政治行动体间（尤其是官民之间）共赢性互动的达成。

2. 建设性的政府监督者：用怀疑和不信任支持政府工作的政府监督者

从实践看，作为监督者的人大代表，具有典型的支持性政府监督者的色彩。其核心监督行为在很大程度上要为政府过程提供支持。这种支持，与无条件赞同最大的区别在于，人大代表的监督事实上是党和政府为自身政治行动建构的一种“负反馈”系统，主要目标在于通过这样的负反馈为自身行动提供信息支持，调适自身行动，使之符合更大层面上社会民众的需求。作为监督者的人大代表同样需要在各种现实条件的约束和激励下具备建设性的身份意义。这种建设性体现于作为政府监督者的人大代表对于中国政治过程重要主体间监督关系的促动和约束上。

（1）党和政府之间的监督关系。在此层面，作为监督者的人大代表更多是党营造的自我监督体系中的一个关键的外在变量。通过人大代表对各级政府行为和政府官员的监督实现党对执政团队行为和成员个体的监督。这样的行动逻辑下，人大代表作为政治过程负反馈因素的存在感和价值性得到比较鲜明的体现。也可以说是，党能够主动将作为政府监督者的人大代表作为党内治理体系的重要环节。

（2）政府间的监督关系。在此层面，人大代表作为监督者更集中体现于对上下级政府之间、不同政府部门之间的相互监督制约平衡的激发和促进上。通过人大代表的具体的监督行动，政府部门之间、不同层级政府之间也在进行着政治表达、利益互动，建构起一种潜在的制约关系。

（3）社会和政府之间的监督关系。这主要体现于社会对于政府监督的层面。作为政治代表，人大代表从天然的合法性层面必然要具有代表社会层面的选民对政府进行监督的身份职责。而在中国的实践中，人大代表代表社会对政府进行监督的出发点事实涵盖两个层面。一个是政府动员和规划下的社会性监督者。在这个层面，人大代表成为党自我革命和社会革命共同关注的外在力量。与此同时，另一层面则是社会权利意识勃发下催生的自主的社会监督者。第一个层面的人大代表作为监督者，比较接近公共性的政府批评者和建议者。第二个层面的人大代表作为监督者则比较接近为选民利益而对政府进行监督的独立的仗义执言者。因此，即使从社会监督政府的角度，人大代表的监督者身份事实上也是有着政府和社会两个维度的。这事实上暗示了在现实中，作为社会性政府监督者的人大代表，必须在政府和社会之间建构一种基于监督的均衡状态。

由此，从具体实践或客观层面看，作为政府监督者的人大代表，无论是出于何种维度，事实上都应偏重于建构一种较为理性、务实的政治行动体间的制约、平衡和信息反馈—回应关系。无论是出于党内监督体系还是政府间监督关系，抑或是社会对政府的监督关系，人大代表的政府监督者身份实践都必须有着“执政党/政府治理的支持者、建构者”的内在取向。从党内监督和政府间监督的层面，人大代表是作为一种党内治理和政党治理的负向激励因素存在的，是党内治理和政府治理负反馈系统的重要组成部分。而从社会监督的层面，人大代表的监督者身份一方面是作为政府主动引入社会监督的监督体系的一部分，另一方面也是社会自我成长主动建构的社会监督体系的重要监督承载和传导力量。一个明显的趋势和现实是：党和政府对于人大代表监督身份的认知发挥了主导的作用。在党内治理和政府治理层面，作为政府监督者的人大代表，其监督功能一定要能够对政府和党的工作带来有价值的信息和具体的支持，尽管这些信息或支持是从一个负向层面反映出来的。

3. 建设性的立法参与者：立法过程民主性的积极体现者

作为关键立法参与者的人大代表，在积极政治信任的建构层面，其身份发挥集中体现在一个现实上：人大代表必须是建设性的立法参与者。从政治过程的层面，人大代表进行政治沟通、政府监督、利益协调三种行动，在政治输出层面最终体现为国家立法。可以说，关键立法参与者的身份维度涵盖了前三个子身份的实践。但之所以把关键立法参与者作为一个重要的子身份拿出来，并论述其和积极政治信任之间的关系，一个重要的原因在于，关键立法参与者的身份是民众感知和认知政府决策的一个重要中间环节。而如果从现实层面理解作为关键立法参与者的人大代表所具有的建设性的身份含义，可以从人大代表在立法层面两个维度的身份倾向上进行观察和判断。作为关键立法参与者的人大代表，他们在一定层面上需要是立法精英，而在另一个非常重要的层面上，他们必须能够体现立法过程的民主意义与价值。

在现实实践中，作为关键立法参与者的人大代表，基于各种条件约束，从专业化立法层面，他们通常需要借助于立法助手、立法顾问等专业人士的辅助。作为立法者的人大代表，他们距离专业化的立法精英，事实上具有相当的差距。这一局限性，国外代议机关的代表也不能逃离。即使在立法体系相对成熟和健全的西方国家，他们的议员也不能够成为专业意义上的立法者。因此，专业化的立法精英，这样的身份定位并不符合人大代表立法者身份的现实定位。

相比较而言，体现立法过程的民主性，藉由此向民众传达立法的合理性，建构起民众对于国家正式制度重要组成部分——法律体系的理性信任，则能够在相当大层面上符合现实政治发展的要求。在整个立法合意、合法性体系中，人大代表事实上承担着从法律从民意到党意，从党意再到法意的重要连接和体现作用。这意味着，作为立法者的人大代表，他们关于法的意志必须和党的意志达成共识或均衡。因此，从实践层面，作为立法参与者的人大代表，在很大程度上，他们的身份功能更大意义上体现为他们对立法民主和立法科学在价值和实践两个维度的支持上。

由此，在关键立法参与者身份的建设性意义上，人们能够看到的，一个基本的要求在于，人大代表这一群体在中国的法治建设层面，他们应当是积极的建言献策者和积极执法监督者、影响者，能够通过自身的行动促进国家科学立法、民主立法，能够促进国家法律体现公平正义。

而从具体的层面，这就意味着，在立法层面，人大代表的政治沟通者和政府监督者的身份要有着积极的运用和体现。人大代表要能够通过沟通、监督行动影响立法，体现和实现法的公义。

4. 建设性的利益协调者：不同利益群体间的正向利益协调者

作为利益协调者的人大代表，其身份在很大程度上并不是显性的。相对于政治沟通者和政府监督者，人大代表作为利益协调者的身份是相对隐性的。但事实上，从成为候选人到成功当选，人大代表本身就是利益协调和利益均衡的产物。而在履行具体代表职责时，人大代表自身代表性的存在使得这一群体不可避免地要面临和处理不同的利益诉求。尤其在转型期，社会利益诉求更加多元化，利益表达和互动对整体政治发展具有更加显性的影响，在此背景下，人大代表这一群体所蕴含的利益协调的功能事实上成为一种不可忽视的重要政治发展要素。

从积极政治信任建构的层面看，作为利益协调者的人大代表，建设性身份的需求比较鲜明地体现为：人大代表能够通过自身履职行为促成不同政治行动体之间达成正向的利益协调和利益均衡。从党和政府层面，这一群体能够成为密切联系群众，坚持群众路线的重要载体，能够在不同政府部门之间、不同层级政府之间、不同社会群体之间建构一种相对稳定系统的信息和利益互动网络，从而为政党治理、政府治理和社会治理提供有益的支持。而从社会层面，作为理性选择主体，人大代表能够基于理性代表不同利益群体的行动进行直接或间接的利益表达，促进彼此之间的利益认知和互相体认。

人大代表成为正向利益协调者的关键在于，在党和政府所看重的群众路线层面和社会所期待的透明公开的政治沟通、利益互动空间层面能有着比较大的重合空间。在这个重合的需求空间内，人大代表这样的跨领域的连接单元或政治行动要素的作用不仅应被重视，而且其履职行为还要得到很好的引导和规制。

而中国的现实实践不仅在多层面说明了对于一个具备正向的利益协

调功能的人大代表群体需求的渐进提高，也同时从不同层面令观察者观察到人大代表自身也渐进有着利益协调的具体行动。在第一个关于需求的问题上，很显然的是，人大代表的正向利益协调功能最能够契合党和政府的期待，一个能够在现实政治过程中很好地将政府对社会的诉求与社会对政府的诉求进行系统沟通和调和的中间体系，人大代表是其中非常重要的一环。尤其是关于人大代表有效进行利益协调的地方实践的出现则表明，在人大代表公共意识、权利意识提升、社会权利意识提升与政府关于群众路线和切实强化社会治理的需求提升三个因素共同作用下，人大代表是有可能朝着一个促进多元互动、利益共赢的角色设定发展的，并能够进行具有建设性的积极实践。

二、人大代表子身份分层次、协同发挥作用

人大代表要成为积极并具有实践影响力的人民代表，依赖其作为政治沟通者、政府监督者、关键立法参与者和利益协调者四个子身份的有效实现。这要求人大代表作为政治沟通者、政府监督者、关键立法参与者和利益协调者四个子身份能够得到积极有效的发挥。而依据中国积极政治信任建构实践中体现出的三个重要现实要素：过程和结果并重、互惠型政治市场的形成和制度化不信任机制的建立。人大代表代表者身份下的四个子身份是有不同身份侧重的。

第一个维度下，过程和结果并重的情境下，能够凸显政治过程积极性的政治沟通者的身份首先需要被重视。政治沟通者的身份是体现人大代表政治参与的基础性身份。与此同时，政府监督者、关键立法参与者、利益协调者的身份都相应要得到体现。第二个维度下，形成互惠型政治市场，更趋于要求人大代表在利益协调者的身份上做出回应，而由于利益协调的基础环节是政治表达，必备环节则是主体间的相互制约和监督，因此，人大代表作为政治沟通者和政府监督者的身份也随之被重视。第

三个维度下，形成制度化不信任机制，则首先对人大代表政府监督者的身份提出了要求，在此之下，政府监督所需要的政治沟通者的基础身份也势必被提上基本议程。

表 8-1　三个维度下人大代表身份侧重分析

维　度	身份需求	首要身份需求
过程和结果并重	过程维度：政治沟通者、政府监督者 结果维度：关键立法参与者、利益协调者	政治沟通者
形成互惠型政治市场	利益协调者、政治沟通者、政府监督者	利益协调者
制度化不信任机制	政府监督者、政治沟通者	政府监督者

从上述分析可看出，积极政治信任建构的维度，在人大代表不同的身份中，政治沟通者出现的频次是最高的，是一个基础的子身份，其次是政府监督者，最后是利益协调者与关键立法参与者。这表明，在积极政治信任建构和发展的过程中，人大代表必须首先成为一个好的政治沟通者，能够在沟通的基础上监督好政府的工作并在此过程中善于合作，对不同利益进行协调与均衡，最终将共识化的民众的诉求通过决策和立法过程进行制度化体现。

因此，可以说，积极政治信任建构对人大代表最具体直接的身份需求首先应当是有效的政治沟通者，其次应当是有效的政府监督者，最后是有效的利益协调者和关键立法参与者。在这四个子身份中，与官方对人大代表桥梁功能对应最紧密的无疑是政治沟通者的身份，其后即是政府监督者的身份。现实中，政治沟通者和政府监督者的身份都是显性的。而关键立法参与者的身份和利益协调者的身份则是相对隐性的。尤其，利益协调者的身份是人大代表最为隐性的身份。这来自中国政治文化中对个体利益之上集体利益的重视。在很大意义上，人大代表在现实政治语境下等同于人民代表。这样作为人民代表的人大代表是否能够代表具体的选区、选民利益，而无视更高层面的集体、公共利益呢？尤其人大在决策层面，从形式上是集体决策的模式。人大代表利益协调者身份在一定程度上是对中国政治文化提出一种隐喻性的挑战。

而从政治过程的角度，政治沟通、政府监督和利益协调最终都要通过立法这一方式进行制度化的政治输出。人大立法的过程事实上同时是人大代表沟通政府和社会，对政府进行监督并且对不同利益进行均衡的过程。人大代表关键立法参与者的身份在很大程度上是有效的政治沟通者、有效的政府监督者和有效的利益协调者共同实现的结果。因此，从微观政治过程看，积极政治信任要求人大代表是积极有效的政治沟通者、政府监督者和利益协调者。但从中观与宏观层面，积极政治信任最终要求人大代表能够积极有效地发挥好关键立法参与者的身份效能。

表 8 –2　人大代表子身份分类比较表

基础身份（显性）	政治沟通者
关键显性身份	政府监督者
重要隐性身份	利益协调者
具有典型输出功能的身份	关键立法参与者

第三节　积极政治信任视域下人大代表身份建构：需要厘清四个关键问题

一、人大代表如何在执政党/政府决定和社会支持之间取得动态均衡？

在积极政治信任建构的过程中，人大代表的身份始终在以政府为中心和以社会为中心两个维度中动态游移。从人大作用发挥的方式看，学界亦有“政府决定说”和“社会支持说”两种。早在 20 世纪 90 年代，美国学者欧博文就通过研究得出：通过人大自主性的强化藉此强化分权、人大的代表性与牺牲人大自主性藉此强化人大能力和行动视野，两种观点同时存在于地方人大主政领导身上。二者之间的权衡构成中国制度化立法机关建设的现实图景。[①] 但毋庸置疑的是，在政治现代化的进程中，作为大政府部门的人大的确在组织力和影响力有着现实化的提升。人大自主性的强化势必带来人大代表自主性和代表性的提升。这种提升来自两个因素：一个是部分研究者所关注到的人大希望自身成为一个强有力的政治角色，能够从组织层面嵌入政治体制和政府过程中去；另一个层面，部分研究者发现：社会层面对藉由人大代表进行政治表达、政治监督的期待和支持。二者共同存在、共同作用于中国政治发展进程中。

这两个维度对人大代表的身份要求，一方面具有共通性与互补性。共通性在于，无论是政府维度还是社会维度，都要求人大代表能够通过其制度性身份对民意进行吸纳和表达。“政府决定说”意味着人大代表既是执政党和政府主导下制度化被吸纳对象，也是一种制度化政治吸纳者或平台。即是说，执政党/政府吸纳人大代表进行政治参与，协同其进行政治治理，而其协同治理的作用发挥主要是通过对社会力量、不同声音的制度化吸纳和传递进行的。而从“社会支持说”的维度，人大代表则是公民社会参与政治过程的中间通道或平台。他们是社会支撑下的制度化的民意吸纳者和表达者。互补性则在于，在人大代表不同角度的身份实践中，政府决定离不开社会支持，社会支持元素真正被纳入政治实践亦离不开政府决定。

但另一方面，在现实的政治过程中，政府和社会对于人大代表身份的诉求分歧也是不容置疑的。对于党和政府而言，一个现实的挑战在于，社会层面对人大代表独立代表身份诉求的加大和提升势必会对党对人大的领导带来挑战。而政府决定位势的明确则不可避免使得社会层面对人

---

① Kevin J. O'Brien, & Laura M. Luerhrmann, “Institutionalizing Chinese Legislatures: Trade-offs between Autonomy and Capacity”, *Legislative Studies Quarterly*, Vol. 23, No. 1, 1998, pp. 91 – 108.

大代表自由、平等表达诉求的实现具有有限性。进而言之，在一个不断变动的政府—社会关系中，一方面是不断被明确的执政党/政府责任和能力要求，另一方面则是权利意识不断强化的社会。前者要求人大代表能够成为党和政府执政效能和领导力提升的协同治理者和支持者，而后者则要求人大代表能够成为促使党和政府赋予社会更多自由和权利的选民权益代言人。

这样问题事实上就归结为转型期，在具有威权传统和取向的执政党/政府与具有自由和权利冲动的社会之间，人大代表如何成为一种连接性力量，促进执政党/政府与社会之间进行理性认知与互动，促进一种基于制度化积极互动的积极政治信任的达成。这要求人大代表一方面要具备支持和辅助执政党/政府治理的功能化或工具性身份意义，这是确保执政党和政府层面能够从功利层面赋予人大代表制度化身份实现的重要依据。另一方面，仅仅是功能性或工具性意义上的人大代表显然是不够的，因为无论对于政府还是社会来说，任何一方和人大代表之间如果建构起的仅仅是工具化关系，而无基本的价值共识，那么可以预测的是，这种关系是不稳固的，甚至在一定程度上，这种工具化倾向会导致人大代表与政府、社会之间的关系被利益群体绑架。这种趋向很显然是不利于共识与信任达成的。这与积极政治信任所要求的实现不同利益行动体之间价值共识的目标显然是相悖的。

解决这一问题，基本要求是：在中国特定的政治和社会转型时期，人大代表不能再满足于做形式化的执政党/政府执政的协同者或支持者，一定要成为具有制度化内在角色的执政党/政府治理合法性提供者和协同治理者。也就是说，人大代表的制度化角色和功能要能够得到党和政府的积极重视和开发。要把现有的关于人大代表参与政治过程的制度“当真”，为其切实启动和实现搭建体制机制性支持体系。而在这之上，更重要的是，执政党/政府要能够保证人大代表作用发挥是基于对社会性权利的了解、汇总、表达。这样，人大代表才能够成为基于制度进行自我角色赋能的政治群体。在工具化和功能化强化的同时，人大代表的代表性才能够得到体现。

二、如何看待积极政治信任视域下人大代表履职行为中的价值排序和价值实现方式？

另一个关键问题在于，在非专职化的情形下，人大代表在社会人层面主要是以职业身份进行定位的。很高比例的人大代表是党政官员，抑或是具有官方背景的人民团体、经济组织、社会组织的领导或重要工作人员，还有部分人大代表本身是具有较强社会影响力的企业家、律师或农民、工人。在职业身份和代表身份两个身份共同作用的情况下，如何引导人大代表在具体的政治过程中做出符合积极政治信任要求的价值排序和权衡取舍？

首先需要明确的是，积极政治信任要求人大代表在履职层面具备何种价值认知以及如何实现价值。可以明确的是，在履职出发点上，积极政治信任要求人大代表在价值排序上将公共性价值置于个体价值之上。但这种公共性价值的体现方式，和传统的人大代表履职过程的价值取舍有所不同。传统层面，人大代表的政治参与，更多要求他们在意志体现层面通过话语直接表达体现其对国家意志的支持。而积极政治信任显然要求人大代表要能够突破中国传统政治文化中“服从和配合权力”的情结，能够敢于表达对权力的质疑和批评。很显然，积极政治信任下人大代表的价值实现方式，首要的是“勇敢的表达”和“积极的沟通”。对于人大代表，最具有挑战性的显然是“勇敢的表达”，而最具有现实意义的则是“积极的沟通”。

现实中人大代表自我身份认知是怎样的？不同的自我身份认知背后暗含着如何的价值排序？这是相当关键的。很显然，多元有限性的身份特点映射出人大代表这一群体在现实政治过程中的参与度和影响度。而在现实政治生活中，人大代表与政治过程的距离是人大代表这种多元有限性身份特质的一种折射与体现。而根据这种距离可以发现，人大代表在自我身份认知层面具有以下三个面向：

1. 沉默、不作为的政治过程经历者或旁观者

这种类型的代表在履职中处于一种比较消极被动的状态。在欧博文眼中，这种类型的代表实质上是没有身份和角色观念的人。在人大的会议和各种实践中，他们不主动发言，不主动提议案，也不会主动动员民众，更不会对政府的行为提出自己的看法。这一类型的代表是最为典型的"举手代表"或"光环代表"。在各种政治过程中，作为参与者的他们实质上更像是一位沉默的"旁观者"或"经历者"。

显然，此类自我认知的人大代表，表象层面的价值排序中，集体或公共意志是在第一位的。但从参与的方式看，这种类型人大代表的价值排序中的第一位其实并不是真正意义上的公共价值，更倾向于对政府意志的单向度无条件支持。这明显是不适应积极政治信任要求的。

2. 政府代理人

这类型的人大代表身份认知上更倾向于把自己当成政府的代理人，是政府行为的解释者、宣传者，抑或是政府行为的建议人或批评者，又或者是政府和公民之间的协调者。在这种取向之下，这种类型的代表具有三种不同的形态。

一是将自己视为政府政策、政府行为的解释者和宣传者。在这个层面上，代表认为自己是政府部门或政府领导人的代理人，其主要职责是向选民传达、解释和宣传政府的路线、方针、政策。

二是将自己视为政府和公民之间的沟通者、协调者。这个层面上，代表往往把自己看成政府实践群众路线的关键环节，扮演起政府和公民间沟通者和协调者的角色。当公民对政府行为出现质疑或困惑时，这个层面的代表所履行的不仅仅是单纯地向公民解释或传达政府决策的依据，更重要的是，在其中起到了一种缓冲的作用，在政府决策、制度规约和

公民现实实践的落差之间营造了一种互动与调和的氛围。

三是将自己视为政府行为的建议人或批评者。这种情境下，代表将自己视为政府行为的纠偏者。当政府行为出现某种偏差或失误时，他们对政府提出自己的建议或批评，以此来促成政府更好地履行职责。

在这个层面，人大代表身份的三个角度尽管各有不同、各有侧重，其价值出发点更加倾向于公共价值层面，旨在提升政府行政公共性与科学性。但在政治参与的价值趋向上，本质意义上，无论是宣传、解释、批评抑或是强化沟通，这个层面的人大代表在很大程度上视自己为政府的助手，纵使他们批评、质疑政府行为，但从根本上是为了提升政府的权威，而不是挑战政府的权威。

现实角度，大部分党政官员身份或其他具有官方背景职业身份的人大代表，其价值排序比较接近政府代理人的价值排序。但显然，要使得作为党政领导的人大代表的价值排序能够接近积极政治信任的要求，第一种形态的自我身份认知是不够的。第一种形态的认知，人大代表往往把自己看成政府或执政党的传声筒。第二种、第三种形态的自我身份认知下，人大代表的首要价值取向尽管是政府意志，但这种政府意志已经不是单纯的政府一方的想法，而是经过社会民众审视过、反馈过，不断修正，需要体现社会需求的政府意志。如果同为党政领导型人大代表，第二种、第三种形态的自我身份认知形态意味着他们更倾向于具备社会调适能力和政策反思能力。

3. 选民的代表或委托人

这类型的代表具有较为鲜明的社会意识或民众意识，在价值取向上首先把自己看作选民利益的代表。在履职过程中，他们会代表公民对政府提出建议和要求。这类代表通常在两种情形下产生或发生作用。一种情形下，代表是由基层选民联合推荐成为候选人，参加竞选而成为人大代表，是彻底的民间代表。另一种情形下，由于代表的主观选择或在特定组织化利益驱使下，代表被内化为一种民意代言人的角色。

相对于前两种自我身份认知，将自己视为选民代表或委托人的人大代表，其价值排序中，第一位是选民的意志。当然这个选民意志，不会是某一选民的意志，而是选区选民的系统性意志或部分意志。而要使得这个层面的人大代表在价值排序中能够将公共性作为首要的价值，那就要求他一定是具有理性的，能够基于自主表达和多向度的沟通实现选民利益和公共利益之间的调和。

在现实维度，很多民营企业家代表、律师代表或其他社会能人型代表往往具有此种维度的自我身份认知。这部分身份认知的人大代表，其价值排序中，组织化的利益取向相对明显。尽管这种对特定组织化利益的关注并非不符合人民代表的集体主义逻辑，但显然需要和公共性价值之间进行调和与均衡。

总体来讲，三种人大代表的自我身份认知中，如果说第一种代表了一种被动的党和政府拥护者的身份认知，符合了计划经济时代政府高度管控社会的情境，那么第二种则代表了一种主动积极形态的政府行为解释者和纠偏者的身份认知。第三种则代表了一种积极的社会诉求代言人的身份认知。这三种身份认知，事实上还是体现了人大代表在政府和社会两个维度的身份认知间进行游移。但回归到积极政治信任的起点会发现，积极政治信任要求人大代表能够更加靠近政府行为解释者和纠偏者与社会诉求代言人的身份认知。因为这两种身份更贴近公共性价值实现的目标，更能够赋予人大代表更强的能动性和影响力，更能够促进积极政治信任所要求的政治行动体之间理性互动的形成，也更能够体现出转型期中国政治与社会系统从单一机械式向灵活系统性治理转变。

基于人大代表身份体系，上述情形意味着无论是作为政治沟通者，还是作为政府监督者、关键立法参与者和利益协调者，都需要被引导在政府行为解释者和纠偏者或社会诉求代言人进行身份选择。但这仅仅是第一步，核心是，无论是选择作为“政府行为解释者和纠偏者”还是社会诉求代言人，都应当使人大代表身份具有积极的公共性。更切实讲，人大代表要能够真正去表达、沟通、协调进而促进政治行动体理性互动、进行富有意义的政策创制。因此，重点在于，需要采取一种什么样的制度设计和策略能够引导人大代表在这两个维度的身份上进行具有建设性的选择和功能发挥。

三、人大代表与民众之间建立何种关系？

以人大代表为中介建构积极信任，表象上看，人大代表是政治信任的中间传递载体，信任是在代表公权力的执政党、政府与民众之间发生。但不容忽视的是，这种信任关系的建立是分层次的。在执政党、政府与民众积极政治信任关系建立之前，人大代表和民众之间也要建立一种积极的政治信任关系。

人大代表和民众信任关系层面，首要的问题是民众对人大代表的认知态度。这一问题的答案必须从中国现实政治实践中寻求。从现实政治实践的角度，自改革开放以来，人大代表已经逐步脱离了“橡皮图章”式的身份窠臼，尤其近些年，人大代表联系选民、沟通社会的作用得到很大强化。但是，一个较为显性的问题在于，从普通民众在人大代表选举过程中的参与度和影响力的式微到具体履职过程中普通民众与人大代表之间联系常态化的式微，两个问题的存在直接导致普通民众对人大代表的认知难以达到积极政治信任要求的应有高度。对于相当多的民众而言，当自身权益遭到损害的时候，他们更多是直接向政府有关部门反映，而非寻找自己选区的人大代表进行反映。即使从具备正向反馈效应的人大代表工作站、人大代表联络站的实践看，人大代表也更多是作为执政党基层治理的一环嵌入社区中去。在此类实践中，选民对人大代表的信任严格意义上讲和基层党组织、政府对人大代表赋权和参政接纳紧密联系在一起。民众认可人大代表的作用，直接原因在于：民众认为通过人大代表可以获得一种合法影响政府决策的渠道。可以看到，普通民众对人大代表的认知是具有功利化倾向的。而如何将这种功利化倾向转变为一种积极政治信任所要求的常态化的理性互动和理性认知，显然是一个较为漫长的过程。

此层面的一个核心问题在于，人大代表和民众之间关系属性问题。在这里，我们可以借用美国学者马克·格兰诺维特（Mark Granovetter）和华裔学者边燕杰关于“强关系”和“弱关系”的观点，由此去探讨，人大代表和民众之间要形成一种“强关系”还是“弱关系”，抑或是介于二者之间的第三种关系。按照格兰诺维特的观点，相对于交流频繁、联系紧密的“强关系”，交往联系并不频繁的“弱关系”——类似于熟悉的陌生人这样的泛泛之交更能够促进人们信息量的扩大和问题的解决。在美国的社会实验中，格兰诺维特的这种观点得到了很强的印证。而边燕杰在中国进行的类似实验则表明，在中国，办成事的关系因素中，“弱关系”不如“强关系”好用，相对于人际关系并不紧密的“弱关系”，“强关系”能够给予当事人具体有力的帮助，后者更能够帮助人们成事。

但现实角度，人大代表和民众之间的关系是以“弱关系”为主的。但值得关注的是，系统地客观来看，人大代表和选区民众之间的关系是一种层次化的“弱关系”。在部分民众感知中，人大代表和民众之间是淡漠且疏离的，是比“弱关系”还要弱的关系，甚至可以说是“没关系”。但深挖一些具体实践，人大代表和选区民众之间则建立了一种基于功利主义和实用主义的“弱关系”。比如，人大代表社区联络站/工作站和公共预算改革的实践中，人们都可以观察到，在诉求获得反馈和解决的选民视野中，人大代表是具有功效性的问题影响者或辅助解决者。而此种效应的存在也在一定程度上成为这两类实践可持续发展的原因之一。但这也意味着，人大代表和选民、选区利益联系的密切程度，也使得人大代表和选区部分民众之间建立一种比“弱关系”要强的关系。

这种比一般“弱关系”要强的关系本质上还是“弱关系”，但却具有较强的中国式“熟人”和“能人”色彩。能够和选区民众建立类似于这种关系的人大代表，他们往往具备公共意识，将自身视为做群众工作的抑或是真切希望自己是选区民众和政府之间的桥梁。这方面一个突出的实例是申纪兰。她一生担任过十三届全国人大代表，她被视为“一个普通的农家妇女，但又不仅仅是一个农家妇女，是连接中国基层群众和国家重器的有效纽带”①。在她所处的西沟村，她当了55年的村党支部副书记，即使在任省妇联主任期间，她的户口也并未迁出西沟村。她去世后，万人自发为她送行。民众与申纪兰的这种情感联结来自她在世时对地方和西沟村发展身体力行的支持，亦来自她平易近人，愿意和地方政府、民众分享她作为政治名人的价值和“面子”。也可以说，在一定程度上，选区民众和申纪兰这样的人大代表基于利益和情感两个维度产生了联结和共情。而在对一个社区人大代表联络站的观察中，研究者也能够观察到，联络站的牵头人是拥有区级人大代表身份的居委会主任，她作为居委会主任，通过负责任、有温度的社区工作使得作为人大代表的自己和社区民众产生了一种“似远却近”的情感联结。比如日常工作中，面对前来咨询问题的社区居民，她耐心友好的态度和极好的共情能力，使得她能够与社区居民之间建立尊重感和信任感。

因此，从现实层面看，人大代表和民众之间总体上应当是一种“弱关系”，而不是“没关系”。也就是说，在大多数时间，一个普通民众并不会和人大代表发生联系，但当他们有某种公共诉求的时候，能够想到通过人大代表来解决问题、实现诉求。这种“弱关系”是建立在民众的一种基本预知——人大代表对于维护和实现其利益具有正向影响力的基础上的。但中国的实践同时也说明了另一个关键点，那就是人大代表和民众之间的“弱关系”在一些实践中会通过人大代表自身素质、能力和

① 高伊琛：《申纪兰的遗产》，见《南方周末》微信公众号，2020年7月24日。

政治环境的结合变强。这种变强的“弱关系”并不足以成为“强关系”。但这种变强的“弱关系”在与公共利益不违背的情形下，事实上反映并折射了具有“社会能人”或“热衷于公共事务的热心人”特点的人大代表与选区民众之间在利益和情感层面的双重联结。相对于一般意义上的人大代表，这一类人大代表真实地将自己和选区民众进行了联结，在现实利益和情感关注两个层面给予了后者关注和反馈。

但非常值得关注的是，人大代表能够和选区民众之间建立一种强于“弱关系”的关系，这种状态的持续保持是和他们与政府之间良好关系紧密联系在一起的。在现实中，能够获得选区民众真诚认可的人大代表不仅能够从情与利两个维度得到选民的真心认可，还能够在政府、民众之间进行有效沟通和协调。也就是说，一种和谐的比“弱关系”要强的关系状态的形成不仅仅是人大代表与选民之间保持良好的关系，还在于人大代表和政府部门之间保持良好的关系，最终他们还要能够通过自己的行动使得选民和政府之间形成良好体认。这种在政府、民众、人大代表之间的多维度系统化互信关系的形成以人大代表为中介，但人大代表自身也被涵盖其中。其核心在于，人大代表能够和选民之间形成一种基于情与利的强化的“弱关系”。

与此同时，另两个值得探讨的问题也须重视，那就是人大代表和选区民众之间是否存在形成“强关系”的可能？人大代表和选区民众之间形成一种“强关系”是否有利于积极政治信任的形成？对于第一个问题，实践中，人们可以发现，在人大代表工具性价值的发掘和利用的过程中，部分选区民众的确能够通过某些渠道强化和某些人大代表的情感联结，形成互惠性交往，与其形成某种类似于熟人网络的“强关系”。从现实层面看，“强关系”的状态大大少于“弱关系”。尽管如此，依旧必须关注，人大代表和选民之间形成“强关系”并不能有利于积极信任的建构和形塑。究其原因，主要在于两点。一是“强关系”对于关系互惠性的要求更高于“弱关系”。倘若人大代表和部分或某一选民之间存在密切的利益关系，这不符合人民代表核心身份所蕴含的公共性价值要求。二是“强关系”要求人大代表和选民之间建立密切且确定性的情感联系，这一点不仅不现实，并且不利于一种公平公正社会关系的形成。

因此，积极政治信任视域下，人大代表和民众，尤其是选区民众之间应当建构一种具有强化色彩或积极色彩的“弱关系”。人大代表和选民之间不需要也不能够形成“强关系”。尽管在认知范畴内，让选民对人大代表形成一种“可以反映问题并促进问题解决的人”的认知是有必要的，但让选民抑或是普通民众对人大代表有着超越其功能角色的期待并不可取。对这一点，中国社会尤其需要正视。在传统臣民文化和实用主义文化的双重影响下，民众对享有政治权威的人群和组织具有非常高的责任期待和现实期待。在这个层面上，如果人大代表被塑造成为类似于政府的“问题解决者”抑或是类似于法院、检察院这种类型的“问题仲裁者”都是非常不适宜的，尤其不利于政治生活的公平、有序进行。因此，在人大代表和民众关系建构上，不能够走极端。在人大代表突破了“荣誉性”“象征性”代表后，他们与普通民众产生现实联结，这种联结应当集中体现于他们对选区民众利益诉求的表达和反馈上、对选区公共事务的关注和问题促进解决上、对选区公共政策方向的创制等方面。二者的这种联结应当是具有建制化且可以具有一定社会性的，能够有效嵌入常态化的政治生活中去。而衡量这种联结最基本的标准则在于：民众既能够从工具化层面认知到人大代表对其利益实现和维护的有效性，亦能够从人大代表的履职行动中感受到被关注和被共情。

四、人大代表、政府与民众之间建立何种关系？

从根本上讲，以人大代表为中间纽带的积极政治信任的建构，最终落在人大代表、政府与民众之间需要建立何种共识性认知这一关键问题上。这种共识性认知不是单向度的，而是双向度的，也就是说，人大代表和政府之间、人大代表和民众之间、政府和民众之间都要通过人大代表的行动建立或形塑某种共识。在这样共识之下的信任才能够促进动态均衡的积极政治信任的形成。这一共识认知体系应当是分层的。具体而言，包括三层。

第一层："我们都需要理性表达"。这意味着政府、人大代表和民众能够基于公共理性就公共沟通的必要性和重要性达成基本一致的认知。对于民众来说，他们需要形成一种认识："我有表达我自己合理诉求的渠道，人大代表是我向政府表达诉求的重要法定和制度化渠道之一。"对于人大代表来说，他们需要形成的自我认知则是在之前所反复提到的："代表选民进行政治表达和沟通是我作为人大代表非常重要的义务。"而对于政府来说，作为政治权力的实际执行者，他们需要形成的基础性自我认知则在于："我们的行动不仅需要民众的配合，而且要进行正确合理的行动，我们必须倾听民众的需求，因此向民众解释和宣传我行动的合理性，并且获得他们对我的意见反馈是非常必要和重要的。而人大代表是我向民众进行解释和获得民众意见反馈的重要桥梁。"

第二层："我们的声音要能够被彼此听到"。如果第一层共识意味着民众、人大代表、政府有了基本的公共表达和沟通的意识，那么第二层共识就意味着三者都意识到：我的表达要能够被我的表达对象听到。这意味着必须能够有制度化渠道或通道使得任何一方的声音能够被其他方听到。对于民众而言，他们能够感受和认识到："我可以通过人大代表向政府进行诉求表达，人大代表能够将我的诉求向政府进行表达。"对于人大代表而言，他们则能够体认到："我需要并能够和选民进行有效沟通，进而将选民诉求向政府进行表达。"而对于政府而言，最关键的体认在于："我需要并且能够好好倾听人大代表的声音，并从中发现和感受民众的意见和观点。"

第三层："说了管用和说了算话"。这意味着民众、人大代表和政府三方的表达是被其他方尊重，并且是有用的。与第一层和第二层共识相比，第三层共识是最为核心和关键的。因为第三层共识意味着，民众、人大代表和政府之间能够真正地互相倾听，尤其是民众和政府能够通过人大代表进行真正的互相倾听。对于民众来讲，他们要能够体认和感受到："我向人大代表进行表达是有用的。通过他们，我的意见可以得到反馈，我的诉求可以被重视、解释乃至合理化解决。"人大代表则可以意识到："我的意见和建议能够得到政府的反馈，我反映的问题能够得到政府的重视和解决，我们对于政府而言是有影响力的，我们对于选民而言也是有公信力和影响力的。"政府能够意识到："透过人大代表的行动，了解了民众的诉求，使他们能够很好理解和配合政府的执政行动。透过人大代表，提升了执政科学性和合法性，密切了与群众之间的联系，这是非常有用的，因此，对于人大代表的声音，要积极倾听，予以重视和反馈。"总而言之，在政府、人大代表、民众三者之间，一种基本的认知关系在于：民众觉着对人大代表"说了管用"；人大代表觉着对政府"说了管用"。要能够使得民众觉着，自己的意见和诉求能够通过人大代表得到政府的倾听。政府要意识到，对于人大代表和民众的承诺要"说话算话"。民众和人大代表感受到对于政府，我是"说了管用"，政府体认到"说话算话"的好处后，三方才能真正建立公共表达和沟通的意愿。而后才有可能在渐进实践中，民众逐步培养出一种"我能够为我在公共参与中的表达负责"的公共理性和公共责任心。唯有如此，才能够建立一种系统化的双向度的积极信任。

在这三个层次认知递进的建构过程中，政府层面的主动认知，抑或说思想解放是首要关键要素。现实中，人大代表履职创新实践也表明，地方和基层政府实施的旨在引导人大代表政治参与、政府监督、利益协调等的创新性实践大部分都与政府主政精英对治理问题反思带来的思想和观念转变有直接关系。

第四节　积极政治信任视域下人大代表身份建构要点

在积极政治信任视域下，对于人大代表的身份建构，上述所有分析共同指向以下四点：

一、把握好人大代表身份建构的基本方向和路径

积极政治信任视域下人大代表身份建构的基本方向是：人大代表能够在国家和社会间引导和激发形成持续稳定的利益和价值互赖。纵观现代政治发展的历史，政治失信的关键原因在于：作为国家力量代表的公共组织没有有效担负起公共服务、公共福利供给的重任，相反却成为社会公共资源的索取者和掠夺者。这样必然带来社会力量的破坏性反弹。解决之道在于，代表国家力量的政府、执政党和其他公共组织必须能够担当起社会整合的重任，与社会民众之间建立利益和价值的互赖关系，而不是“国家是国家的、社会是社会的”。此种状态的形成对于转型期中国政治信任的建构格外重要，甚至可以说是转型期中国政治信任建构的核心支撑。而作为国家和社会之间关键连接力量的人大代表，其身份建构的根本方向，就在于能够促使国家和社会之间形成持续稳定的利益和价值互赖。

人大代表身份建构的基本路径在于：人大代表能够对互惠型政治市场构成持久动态形塑，并引导形成符合积极政治信任的诱致性制度变迁。人大代表的身份建构既需要倚重于互惠型政治市场的持续存在，但同时更加倚重于另一政治现实的打造。这一政治现实即是：人大代表要能够成为互惠型政治市场持续存在的引导和刺激要素之一。通过参与塑造一

个互惠型的政治市场，并给予这个市场持续的刺激和支持，人大代表才能够成为国家和社会之间具有真实影响力的连接力量。这能够从现实层面促使人大代表成为引导和激发国家和社会之间不断形成利益和价值互赖的关键连接要素。

基于此，人大代表有可能成为形塑积极政治信任所需的诱致性制度变迁的重要内生变量。能够成为确保作为国家力量代表的公共组织持续服务民众而非掠夺民众的制度性要素之一。比如在一次针对温岭民主恳谈的访谈调研中，一位温岭人大的官员提到一个现象，那就是在没有民主恳谈的时间，基本上政府预算是领导说了算，但是经过民主恳谈十多年的浸润，一般的政府官员都想为老百姓做一些事情，但具体做什么事情，还是要听老百姓的意见，预算一进行监督，他们就知道老百姓想要什么，就可以把钱放在那里去。由此可见，人大代表引导形成积极政治信任，从制度化的视野看，是制度诱导下自然而然发生的，是政治市场需求刺激和促动的诱致性制度变迁，而非借助于国家外力的强制性制度变迁。

二、支持和形成有层次、成体系化的人大代表身份体系

转型期中国积极政治信任建构上，人大代表身份形塑是分层次的，并且在分层基础上，人大代表不同功能性身份之间要能够建立相应的互动和影响机制。由此，以积极政治信任为目标，人大代表身份形塑在功能性层面要本着系统性、科学性的原则，使人大代表作为人民代表的核心身份在不同功能子身份的共同作用支持下发挥整体性最大功效，实现对积极政治信任建构的共同支持。这涵盖两个方面：

一方面，人大代表的身份是具有层次性的。人大代表在人民代表的主身份之下的子身份可以分为基础性身份、关键性身份、发展性身份三个层次。

一是基础性身份。从功能层面，人大代表作为政治沟通者是基础性身份。尤其是政治沟通者，是人大代表最基础性的功能性身份，是其他三个身份功能发挥的基础性，也是积极政治信任建构的最基础、最重要的身份。

二是关键性身份。这主要指的是人大代表作为政府监督者和关键立法参与者的身份。从积极政治信任的建构目标出发，人大代表基础性的政治沟通者身份要能够对政治信任的建构产生持续切实的影响，就必须具备真正的政治效能。而这种政治效能的首要和核心体现就是人大代表成为有效的政府监督者和关键立法参与者，不仅能够有效建构制度化不信任，还能够通过参与立法将社会对政府治理的诉求予以稳定的制度化，形成对政府的制度化约束和激励。

三是发展性身份。这主要指人大代表作为利益协调者的身份。相对于基础性身份和关键性身份，发展性身份并非不重要，相反这个层面的身份对于积极政治信任的建构是非常重要的。而这个层面身份的主要特点在于，作为利益协调者层面的人大代表，其身份并不是如政治沟通者、政府监督者、关键立法参与者这三个身份一样直接和具有显性色彩。作为利益协调者的人大代表，其身份功能的体现则往往是隐晦的。但此身份在现实中是存在的，并有着实际的体现和发展。从功能层面，利益协调者的人大代表对于积极政治信任的建构是具有极其重要意义的。这主要源于作为利益协调者，此身份从功能性的层面形塑了一种以人大代表为中间载体的政府与民众之间、不同层面民众之间的利益表达、互动和均衡关系。并且在行动逻辑层面，这种关系的形成是自上而下行政秩序和自下而上层面自发秩序的有机结合，有益于促进中国传统“动员式参与”和“动员式治理”向“自发有序性参与”和“多向度立体化治理”模式转变。这对于积极政治信任的形成是具有十分重要积极意义的。

另一方面，最为重要的是，在层次化的基础上，人大代表身份应当

是体系化的。在人民代表的主身份之下，人大代表子身份之间不仅要能够具有正向的联系，还能够互相激发，形成对主身份支持的合力。对作为基础性身份的政治沟通者、关键性身份的政府监督者和关键立法参与者予以切实的重视和启动，对于有着隐性色彩的利益协调者的身份也要有认识和重视，还要能够通过具体的制度机制建设对不同子身份实践中的负面要素予以规避。

而体系化的核心问题在于，要在人民代表主身份下，促进人大代表不同子身份的身份功能合力的发挥。这是人大代表身份体系建构和积极政治信任建构最终目标，既能够使得民众在人大代表不同功能性身份的综合作用下，能够理性参与政府过程，形成对政府和政治过程可持续的理性认知，也能够使得政府对民众具备持续共情的意识和能力。

解决这个问题，**首要一点在于人大代表政治沟通者和政府监督者身份建构应同时予以重视和启动**。积极政治信任视域下人大代表身份建构，能够直接发挥作用，并能够相互促进的身份即是政治沟通者和政府监督者的身份。政治沟通者的身份是作为人大代表的基础性身份存在并有着现实的实践。从现实影响层面，无论是作为党和政府群众工作的重要沟通平台和信息反馈渠道，作为政治沟通者的人大代表都是引导政府和民众之间形成积极政治信任的重要中介载体。而人大代表政府监督者的身份是制度化不信任机制以体制的力量启动和体现的重要载体。现实中，人大代表立法参与和扮演利益协调者的角色无一例外都需要这两个身份实践的开启。

其次，最为核心的，人大代表成为执政党群众路线的重要中间环节和调适要素。事实上，人大代表子身份的统合问题背后是代议制代表逻辑和执政党先锋队代表逻辑的现实统合问题。这一问题的现实解决，其切入点最终围绕着执政党和民众之间责任关系的确立、维护和调适这一问题展开。在现实的政治实践和政治结构中，人大代表被执政党有意识形塑为群众路线的践行者。但事实上，在积极政治信任的建构层面，人大代表的突出作用，更在于他们能够成为党群众路线中稳定的重要的中间环节。不仅如此，人大代表作为中间桥梁，他们对于党群关系、官民关系能够具备动态调适性。

这样看来，如果仅仅从治理协同或工具化的角度去设计和定位人大代表的身份功能是不够的。在很大程度上，人大代表自身对于中国政治过程的伦理化价值应当被提倡和反映。因为群众路线最终要实现的不仅仅是执政效能的提升，更在于党和群众融洽关系的打造，其意在实现和提升党执政合法性。因此，要达成这样的目标，不仅需要人大代表在治理中工具理性的提升，更在于其自身价值理性的提升和对整体政治进程中善的一面的形塑。

三、重视和完善人大代表身份实践的程序和技术细节

整体上讲，中国现有政治结构从理念和制度层面对于人大代表的身份逻辑、秉承理念、行动框架的设计和赋能是和中国自身文化和政治传统相结合的，亦反映了在不断变动的大环境中，执政党对于人大代表身份的重视和调适。改革开放以来人大代表身份的变迁和作用发挥，也在很大程度上说明，人大代表作为中国政治行动体的一分子，他们对于政治发展是具有正向促动作用的，其身份逻辑、行动理念和框架是具有合理性的。

但现实问题在于，在积极政治信任的维度，人大代表在现实政治中所发挥的政治和社会效能并没有达到宏观制度要求的高度。造成这种现实的主要原因在于，与人大代表相关的宏观和中观制度尽管存在，但没有得到真正的重视和切实的启动。这样，人大代表在任何维度的身份实践都显得“底气不足”。可以说人大制度一直受人诟病的一个重要因素就在于宏观制度落地难的问题。人大代表身份建构和实践面临此问题的解决，答案事实上依旧是老生常谈的强化制度建设。但是，这里的制度建

设，更应该指向具体的微观的人大代表身份实践程序和技术细节。

程序层面，持续促进人大代表政治参与公开化、透明化、有效化、有序化依旧是非常重要的。近些年，政府在人大代表参与政府决策、联系选民等方面的具体程序和机制上有着渐进前进的姿态和行动。在一些细节层面，对于人大代表参政细节的关注是比较明显的。比如对官员身份、农民工人大代表比例的渐进调整，对人大代表社区联络站规范化、标准化建设的重视，都是例证。但显而易见，程序层面的完善和进步是一个持久而缓慢的过程。

在渐进缓慢的程序和机制建设上，技术要素不仅能够确保程序科学有效，还能够对程序背后的制度和价值建构起到形塑作用。前面几章所列举的比较有效的人大代表身份实践案例，无论是哪个层面的，都体现出一个趋势，那就是政府有意识地从技术细节层面强化包括人大代表在内的社会多元力量在政府决策的参与度和影响力。这些技术性细节看似是去政府中心化，但实际上又需要非常艺术地强化执政党和政府在民众中的形象。整体上看，当下和未来，无论是政府官员，还是人大代表，还有人大机关的工作人员，参与技术越来越重要。在这个问题上，重视政治参与领域人大代表行为科学研究是非常关键的。

四、持续和引导具有正反馈效应的人大代表身份实践创新

在既不能依靠国家强力进行结构化变迁，也不能放任社会进行无组织参与的前提下，要把人大代表的价值性身份和制度性身份落到实处，除了从微观制度细节入手，最重要的一点还在于要持续和引导具有正反馈意义的人大代表身份实践。

从人大代表既有的身份实践能够看出，一些实践效果好并具有持续性的实践都是具备正反馈色彩的。比如深圳月亮湾片区人大代表社区联络站、温岭公共预算改革的实践都有边缘性自组织创新的意味。但这些

创新能够从边缘性走向具备制度化实践，究其原因都是因为这些实践具备正反馈效应，能够持续形成政治行动体之间的正向协调，从而使得这种实践创新能够不断“滚雪球”，从而形成持续的影响力。这些实践在一定程度上符合了韦伯著作中反复出现的论点：某一时期、地域的人们选择某种制度并无必然性，但制度一经选择，就会有一些具有决定意义的后果。

而关键问题是如何引导人大代表身份实践具有正反馈效应，并使得这种正反馈效应具有持续性？总结既有实践，能够看出，核心是要解答好制度变迁过程中政府和社会在以下两个问题上的认知均衡：

一是如何全面理解和把握民主的工具性含义？人大代表身份的创新性实践的开端在很大程度上是政府出于对作为治理工具的民主的一种偶然性的使用。也正因如此，在之后的实践中，政府和社会都认识到了民主的这种工具性含义，共同看到了民主恳谈和人大在发挥民主工具性意义中的作用，所以改革才能一直持续下去。比如温岭的民主恳谈活动无论是在产生、发展还是深化阶段，都是在温岭市镇两级党委的领导和党务官员的有力推动下逐步展开的。直接的动力来自基层党委提升执政能力与缓和干群关系的需求。然而，虽然政府和社会对民主工具性含义有了某种共识，但是这种共识的达成很大程度上是基于政府和社会对于各自利益需求的不同理解，并不是建立在共同的价值判断基础上的。因此，关键的问题还在于如何在全面把握民主工具性含义的基础上，进一步挖掘中国特色社会主义民主的深层次内涵，诸如公共精神、法治、理性参与等。只有当作为价值意义的民主成为政府和社会双方共同的价值追求时，这些能够支持积极政治信任形塑的人大代表身份实践才能真正地持续发展。

二是如何将人大代表引导或参与的官民协商沟通逐步深化？在大部分人大代表身份实践中，政府是发起者和主导方，是强势力量。而相对来说，社会仍处于弱势一方。权力不对称的现实也意味着政府和社会理念势必会存在差异。以人大代表主导或参与的协商民主实践为例，对于政府而言，作为规则的主要制定者，他们掌握着协商的主动权。而在社会一方，他们对于民主协商有着天然的需求，有一种争夺协商主动权的天然冲动。在这种互动中，协商成分的逐步加大很难是一个水到渠成的问题。这一方面需要协商的主导方——政府能够在渐进改革的基础上科学向社会放权，给予社会参与协商的空间，引导其理性参与协商恳谈；另一方面，主要参与方——社会也应当逐步提高政治参与的能力，培育自身的公共精神和理性参与的素质。

参考文献

一、专著

1.《马克思恩格斯全集》（第22卷），中共中央马克思恩格斯列宁斯大林著作编译局译，人民出版社1965年版。

2.《马克思恩格斯选集》（第3卷），人民出版社1995年版。

3.《毛泽东选集》（第1卷），人民出版社1991年版。

4.《毛泽东选集》（第3卷），人民出版社1991年版。

5.《列宁全集》（第29卷），人民出版社1995年版。

6.〔希腊〕亚里士多德：《政治学》，吴寿彭译，商务印书馆1965年版。

7.〔希腊〕亚里士多德：《尼各马科伦理学》，苗力田译，中国人民大学出版社2003年版。

8.〔美〕马克·E. 沃伦：《民主与信任》，吴辉译，华夏出版社2004年版。

9.〔英〕安东尼·吉登斯：《超越左与右——激进政治的未来》，李惠斌、杨雪冬译，社会科学文献出版社2009年版。

10.〔英〕安东尼·吉登斯：《现代性与自我认同》，赵旭东、方文译，生活·读书·新知三联书店 1998 年版。

11.〔美〕乔·萨托利:《民主新论》,冯克利、阎克文译,东方出版社 1998 年版。

12.〔德〕尤尔根·哈贝马斯:《包容他者》,曹卫东译,上海人民出版社 2002 年版。

13.〔德〕罗伯特·阿列克西:《法律论证理论——作为法律证立理论的理性论辩理论》,舒国滢译,中国法制出版社 2002 年版。

14.〔美〕塞缪尔·P. 亨廷顿:《变化社会中的政治秩序》,王冠华、刘为等译,沈宗美校,生活·读书·新知三联书店 1989 年版。

15.〔德〕埃利亚斯·卡内提:《群众与权力》,冯文光、刘敏、张毅译,中央编译出版社 2003 年版。

16.〔英〕J. S. 密尔:《代议制政府》,汪瑄译,商务印书馆 1982 年版。

17.〔法〕让-马里·科特雷、克罗德·埃梅里:《选举制度》,张新木译,商务印书馆 1996 年版。

18.〔日〕辻中丰:《利益集团》,郝玉珍译,经济日报出版社 1989 年版。

19.〔美〕戴维·奥斯本、特德·盖布勒:《改革政府:企业家精神如何改革着公共部门》,周敦仁、汤国维、寿进文、徐荻洲译,上海译文出版社 2006 年版。

20.〔美〕詹姆斯·S. 费什金:《倾听民意:协商民主与公众咨询》,孙涛、何建宇译,中国社会科学出版社 2015 年版。

21. 中共中央政策研究室编:《论党的群众路线》,大地出版社 1990 年版。

22. 祝灵君:《一致与冲突——政党与群众关系的再思考》,人民出版社 2006 年版。

23.〔美〕詹姆斯·R. 汤森、布兰特利·沃马克:《中国政治》,顾速、董方译，江苏人民出版社 1996 年版。

24.〔美〕威尔逊：《国会政体：美国政治研究》，熊希龄、吕德本译，商务印书馆 1986 年版。

25.〔美〕亚当·普沃斯基：《国家与市场：政治经济学入门》，郦菁、张燕等译，王小卫、郦菁校，格致出版社、上海人民出版社 2009 年版。

26.〔美〕汉娜·费尼切尔·皮特金：《代表的概念》，唐海华译，吉林出版集团有限责任公司 2014 年版。

27.〔英〕卡尔·波兰尼：《大转型：我们时代的政治与经济起源》，冯钢、刘阳译，浙江人民出版社 2007 年版。

28.〔英〕安德鲁·海伍德：《政治学》，张立鹏译，欧阳景根校，中国人民大学出版社 2006 年版。

29. 全国人大常委会办公厅、中共中央文献研究室编：《人民代表大会制度重要文献选编》，中国民主法制出版社 2015 年版。

30. 许崇德主编：《人民代表必备》，人民出版社 1987 年版。

31. 浦兴祖主编：《中华人民共和国政治制度》，上海人民出版社 1999 年版。

32. 史卫民：《公选与直选：乡镇人大选举制度研究》，中国社会科学出版社 2000 年版。

33. 尹世洪、朱开杨主编：《人民代表大会制度发展史》，江西人民出版社 2002 年版。

34.〔美〕唐文方：《中国民意与公民社会》，胡赣栋、张东锋译，唐文方、何高潮审校，中山大学出版社 2008 年版。

35.〔美〕陈捷：《中国民众政治支持的测量与分析》，安佳译，中山大学出版社 2011 年版。

36. 应奇编：《代表理论与代议民主》，吉林出版集团有限责任公司 2008 年版。

37. 何俊志：《从苏维埃到人民代表大会制——中国共产党关于现代

代议制的构想与实践》，复旦大学出版社 2011 年版。

38. 陈奕敏主编：《从民主恳谈到参与式预算》，世界知识出版社 2012 年版。

39. 蔡定剑：《中国人民代表大会制度》，法律出版社 1998 年版。

40. 于洪生：《权力监督——中国政治运行的调控机制》，中国广播电视出版社 1991 年版。

41. 张学明、吴大器等编著：《温岭探索——地方人大预算审查监督之路》，上海财经大学出版社 2016 年版。

42. 唐鸣、俞良早主编：《共产党执政与社会主义建设》，人民出版社 2008 年版。

43. 王晓民主编：《议会制度及立法理论与实践纵横》，华夏出版社 2002 年版。

44. 孙哲：《全国人大制度研究（1979—2000）》，法律出版社 2004 年版。

45. 孙哲：《左右未来：美国国会的制度创新和决策行为》，复旦大学出版社 2001 年版。

46. 王汉斌：《社会主义民主法制文集》，中国民主法制出版社 2012 年版。

47. 顾昂然：《立法札记——关于我国部分法律制定情况的介绍》，法律出版社 2006 年版。

48. 陈斯喜、李伯钧主编：《县乡人大代表选举流程》，中国民主法制出版社 2003 年版。

49. 蒋劲松：《美国国会史》，海南出版社 1992 年版。

50. 蒋劲松：《议会之母》，中国民主法制出版社 1998 年版。

51. 刘政、程湘清等著：《人民代表大会制度讲话》，中国民主法制出版社 1992 年版。

52. 田穗生、高秉雄、吴卫生、苏祖勤：《中外代议制度比较》，商务印书馆 2000 年版。

53. 周叶中：《代议制度比较研究》，武汉大学出版社 2005 年版。

54. 人民代表大会制度研究所组织编写：《与人大代表谈如何履行职责》，人民出版社 2004 年版。

55. 陈朋：《国家与社会合力互动下的乡村协商民主实践——温岭案例分析》，上海人民出版社 2012 年版。

56. 马骏、李黎明主编：《为人民看好"钱袋子"—— 一本有关地方预算审查监督的书》，黑龙江人民出版社 2010 年版。

57. 韩福国：《我们如何具体操作协商民主：复式协商民主决策程序手册》，复旦大学出版社 2017 年版。

58. Kevin J. O'Brien, *Reform without Liberalization*: *China's National People's Congress and the Politicsof Institutional Change*, New York: Cambridge University Press, 1990, pp. 782 – 794.

59. Da li L. Yang, *Remaking the Chinese Leviathan*: *Market Transition and the Politics of Governance in China*, Stanford: Stanford University Press, 2004, pp. 276 – 278.

60. Rory Truex, *Making Autocracy Work*: *Representation and Responsiveness in Modern China*, New York: Cambridge University Press, 2016.

二、期刊论文

1. 伍德志：《政治合法性的信任解释》，载《北大法律评论》，2015 年第 2 辑。

2. 陈尧：《社会转型期政治信任结构的变化》，载《中国浦东干部学院学报》，2009 年第 4 期。

3. 边燕杰、张文宏：《经济体制、社会网络与职业流动》，载《中国社会科学》，2001 年第 2 期。

4. 上官酒瑞：《制度是信任的基石》，载《领导科学》，2011 年第 22 期。

5. 浦兴祖：《人民代表大会制度的“内在逻辑”与“外在方位”——为纪念人大制度建立 50 周年而作》，载《人大研究》，2004 年第 10 期。

6. 高超群：《利益时代的政治》，载《文化纵横》，2014 年第 2 期。

7. 刘彦华：《2019 中国信用小康指数 89.6：向信用监管迈进》，载《小康》，2019 年第 22 期。

8. 马得勇：《政治信任及其起源——对亚洲 8 个国家和地区的比较研究》，载《经济社会体制比较》，2007 年第 5 期。

9. 童燕齐：《中国政府与百姓——中国政治向传统回归》，载《绿叶》，2009 年第 2 期。

10. 张厚安、蒙桂兰：《完善村民委员会的民主选举制度　推进农村政治稳定与发展——湖北省广水市村民委员会换届选举调查》，载《社会主义研究》，1993 年第 4 期。

11. 本刊编辑部：《民族主义与中国的社会分层》，载《文化纵横》，2012 年第 6 期。

12. 唐文方、杨端程：《民意调查与中国政权韧性的五大“意外”发现》，载《中国政治学》，2019 年第 1 辑。

13. 孟天广、杨明：《转型期中国县级政府的客观治理绩效与政治信任——从“经济增长合法性”到“公共产品合法性”》，载《经济社会体制比较》，2012 年第 4 期。

14. 孙立平：《利益均衡：和谐社会的基本含义》，载《发展》，2005 年第 3 期。

15. 孟天广、李锋：《政府质量与政治信任：绩效合法性与制度合法性的假说》，载《江苏行政学院学报》，2017 年第 6 期。

16. 游宇、王正绪：《互动与修正的政治信任——关于当代中国政治信任来源的中观理论》，载《经济社会体制比较》，2014 年第 2 期。

17. 杨鸣宇：《谁更重要——政治参与行为和主观绩效对政治信任影响的比较分析》，载《公共行政评论》，2013 年第 2 期。

18. 张康之：《在历史的坐标中看信任——论信任的三种历史类型》，载《社会科学研究》，2005 年第 1 期。

19. 张静：《中国基层社会治理为何失效?》，载《文化纵横》，2016 年第 5 期。

20. 俞燕玲：《工农兵代表大会制度的历史审视》，载《党史研究与教学》，2013 年第 5 期。

21. 刘政：《我国人民代表大会制度的前奏——解放战争时期的人民代表会议制度》，载《吉林人大工作》，2002 年第 8 期。

22. 刘孝阳：《改革开放后群众路线内涵的发展与变化》，载《云南社会科学》，2014 年第 3 期。

23. 马克・沃伦：《中国式治理驱动型民主》，载《瞭望东方周刊》，2010 年第 33 期。

24. 景跃进：《代表理论与中国政治—— 一个比较视野下的考察》，载《社会科学研究》，2007 年第 3 期。

25.〔美〕汉娜・费尼切尔・皮特金：《代表与民主：不稳定的联姻》，欧树军译，王绍光校，载《北大法律评论》，2012 年第 2 辑。

26. 陈文、张彭强、史滢滢：《新加坡人民行动党监督体系的制度构建与运作机制》，载《国外理论动态》，2017 年第 3 期。

27. 张波：《权力监督和制约的党内处理方式——以新加坡 2012 年议员绯闻为例》，载《当代中国政治研究报告》，2014 年第 12 辑。

28. 杨雪冬、闫健：《“治理”替代“代表”？——对中国人大制度功能不均衡的一种解释》，载《学术月刊》，2020 年第 3 期。

29. 刘建军：《中国人民代表大会制度与西方议会制度之比较》，载《学习论坛》，2010 年第 4 期。

30. 高春芽：《在代表与排斥之间——西方现代国家建构视野中代议民主发展的路径与动力》，载《政治学研究》，2017 年第 1 期。

31. 许章润：《论立法者——在政治正义的意义上思考正当法，并论及法律的渊源和品格》，载《苏州大学学报》，2014 年第 3 期。

32.〔美〕欧博文：《人大代表的作用：代理人与进谏者》，载《复旦政治学评论》，2012 年第 6 辑。

33. 赵晓力：《论全国人大代表的构成》，载《中外法学》，2012 年第 5 期。

34. 郭道晖：《论立法中人民共同意志的集中》，载《法学》，1996 年第 2 期。

35. 邹树宾、张旭光：《权益性参与的理性运作——对“月亮湾人大代表工作站”的考察》，载《深圳大学学报》，2008 年第 6 期。

36. 林彦：《全国人大常委会如何监督依法行政？——以执法检查为对象的考察》，载《法学家》，2015 年第 2 期。

37. 杨临宏、陈颖：《西方议会辩论制度及对完善我国人民代表大会制度的启示》，载《人大研究》，2005 年第 4 期。

38. 郝铁川、竺常赟：《试论习近平同志关于人大理论和工作的新阐述》，载《学习与探索》，2019 年第 8 期。

39. 孙笑侠、冯建鹏：《监督，能否与法治兼容——从法治立场来反思监督制度》，载《中外法学》，2005 年第 4 期。

40. 王俊禄：《有事好商量，参与协商有力量》，载《半月谈》，2019 年第 5 期。

41. 李翔宇：《中国人大代表行动中的“分配政治”——对 2009—2011 年 G 省省级人大大会建议和询问的分析》，载《开放时代》，2015 年第 2 期。

42. 何俊志：《中国人大制度研究的理论演进》，载《经济社会体制比较》，2011 年第 4 期。

43. 马骏：《实现政治问责的三条道路》，载《中国社会科学》，2010年第5期。

44. 龚文娟：《环境风险沟通中的公众参与和系统信任》，载《社会学研究》，2016年第3期。

45. 邹平学：《关于人大代表行使权力的理论与实践》，载《中国法学》，1994年第6期。

46. 于立深：《行政立法过程中的利益表达、意见沟通与整合》，载《当代法学》，2004年第2期。

47. 徐璐、刘万洪：《社会转型背景下的立法者》，载《法律科学》，2005年第6期。

48. 秦前红：《党领导立法的方式和途径》，载《中国法律评论》，2014年第3期。

49. 杨寅：《人大代表参与地方立法的现状与制度完善——以上海市人大代表为例的调查分析》，载《上海交通大学学报》，2013年第4期。

50. 王理万：《立法官僚化：理解中国立法过程的新视角》，载《中国法律评论》，2016年第2期。

51. 周叶中、江国华：《82年宪法与中国宪政》，载《法学评论》，2002年第6期。

52. 徐凯：《新邮政法与部门立法之痛》，载《法治与社会》，2009年第8期。

53. 周旺生：《论立法法与其历史环境——关于立法法研究的一个方法论问题》，载《法学论坛》，2001年第5期。

54. 王锡锌、章永乐：《专家、大众与知识的运用——行政规则制定过程的一个分析框架》，载《中国社会科学》，2003年第3期。

55. 蓝卉：《20多个议案是这样炼成的——市人大代表厉明谈代表参与立法》，载《上海人大》，2018年第1期。

56. 杨雪冬：《地方人大监督权的有效实现》，载《公共管理评论》，

2005 年第 3 卷。

57. 曾雪敏：《陈舒：以法律理性履行代表职责》，载《人民之声》，2004 年第 12 期。

58. 张静：《个人与组织：中国社会结构的隐形变化》，载《探索与争鸣》，2019 年第 6 期。

59. 何包钢、徐国冲、毕苏波、霍龙霞：《中国公民参与式预算：三种不同的逻辑》，载《领导科学论坛》，2018 年第 23 期。

60. 王成方、林慧、于富生：《政治关联、政府干预与社会责任信息披露》，载《山西财经大学学报》，2013 年第 2 期。

61. 杨波、黄卫平：《协商民主：和谐社区的现实选择》，载《探索》，2007 年第 1 期。

62. 张川、娄祝坤、詹丹碧：《政治关联、财务绩效与企业社会责任——来自中国化工行业上市公司的证据》，载《管理评论》，2014 年第 1 期。

63. Murray Scot Tanner, "The Erosion of Communist Party Control over Lawmaking", *The China Quarterly*, No. 138, March 1994, pp. 384 – 403.

64. Kevin J. O'Brien, & Laura M. Luerhrmann, "Institutionalizing Chinese Legislatures: Trade-offs between Autonomy and Capacity", *Legislative Studies Quarterly*, Vol. 23, No. 1, 1998, pp. 91 – 108.

65. Andrew Nathan, "Authoritarian Resilience", *Journalof Democracy*, Vol. 14, No. 1, 2003, pp. 6 – 17.

66. Jidong Chen, Jennifer Pan, Yiqing Xu, "Sources of Authoritarian Responsiveness: A Field Experiment in China", *American Journal of Political Science*, Vol. 60, Iss. 2, April 2016, pp. 383 – 400.